좋아요, 스티브
All right, Steve

스티브의 미국생활 칼럼

좋아요, 스티브
All right, Steve

Steve Lee 지음

좋은땅

Contents

여행은 자동차로 해야지 … *008*

드라마에 대해 얘기 좀 하자 … *011*

미국에 잘 왔다! … *015*

묘사를 즐기는 한민족! … *018*

배트맨은 진짜 존재한다! … *022*

러시아 방문기 … *025*

웃기고도 슬픈 실화다 … *031*

사람의 뇌와 허구명령 … *034*

무신론에 대해 … *039*

외래어 사용에 대해 … *045*

대학 시절 추억 … *050*

미안하다 Trooper여! … *053*

나도 자랑스런 한민족! … *057*

끝까지 잘 가 보자! … *062*

대한민국 만세다! … *066*

재벌집 아들과 가난한 집 딸의 결혼에 대해 … *073*

You will never walk alone! … *080*

마우이 관광 얘기 … *083*

나이에 맞게 분수에 맞게 삽시다! … *089*

곰이 주는 교훈: 허상에 의한 지배 … *094*

조심하자, 고소가 만연한 세상! … 099
돈 돈 돈 돈! … 105
영어 에피소드 … 112
권총 이야기 … 119
콜로라도 예찬론(?) … 126
경찰과의 대처법 … 132
Ice Breaking을 잘 하자! … 140
믿음 좋은 사람이 Best 베필이라고? … 145
우레이(Ouray)와 텔류라이드(Telluride)에 대하여~ … 152
과속으로 경찰에게 잡혔을 때 빠져나오는 비법! … 157
어떤 놈은 호랑이 타고 마실 가고… … 161
It happens… but life goes on! … 167
생각이냐 본능이냐? … 174
나는 네가 필요하다! … 181
관용과 기지에 대하여! … 187
We Don't Care!!! … 195
아담과 이브의 원칙 … 203
모든 게 우연이야~ … 210
평등과 공평… 우짤 거나? … 219
파바로티가 지킨 선 … 226

미국 속의 한국인 … 234
너희가 한국문화를 아느뇨? … 241
습관… 습관… 습관!!! … 248
길이 있는 곳에 뜻이 있다! … 256
절씨스, 에스터 그리고 멘토! … 263
인생의 에너지 불변 법칙 … 271
제발 좀 리액션 좀 하고 살자! … 277
가시리 가시리 잇고! … 286
대체 믿음이 무엇이길래… … 294
너희가 캐디를 알아? … 302
Hey Dad or Hey Gap? … 309
이리 봐도 감사 저리 봐도 감사! … 316
기뻐하자!!! … 321
수퍼리얼 Wild Fire… 그 위험했던 순간들을 넘어서! … 326
마음속의 헬리코박터 … 333
스트레스 해소 비법 2가지 … 341
MAMA! … 348
모든 것엔 다 때가 있는 법 … 356

여행은 자동차로 해야지

살아가면서 몇 가지 즐거운 때가 있다. 그중에 하나가 여행이다.

사람마다 여행하는 방법이 다르다. 어떤 사람은 계획없이 무작정 떠난다. 계획이 들어가는 순간 여행이 아니라 일이 된다는 것이다. 어떤 사람은 시간 절약을 위해 주로 비행기를 이용한다. 어떤 사람은 부부끼리만 가면 재미가 없다 하여 다른 커플들과 같이 가는 것을 선호한다.

그러나… 나의 생각은 조금 다르다. 일단, 여행이라는 것을 그 목적지에서의 즐거움만으로 집중시키는 것은 여러 면에서 낭비라는 생각이 든다. 여행은 그것을 계획하는 순간서부터 마치고 돌아오는 순간까지의 전체가 여행이다.

나는 개인적으로 차를 타고 여행하는것을 좋아한다.

대개 새벽 3시쯤 출발한다. 아내와 아이들은 계속 잠을 잔다. 그러라고 새벽에 출발하는 것이다. 차를 타고 음악을 틀고 Freeway를 거침없이 달리는 그 즐거움을 단순한 비행기 타는 것으로 대신한다는 말인가? 제법 두둑한 드라이브 시간에 여러 가지 생각과 공상을 해 볼 수 있는데 말이다. 아침 무렵 동창이 밝아오면서 Freeway 위로 보이는 그 아침의 빛 줄기는 경험해 본 사람만이 알 것이다. 광활한 interstate freeway를 달리다 보면 잡생각과 스트레스가 정말 사라진다. 어떤 사람은 장거리 운전을 싫어한다. 나는 전혀 마다하지 않는다. 남의 운전까지 내가 하곤 한다.

에전에 LA 쪽에서 Venture 할 때는 한 달에 한 번씩 차를 타고 Denver를 스트레이트로 왕복하곤 했다. Denver에서 LA 까진 대략 1,100마일 정도가 된다. 새벽 3시에 출발하면 넉넉하게 달려 중간에 개스도 몇 번 넣고 점심도 먹고 하여 오후 3시 정도면 라스베가스에 도착한다. 계속 달려 약 3-4시간 후 저녁 6-7시엔 LA에 도착하여 맛있는 저녁을 먹을 수 있다.

드라이브 중 옆사람과 대화하는것도 재미있고 옆사람이 쿨쿨 자는 것 보며 달리는 것도 나름대로 흥미가 있다. 앞차를 추월하며 경찰이 혹시 있나 긴장하는 것도 재미있다.

LA에서 동부까지 2번 Cross Country 운전도 해 봤고, 10시간내 중거리 운전은 수없이 해 봤다. 그 와중에, 경찰에 스피드로 딱지 뗀 것도 2-3번 정도 있고, 타이어 펑크 나서 고생한 것도 2번 정도, 혼자서 폭설과 빙판 도로에 나뒹굴어진 차를 보며 밤길을 달린 적도 두어 번, 이민 초창기 고물차 타고 달리다 전복 위기까지 간 적도 있고, 부랑자들에게 둘러싸인 적도 있고, 진짜 깡촌 식당에서 동양인 처음 본다며 내가 밥 먹는 모습을 둘러앉아 쳐다보는 미국인 rednecks들을 경험한 적도 있고, Hitch Hiker 태워 주다 봉변당한 적도 있고, 내 차를 추월하는 차와 110마일 정도로 달리며 경주하던 기억도 있다. 그 모든 게 드라이브하지 않으면 가질 수 없는 추억들이다.

갑자기 어디론가 떠나고 싶다. 요즘은 나이가 들어가니까 쫄아서 스피드를 안 내지만 왕년을 생각하며 너무 단조롭고 정말 Boring 한 캔사스 쪽 I70를 타고, Eagles 앨범 크게 틀어 놓고, 기냥 120마일 정도로 달려 보고 싶다.

Let's go!

드라마에 대해 얘기 좀 하자

나는 한국 드라마를 가끔 즐겨 본다.

그런데 정말 못마땅한 연출 장면이 가끔 보인다. 그리고 그런 장면은 수십 년째 아직도 고쳐지지 않은 채 계속 연출되고 있다.

밤에 주인공이 탄 차가 골목에 나타난다. 그런데 실내등이 환하게 켜 있다. 물론 카메라에 얼굴이 잘 잡히라고 한 것이겠지만, 뭐 어린애 장난하냐? 실내등 환하게 켜고들 운전하냐?

범인 차를 주인공인 형사가 택시를 타고 뒤따르며 미행한다. 요리조리 잘도 따라가며 안 들키고 미행한다. 교통 신호도 안 받는다. 그리고 범인 차가 서면, 거기서 아예 빤히 보이는 곳에 파킹을 한다. 그런데도 범인은 바로 뒤에 같이 파킹하는 차를 전혀 눈치 못 챈다. 이거 그냥 눈 뜨고 그냥 믿으라는 것이냐?

주인공이 급하게 운전하며 어느 건물 앞에 끼이익 선다. 그리고는 차에서 내려 그냥 건물 안으로 뛰어 들어간다. 한두 번이 아니다. 죄다 건물

바로 앞에 파킹하고 뒤도 안 돌아보고 들어간다. 바쁘니까 시청자들이 알아서 그냥 파킹 잘했다고 이해하며 보라는 얘기냐?

주인공이 차를 몰다가 급한 전화를 받는다. 그리고는 한 치의 망설임도 없이 끼이이익 유턴을 한다. 왜 항시 유턴이냐. 우회전해서 가면 좌회전해서 가면 길이 안 나오냐? 이것도 그냥 이해하면서 보라는 얘기냐?

주인공이 전화를 받는다. 급한 모양이다. 액셀을 밟는다. 부웅하며 RPM이 엄청 올라간다. 또 카메라가 그것을 쿨로즈업까지 해서 보여 준다. 공회전이면 몰라도 액셀을 밟는다고 무조건 RPM이 그렇게 천정까지 급히 올라가진 않는다. 급하다는 걸 그냥 이해하며 믿으라고 하는 모양이다.

그리고 드라마마다 차 앰블럼 시커멓게 가리고 나온다. 진짜 사람들이 그렇게 차 앰블럼 가리고 다니냐? 광고 이슈 땜에 그렇다고? 그러면 잘 안 알려진 중국차나 인도차 가지고 촬영해라. 포쉬 타는 것은 클라스와 스피드의 상징인데 왜 차는 포쉬를 보여 주고 뻔한 앰블럼은 가리는 거냐. 어린애들도 포쉬라는 거 안다.

주인공이 일류대학인 서안대학, 한국대학, 대민대학 다닌단다, 그런 대학 한국에 없다. 미국 영화 봐라. 하바드면 하바드 UCLA이면 UCLA 그냥 쓴다. 이것도 공짜 홍보 이슈냐?

집안 장면이다. 식구들이 우르르 모여 앉아 저녁 식사를 한다. 그런데 왼쪽 오른쪽 그리고 뒷쪽에 죄다 빡빡히 앉아 있다. 앞쪽은 텅텅 비어 있다. 이거 카메라를 위한 특별 안배냐? 그냥 그렇게 다 앉았다고 이해하며 보라는 얘기냐?

얼마전 모 드라마 보니까 재벌회사 2세 젊은 사장 오피스가 보인다. 사장이 앉아 있는데 PC가 안 보인다. 혹 랩탑이 있나 봤더니 그것도 없다. 디스플레이는 아예 없다. 아마도 빌려올 예산조차 없었나 보다. 근처 학원이라도 가면 PC하고 디스플레이하고 쌨다, 쌨어.

그리고 회장실이라고 나온다. 재벌 회장실인데 그 문 앞에 팻말이 거의 종이에다 매직으로 '회장실'이라고 쓴 수준이다. 그냥 알아서 보라는 얘기냐?

드라마에 스시집에 가서 식사하는 장면이 나온다. 각종 스시가 나온다. 좀 먹어라. 먹으면서 얘기해라. 하나 건드리다가 그것도 내려 놓고 얘기를 한다. 니네들은 배도 안 고프냐? 스시집 왔으면 스시 먹으러 온 거 아니냐. 좀 맛있게 먹으면서 얘기해라. 제발 좀 먹어라!

고급 바가 보인다. 주인공이 무슨 스트레스가 있는지 큰 술잔에 그 독하다는 위스키를 잔뜩 따르고 냉수 마시듯 벌컥벌컥 들이킨다. 그리고는 또 한잔 원샷! 장난하냐? 나는 술을 못 먹는다만 위스키 정도면 조금만 먹어도 달달하지 않냐? 좀 적당히 마셔라. 이것도 그냥 알아서 이해하고 보라는 얘기냐?

회사에서 스트레스 받은 모양이다. 화장실로 간다. 그리고는 물을 틀고 얼굴에 끼얹는다. 맨날 스트레스 받으면 얼굴에 물을 끼얹는다. 너도 나도 진짜 스트레스 받으면 맨날 얼굴에 물 끼얹냐? 화장 지워지면 어떡하려고. 그것도 그냥 이해하며 봐야 하는 거냐?

내 평생 소원이 있다면(이루어질 리가 없지만) 그것은 다름 아닌, ultra realistic한 영화를 연출하고 싶다는 것이다.

밤에 차 몰 때 실내등은 꺼라, 제발. 얼굴이 안 보이면 그건 밤이기 때문에 그런 거다.
숨어서 보려면 진짜 안 보이게 숨어서 봐라. 가족 저녁식사 보여 주려면 그냥 등도 보이고 자연스레 해라. 파킹은 파킹 스페이스에 하고 뛰어 들어가라.
회사 면접할 때 일류 대학 나왔다면 그냥 서울 대학이나 카이스트 써라.
스포츠카 보여 줄라면 그냥 차 앰블럼도 보여 줘라. 그게 문제가 되면 그냥 중국제에 합판 페인트 칠해서 보여 줘라. 음식점에선 제발 맛있게 배불리 좀 먹어라.

이상이다!

미국에 잘 왔다!

　아주 오래전에 시카고에서 하던 음악 공부 때려치우고 졸업 후 돈 잘 번다는 컴퓨터 공부하러 수백 불에 산 똥차(Chevy Vega)를 타고(가 아니고 끌고) 캘리포니아로 갈 때의 일이다.

　참고로 이 차(Vega)는 엔진블록이 알루미늄으로 되어 있어서 적어도 2시간 운전마다 30분은 쉬면서 엔진을 식혀 주어야만 가는 차다(극단적으로 얘기해서) 지금 그 차로 크로스 컨츄리하라고 하면 도망갈 것이나, 그때만 해도 젊었고 겁이 없었던지 그냥 짐 가방 3-4개 트렁크에 집어넣고 무작정 달렸다.

　가다가 도로 위에 멈춘 것만 해도 2-3번. 한번은 산 꼭대기에 도달했는데 경치가 너무 좋아 내려서 구경한 다음, 갑자기 주위가 어두워지길래 겁이 나서, 차 시동을 거니 걸리지 않았다. 수없이 시도하다가 안 되어 트렁크에서 담요 몇 장 꺼내서 덮고, 차 안에서 자다가, 새벽에 혹시나 하고 엔진을 걸어 보니 걸린 적도 있다.

초봄이었는데 산에서 아래로 눈 덮인 후리웨이를 내려 가다가 앞에 가던 18-wheeler 트럭이 눈 흙덩이를 내 차 앞 유리창에 한 뭉텅이 뿌려서, 간신히 Wiper 찾아 돌리고 보니 바로 앞 차와 거의 충돌할 상황이기에 핸들을 곧 바로 꺾었는데, 차가 몇 번 뱅글뱅글 돌아 오른쪽 구덩이에 처박힌 적도 있다.

어쨌든 이리저리하여 지금은 어딘지 기억이 잘 안 나는데 계속 운전을 하다 보니 배가 너무 고파서 먹을 것을 찾던 중, 어느 외진 깡시골 타운에 다른 건 안 보이고 Chicken Noodle Soup이란 간판만 보이는 곳을 무조건 찾아 들어간 적이 있다.

들어갈 때부터 기분이 묘했다. 당연히 죄다 미국인들이다. 소위 말하는 Rednecks들.

괜히 주눅이 들어 눈치만 보고 구석에 가만히 앉아 있는데, 주인인듯한 수염을 길게 기른 아저씨가 쟁반에 물을 담아 다가왔다. 그리고는 뭘 먹겠냐다. 치킨스프와 한두 가지 더 시켰다. 그런데 갑자기 "It's on the house!" 하며 간다.

공짜로 주겠다는 것인데 멍하니 쳐다보고 있는데, 이번에는 주위에 있던 미국인들 2-3명이 다가오더니 'Mind if we sit with you here?" 한다.

나중에 알고 보니, 이 촌놈들이 실지로 동양인을 보는 것이 처음이라 너무 신기해서 내 주위에 몰려든 것이다. 내가 마치 원숭이가 된 느낌이었지만, 음식도 공짜요 관심도 가져 주니 그냥 미친 척하며 먹었다. 그 대신 다음과 같은 날카로운(?) 질문들을 받아야만 했다. "서울에서 왔다고 했는데 그게 일본 남부에 있는 도시냐?"(넌 세계사 공부도 안 했냐?) "너는 비행기 타 봤냐?"(그럼 내가 배 타고 유학 왔겠냐?) "니네 나라에선 무슨 말 쓰냐?"(한국에서 한국말 쓰지 뭔 말을 하겠냐?)

설마 하며 의아해하겠지만 그때가 1978년도다. 그후 어언~ 수십 년이 흘렀다.

이름이 날 만큼 성공하지는 못했지만 꿀리지(?) 않게 살고 있다. 그리고 오늘 회사에서 한 젊은 신입 여자애가 BTS가 너무 좋다고 자기는 소원이 한국 여행 가 보는 거라고 했다. 떡볶이와 쏘맥까지 알고 있다.

이거 장족의 발전 아닌가? 한국이 일본 남부 지방이냐에서… 한국 노래 들으며 한국 가 보고 싶다… 로 변했다. 거의 죄다 삼성 제품을 쓴다.

장하다, 대한민국! 미국에 잘 왔다!

묘사를 즐기는 한민족!

오래전 미국에서 대학 생활 할 때 신기한 사실을 경험한 적이 있다. 세계사 시간이었는데 인류의 특이한 발명품에 대해 얘기하는 시간이었다.

이것 저것 발표하는데 한 일본 친구가 'Sand Watch'라고 말했다. 물론 나는 단박에 그가 '모래시계'를 말하려는 것인지를 알았다.

그런데 의외로 교수를 비롯한 미국 혹은 유럽 쪽 친구들은 고개를 갸우뚱하는 것이다.

주위를 살펴보니 동양권과 놀랍게도 아랍계통의 한 친구가 고개를 끄덕이는 걸로 보아 그게 무엇을 의미하는지를 안다는 것이다.

잠시 후 스마트한, 어느 미국 친구가 "Hour Glass"라고 말하자, 모두들 아하~ 하며 이해를 하게 되었다. 솔직히 그때 나도 굳이 번역하라면 Sand Watch라고 했을 것이다. Hour Glass라는 단어는 그때 처음 들은 단어였다.

그런데 문제는 영어 단어를 알고 모르고를 떠나, 왜 같은 동양권들은

Sand Watch라고 하니까 대번 그 뜻을 이해하는데 왜 미국·유럽쪽은 Hour Glass라고 해야 이해를 했느냐는 것이다.

결국 문화 차이 때문이라고 (개인적으로) 결론을 내었지만 지금까지도 그때의 그 신기한 경험은 나의 뇌리에 기억되어 있다.

영어로 노랗다를 표현하자면 기껏해야 Yellow나 Yellowish 정도다.

그런데 한국말에는 노랗다, 누렇다, 누루끼리하다, 노리꼬롬하다, 누리툭툭하다… 아마 더 만들 수도 있을 것이다. 그런데 반대로 한국말로는 단 하나뿐인 '사랑'이 그리스어(Greek)로는 아가페, 에로스, 필리아, 스톨게 이렇게 4가지로 명확히 구분된다.

심심해서 가만히 분석을 해 보니, 이 또한 민족성이 고스란히 담겨 있는 듯하다.

서구 문명의 중요한 발원인 그리스어는 행동(action)에 대한 세부적이면서도 구체적인 표현이 다양하다. 행동에 중요한 의미를 둔다는 말이다.

이와 반대로 한국어는 무엇을 묘사(describe)하는 세부적이고 구체적인 표현들이 발달되어 있는 듯하다. 사물을 묘사하는 민족성이 강한 모양이다.

그래서 누가 무엇을 했냐보다는 어떻게 했냐에 관심이 많은 모양이다.

미국인들은 차를 샀다, 결혼을 했다, 돈을 벌었다… 하면 거기서 결론이 난 듯하다.

액션이 세분화되어 있어서 더 이상 궁금할 게 없다. 그런데 한국인들은 반드시… 어떻게 결혼을 했고, 어떻게 차를 샀고, 어떻게 돈을 벌었는지… 알아야 한다…. 너무 궁금하다. 묘사를 해서 충분한 설명을 더 해 줘야 만족한다.

글쎄 아마도 이 불굴의(?) 호기심 때문에 우리 민족이 지금 세계의 집중을 받고 있는지도 모른다.

호박이 노랗다라는 말을 The pumpkin is yellow라고 하면 끝나야 하는데, 한국 사람들은 몇 단계 더 나아간 묘사를 해야만 직성이 풀린다. 그 호박 누렇구만… 그놈의 호박 누리끼리하네 그랴~ 난 저런 노리꼬롬한 호박은 싫탕게~ 등등.

그래서 한국 "시"는 노벨문학상을 받을 수가 없다는 말이 맞다.
대체 다음의 시 구절을 어떻게 영어로 번역할 것인가?

"가시리 가시리 잇고 나를 버리고 가시리 잇고"

아니 그냥 "Are you going to leave me?" 하면 끝날 걸 가지고 이렇게 벌려 놓으니 이걸 어떻게 번역을 해서 노벨문학상에 도전을 할 것인가?
암튼 그래서 이 형용사가 발달한 우리 민족은 예로부터 허구장천 행동(action)은 별로 없고 그저 입만 벌리면 묘사~ 형용~ 묘사~ 형용~ 으로 하루를 끝낸다… 라고 말하면 과장일까?

미국인들은 수없이 I Love You…. '사랑'한다는 액션을 되풀이한다.

뭐 이렇게 저렇게 어쩌고 저쩌고 사랑한다… 라는 말은 별로 안 한다. 그냥 I Love you!다. 그리고 액션으로 쪽쪽~ 해 주면 끝이다. 상대편에서도 그것으로 끝이다.

그러나 우리 특이한 한민족은 액션은 줄이고 깊은~ 묘사를 많이 한다.

"나가 당신을 시방 견우가 직녀 생각하듯 허벌라게 머리가 파뿌리 될 때까즉 거시기 현당게~" 물론 '사랑'이란 말은 거시기로 대체하여 표현을 안 한다.

그러나 그 묘사는 엄청 길고 애절하다.

이게 우리 한민족이 아닌가 생각한다. 그래~ 나는 자랑스런 한국인이다!!!

배트맨은 진짜 존재한다!

오늘 아침 출근길에 배트맨을 보았다. 주요 도로인 120가에서 우회전하기 위해 좌측에서 계속 밀려오는 차들을 바라보고 있었다. 차들이 거의 지나갈 무렵이어서 나도 우회전을 하려고 조금씩 나아 가는데, 갑자기 어디선가 장애자 전동 휠체어가 나타났다.

이럴 땐 나쁜 생각이지만 솔직히 좀 거추장스럽다. 왜냐면 한번 우회전할 기회를 놓치게 되면 차 떼들이 다시 몰려들고 그걸 기다리자면 타이트한 출퇴근 시간엔 거의 5분 정도 더 기다릴 수도 있기 때문이다. 그래서 이걸 그냥 먼저 재빨리 우회전하여 지나가 버려야 되나 생각하다가, 다가오는 장애인을 생각하여 조금 늦을 것을 각오하고 지나가기만을 기다렸다.

그런데 건널목을 지나려고 인터섹션으로 들어선 전동 휠체어가 지면이 약간 기울어져 있던 탓인지 잠시 주춤하고 기우뚱거리더니만 이내 쓰러져 버린다. 참 사람의 reflex가 빠르긴 빠른가 보다.

나도 모르게 차를 park시키고 뛰어나갔다. 여자 장애인이었는데 땅바닥에 쓰러져 어쩔 줄 모르고 있었다. 쇼핑백에 들었던 물건들은 주위에 모두 다 흩어져 있고.

일단 다치지 않았냐고 했더니 I'm OK를 연발한다. 나는 그 여자를 부축하여 들어 올리려고 했는데, 그 여자는 하반신 마비였다. 움직일 수가 없는 듯했다. 다시 힘을 내어 일단 들어 올리려 하였지만 휠체어도 쓰러져 있어서 잠시 난감해하고 있는데….

역시 베트맨은 존재했다!!!

끼이이익~ 하는 Bat Mobile 소리가 나더니만 건장한 배트맨이 후다닥 뛰어온다.

그리고는 휠체어를 세워 준다. 그 다음 내가 그 여자를 휠체어에 올려 주고, 다리도 올려 주고, 흩어진 물건들을 배트맨과 함께 제자리에 놓아 주고… 이제 괜찮다고 하는 여자에게 가는 걸 보고 가겠다 하니 너무 고마운지 울먹울먹하며 땡큐를 연발하며 무사히 인터섹션을 넘어간다.

정신을 차리고 배트맨에게 가볍게 인사라도 하고 가야겠다 싶어 옆을 돌아보는 순간, 그 배트맨은 다른 급한 사건(?) 연락을 받았는지, 후다다닥 자기 차로 뛰어 가더니만, 부르르릉 Bat Mobile을 몰고 떠나 버린다. 내가 수없이 느낀 거지만, 정말 미국 사람들은 남을 돕는 일에는 너무나 적극적이다. 그것이 몸에 밴 듯한 느낌을 수없이 받는다. 생색도 없다. 그냥 돕고 그냥 간다.

예전에 나는 비슷한 상황에서 사람을 돕기도 하고, 길거리에 stall된 차를 밀어 주기도 했는데, 나이가 들어서인지(?) 물론 핑계이겠지만 요즘은… 누가 하겠지… 하면서 일부러 외면한 적도 많다.

그러나 오늘 같은 상황에서 그 장애인이 배트맨과 나의 도움에 얼마나 고마움을 느꼈고, 그래도 아직 세상은 돕는 사람들이 제법 있어서 살 만하다… 라고 생각했다면… 그게 나의 행동에 대한 오직 이유가 될 것이다.

예전에 눈길에서 차가 펑크가 나서 남자인 나도 당황하여 안절부절했을 때 젊은 미국인 남자 한 명이 내 차 뒤에 차를 세우고 친절하게 펑크 난 타이어를 갈아 주었을 때, 물꾸러미 바라만 보고 있었던 내가 너무 고마워서, 내 딴에는 감사의 표시로 $20짜리 지폐 한 장을 불쑥 내밀었던 기억이 있다.

그때 그 친구가 한 말을 영원히 기억하고 있다.
"If you want to pay back, help other people!"
오늘은 출근이 조금 늦었지만, 기분도 좋았고 진짜 배트맨이 존재한다는 걸 경험한 멋진 화요일의 Start였다.

Happy Tuesday!

러시아 방문기

기억을 살려 러시아 방문기를 간략히 써 보기로 한다.

2008년 가을로 기억된다. 그때 나는 보스톤에 있는 온라인 게임 회사에 근무 중이었다.

유럽 쪽에선 이미 인기순위 톱에 올라가 있었던 '반지의 제왕'(The Lord of the Rings) 온라인 게임을 러시아에서 클베/오베(Closed Beta와 Open Beta) 테스트를 끝내고 이제 출시(launching)를 하기 위해 나를 포함한 관련 팀원 4명이 어느 늦가을 러시아행 비행기에 몸을 실었다.

스위스까지 델타로 가고 스위스에서 러시아 항공을 갈아타고 모스크바로 향했다.

비행 중 한 가지 느낀 것은 미국인과 러시아인은 생김새가 확연하게 다르다는 것이다. 스위스까지는 미국인 스튜어디스가 그리고 스위스부턴 러시아인 스튜어디스가 서비스를 했는데, 러시아 스튜어디스들은 얼굴 자체가 훨씬 작았고 피부가 하얐고 얼굴 골격이 조금은 각진 듯한 느낌이었다. 러시아에 도착해서 입국심사대에 섰는데, 정말 영화에서나 느꼈던 그 팽팽한 긴장감과 묘한 분위기를 느꼈다. 입국심사원은 무표정으로 아무런 질문도 하지 않았고, 내 여권과 내 얼굴을, 거짓말 안 보태고, 약 10

번 정도 번갈아 훑어 보더니만, 굵직한 목소리로 '잇티~'(가~)라고 하는 듯하다.

이럴 때 써먹으려고 준비해 두었던 '스빠시보~'를 군기가 빠짝 든 목소리로 외쳤더니

그제서야 그 인간이 씨익~ 하며 웃는다. '도모데도보'(?) 국제공항은 말이 국제공항인데 솔직히 미국이나 특히 인천 공항에 비교하기 어려울 정도로 열악했다. 화장실은 더럽고, 출·입국 수속 게이트는 좁고 탑승게이트 찾기가 어렵게 설계된 듯 보였다.

픽업 나온 협력회사 직원들의 차를 나누어 타고 공항을 빠져나왔다.

일단 도로가 무지 넓다. 도심이 아니어서 그런지 좀 황량한 느낌.

약 한 시간 넘게 달렸나, 도시가 보인다. 밤에 보는 모스크바 시는 특이한 느낌이다. 길가에 네온싸인이 좀 많은 것 같다. 건물들이 모두 묵직하게 느껴진다. 큰 건물들이 많다. 사람들도 많이 걸어 다닌다. 모두들 첫 방문인지라 안전성을 생각해서 이왕이면 미국 호텔 체인으로 가자고 하여, '티르스카야'(?)에 있는 Marriot Hotel에 들었다. 놀라지 말라. 일박 숙박료가 거의 $500 여불에다 인터넷 하루 사용료가 $100이 넘었다. 내 돈 아니니까 거기서 머물었지 내가 돈을 내야 했다면 아마도 노숙(?)을 했을지도 모른다.

여기서 경험(?)을 얻어서, 얼마 후 제2차 러시아 방문 시에는 아예 회사 인근 타운에 아파트를 한 달 빌렸는데, 그 비용이(약 10일간 체류) 호텔 stay 비용의 10분의 1도 안 되었다.

거리마다 식당마다 그리고 오피스 안에서도 모두들… 다… 죄다… 담배를 피워댄다. 지독하게 줄 담배를 피워댄다.

회사 빌딩 안쪽 입구엔 작은 테이블과 의자가 놓여 있었고, 경비원들로 보이는 사람들이 (거짓말 아니다.) 기관단총으로 보이는 무기를 어깨에 매고 경비를 서고 있었다. 작업환경은, 여기처럼 큰 공간에 cubicle이나 office를 만들어 근무하는 게 아니라, 작은 방들이 다닥다닥 붙어 있었고 (모텔처럼) 그 방에 적게는 4명 많게는 10명 정도가 작은 개인 테이블을 두고 근무하였다.

사람들은… 모두가… 친절했다. 그리고 순박했다. 무표정 같아도 씨익 하며 잘 웃었다. 어떻게 보면 속세에 물이 안 들은 듯 느껴졌다. 협력회사 직원들은 사소한 커피값부터 점심, 저녁 모두를 후다닥 대신 지불했다. 예전에 한국에 출장갔었을 때, 완벽하게 알파와 오메가로 모든 것(?)을 책임져 주는 한국 협력회사 사람들과는 감히 비교가 안 되겠지만 그래도 무척 감동스럽게 우리들을 대우해 주었다. ㅎㅎ

지하철을 타려고 에스켈레이터를 타고 아래로 내려가는데 (거짓말 아니다.) 나중에 시간 계산을 해 보니 4분이 넘게 내려간다. 그런데 다 내려가니 장관이다. 이건 지하철이 아니라 어느 박물관이나 성당에 온 느낌이다. 온통 천정과 벽 구조물들이 화려하고 벽화는 물론 조각물도 예술 그 자체였다. 전철은 좁고 더러웠다. 자주 정차했고 자주 흔들렸다.

다들 나만(동양인) 쳐다보는 듯했다. 쇼핑몰에 가보면 대부분 5-6층 정도인데, 넓이는 별로 안 넓고 아담하게 만들어 놓았다. 6층 난간에서 아래를 내려다보면 아래층들이 다 보일 정도로 설계가 잘되어 있다. 숍들이 화려했고, 젊은 여자들이 많았다. 동양인들이 많이 보였는데, 왠 러시아말을 그리도 유창하게 하는지… 나중에 알고 보니 전부다 거기서 태어난(조선족?) 3-4세들이다.

가는 곳마다 일본 레스토랑(특히 스시)이 많이 보였고 생각보다는 달리 채식주의자들도 많았다. 한국 식당은 별로 없는 것 같았다. 맥도날드도 군데군데 보였다.

차를 타고 가는데 경찰에게(진짜로) 질질 끌려가는 사람, 두드려 맞는 사람도 보였고, 여럿이 대낮에 술병으로 나발 부는 사람들도 많이 보였다. 나이 든 여자들은 대부분 뚱뚱했지만, 젊은 여자들은 정말 날씬하고 이뻤다.

가끔 이 친구들이 술 먹으러(회식) 퇴근 후 나갔는데, 마지막 날은 밤샘 술 파티 한다고 해서, 나는 빠진다 했더니, 호텔까지 택시 태워 준단다. 밖에 나와서 택시가 어디 있나 보는데 이 친구가 지나가는 개인 승용차를 그냥 잡아 세운다.

대한민국 6-70년대에 많이 보던 장면이다. 그러더니 흥정을 하며 미리 운전사에게 돈까지 주고 나보고 타란다. 내가 거기서 근 10일 있었으니 호텔 가는 길을 내가 빤히 아는데, 이놈이 딴 길로 간다. 거의 밤 8시쯤이다. 어떡할까. 이놈이 날 으슥한 곳으로 끌고 가서 강도짓 하고 줘 팰라고 하나 보다 생각하고 이런저런 생각 다 했다. 모스크바까지 와서 나의 마지막 인생을 마감하는가 보다 생각하면서 뛰 내릴까 이놈 목을 잡아 꺾을까 등등 방법론을 모색하는데, 결국 싱겁게 호텔로 데려다 주었다. 교통이 막히는 시간이니 안 막히는 샛길로 갔단다.

역시 사람은 편견을 가지고 의심하면 안 된다.

주말을 이용해 러시아 친구들이 모스크바 여러 군데를 관광시켜 주었다. 인상적인 것 중에 하나가, 붉은광장으로 향하는 도심의 가장 번화한 건물 위 큰 전광판에 'SAMSUNG'이라는 광고가 붙어 있는 것을 보았다. 그리고 왜 그리 현대차나 기아차들이 많은지….

Red Square에는 움직이지 않고 서 있는(보초) 근위병들이 있었는데 그 혹독한 추위에 어떻게 몇 시간 서 있나 살펴보았더니, 뒷쪽으로 조그마한 부스를 만들어 놓고 거기에 난로 같은 것을 켜 놓은 것을 보았다. 조금 떨어진 곳을 가니 성당(성 바실리?)들이 있었는데, 어느 곳은 지붕 전체가 금으로 칠해져 있었다. 유명한 모스크바 크렘린 박물관도 가 봤는데 한 섹션엔 온통 금관과 칼을 비롯한 금으로 만들어진 유품들이 가득했다. 특이한 건, 입구에서 안내자가 우리에게 작은 워키토키 같은 것을 주었는데, 어느 특정 전시 spot에 가면 그것에 관한 자세한 설명이(영어로) wifi 커넥션을 통해 나오는 것이었다. 지금은 별거 아니지만 그래도 10년 전 일이다.

토요일에 나랑 친했던 러시아 친구(프로젝트 매니저)가 러시아 클럽을 구경시켜 준다고 해서 우르르 따라갔다. 예상과는 조금 차이가 있었다. 한국은 일단 클럽 자체가 크고, 춤추는 무대가 넓다. 그런데 그곳 클럽은 (예외였을 수도 있지만) 큰 저택같은 기분? 리빙룸들이 여러 군데 있어서 소파에 앉아서 얘기하고 먹고 중앙에 위치한 무대에 나가서 춤추고 하는… 그런 분위기였다.

진짜 술들을 고래같이 부어대었다.

러시아 사람들은 꽤 사교적인 것 같다. 일부러 찾아와서 이것저것 물어보고 음료수도 건네고 한다. 회사 인근에 있는 마트에 혼자 간 적이 있다. 오렌지 쥬스 한 병 골라 나와서 계산하는데 주인인 듯한 통통한 아줌마가 영어를 전혀 못 한다. 손짓 발짓 다 했는데 피차 간에 서로 뭘 말하는지 모른다. 거스름돈 포기하고 나오려는데, 나를 잡아 세우더니 내 손에다 아까 낸 돈을 타악~ 올려놓더니만 손짓으로 그냥 가라고 한다.

아줌마는 한국이나 미국이나 러시아다 다 똑같다. 갑자기 없던 정이 생긴다.

하루는 길을 가는데, Street Sign 같은 것이 보이는데 CTOP라는 거리 이름이 너무 여러 군데 자주 보여, 러시아 친구에게 너희들은 거리 이름이 같은 곳이 여러군데 있어서 어떻게 혼동 안 하고 구별하냐 했더니… 껄껄 웃으며 CTOP은 거리 이름이 아니고, STOP 싸인이란다.

여러 가지 음식을 먹어 보았는데, 그중에서도 '에치포치마크'라는 미국으로 치자면 일종의(삼각) 파이와 '다게스탄' 케밥이 환상적이었다.

마지막으로 한국이나 러시아나 (미국은 아니다) 공중 화장실에서 소변을 보고 있는데 청소부 아줌마가 스스럼없이 활보하는 장면은 어찌나 똑같고 정겨운지(?) 몰랐다.

러시아에서의 10일간은 특별한 경험이었다.

사람들은 친절했고 정이 많은 듯했고 때가 안 묻은 듯 소박했다.

웃기고도 슬픈 실화다

웃기고도 슬픈 실화다.

예전에 친한 교회 친구들이 한 친구집에 모였다. 저녁 식사를 냉면으로 맛있게 먹고 차도 마시고 얘기를 나누던 중 화제가 자연스레 건강 쪽으로 옮겨졌다.

뭐가 어디에 좋고 뭐를 먹어야 되고 등등 정보를 교환하던 중, 집주인이 갑자기 "우리 집에 귀한 약주가 있다."라고 선포했다. 귀한 솔잎과 또 다른 한 가지(신선초인가?)를 거의 6개월 이상 담궈 둔 건데 오늘 우리들에게 개봉하겠다는 것이다.

다들 자리를 당겨 탁자에 앉았고 주인장이 부엌에서 유리병을 들고 나왔다. 약초들이 잘 혼합이 되었는지 약간 탁한 색깔이었다. 우리가 성찬식 때 쓰는 크기의 조그마한 잔에다 손을 바들바들(?) 떨며 그 귀한 약주를 따라서 우리 앞에 놓았다.

"자~ 마십시다."라는 주인장의 건배(?) 선언과 함께 나를 포함한 우리들 모두는 감사한 마음과 신비로운 기대로 각자의 잔을 원샷~ 으로 비웠다.

별 특이한 냄새는 안 났고 맛도 생각했던 것처럼 산뜻한 약초 맛은 아니었다. 이게 약초들이 섞이면 이렇게 무미한 맛이 나나 보다 생각하는데 한 친구가 "역시~ 귀한 약주는 맛이 달라!" 하는 순간 모두들 "맞아~" 하며 맞장구쳤다.

"자, 자, 딱 한 잔씩만 더 듭시다." 하며 주인장이 역시 손을 바들바들 떨며 두 번째 잔을 권했다. 다 같이 두 번째 잔을 마시는데 한 친구의 표정이 영 이상하다.
다른 친구들도 기대와는 다른 맛에 약간은 의아해하는 순간, 한 친구가 "이거 약주 맞아?"라고 질문을 던졌다.

주인장 자기도 조금 이상했던 모양이다. 일어나서 부엌 쪽으로 가더니만 먼가를 주섬주섬 확인하더니 흥분조로 말했다. "아이, 씨~ 미안, 미안… 이제 보니 이거 약주병이 아니라 냉면 육수 국물이야… 씨이~"

그리하여 우리 모두는 다 뒤집어졌고… 갑자기 속이 거북해 오기 시작했다. 육수 국물을 귀한 약주라고 꺼내온 주인도 주인이지만, 그것을 다 받아 먹으며 찬사를 아낌없이 보낸 우리들도 정상적인 사람들은 아니었다. 다행히(?) 주인께서 고개를 굽신굽신하며 꺼내온 진짜 약주를 마시는 순간 그 향기로운 약초 냄새와 산뜻한 맛에 우리 모두가 "바로 이거야~" 하며 황급히 그 상황을 수습하였던 기억이 생생하다.

몸에 좋다면 못 먹을 게 없다더니 육수를 떠억 하니 마신 우리들… 한바탕 웃음으로 즐거운 시간을 가졌다는 실화였다.

사람의 뇌와 허구명령

컴퓨터의 미래와 모델은 100% 사람의 두뇌이다.

여러가지 불가사의한 뇌 작동 비밀이 많지만, 그중 하나는 사람은 어떻게 머리속에 저장(기억)된 데이터(정보)를 접근하느냐 하는 것이다. 쉬운 말처럼 들린다. 그냥 기억해 내면 되는 것 아니냐는 대답하기 난감한 말이 나올 수 있다.

컴퓨터는 아예 정보를 저장할 때 그 저장소의 주소를 적어 놓는다. 그러다가 그 정보가 필요하면 그 정보가 저장된 주소로 가서 그 정보를 가져오게 프로그램을 짜면 된다.

우리의 뇌는 어떤가? 우리 뇌가 모든 정보를 저장할 때 그 주소를 일일이 기록해 놓는가? 기록해 놓는다면 어디에 그 정보를 기록해 놓는가? 또 그 기록해 놓은 기록리스트는 어떻게 접근할 수 있는가? 그런 작업은 필요없다. 우리 뇌는 그 어떤 정보도 어떤 주소, 리스트도 기록해 놓지 않는다. 그냥 필요할 때 빼 쓴다.

어떻게 어디에 어떤 정보가 저장되어 있다는 걸 아느냐고?

무책임한 대답이지만… 그냥 안다. 그게 컴퓨터에 적용될 날이 언제 올 건지는 모르지만, 현존하지 않는 기술이다. 그런데 컴퓨터에서 거꾸로 배울 기술(?) 이 있으니 그것은 와이파이 기술이다. 직접 손을 안 대고 연결을 안 해도 무선으로 연결하여 정보교환을 하는 기술이다.

그냥 쉽게 쉽게 얘기해서 '연결'이지, 뇌 세포들이 유니크하게 발산·호환·작동하는 그 시그널과 프로토콜을 마스터하기가 아마 우리 생전엔 불가능 할지도 모른다. 어쨌든 여차저차하여 이 기술이 사람 뇌에 적용 가능하게 된다면 다음과 같은 일들이 가능해질 것이다.

성경 66권 전체를 외우는 기술(?) 하나로 샤스타 성경대학 교수가 된 톰 메이어 씨의 바로 그 정보가 저장된 바로 그 뇌의 그 부분을 와이파이로 나의 뇌 속에 카피를 할 수 있다는 얘기다. 나도 즉시로 성경 66권을 외울 수 있게 된다.

아파치 헬리콥터 베테랑 조종사의 바로 그 조종기술 정보를 컴퓨터에 다운 받아 놓고 있다가 유사 시 조종사 후보들에게 업로드시키면 수십, 수백 명의 베테랑 조종사가 탄생될 수도 있을 것이다.

방금 숨을 거둔 스티브씨의 뇌에 저장된 살인현장 정보를 다운하면 스티브씨를 누가 죽였는지 생생하게 증명해 볼 수 있을 것이다. 타이거 우즈의 골프 관련 기술들을 다운하여 내 뇌에 업로드한다면 뇌가 시키는 대로 신체적응 연습만 한다면 수일 내로 타이거 우즈의 전성기 속도인 130마일로 상쾌하게 드라이브도 날릴 수 있을 것이다.

거동이 불편하신 분들은 애써서 멀리 여행가시지 말고 근처 Virtual Travel 여행사에 들러 하와이 하나우마베이 기억을 생생하게 다운 받아 즐길 수도 있을 것이다.

참 오묘한 것이 인간의 뇌인데, 두려운 면도 있다. 우리가 느끼고 인지하는 모든 현상은 사실은 우리 뇌가 우리에게 그렇게 느끼도록 인지하도록 명령하기 때문이다.

뜨거운 불 속에 손을 넣으면 우리 뇌가 전달된 신체 input을 받고 판단해 "뜨겁다." 그러니 "손을 빨리 빼."라고 명령을 내린다. 그러면 자율신경은 본능적으로 손을 빼게 되고 우리의 신체는 뜨거운 느낌을 가지게 되는 것이다. 만일 우리의 뇌가 작동을 안 하여 아무런 명령을 안 내린다면 우리의 손은 화상을 입게 될 것이고 그 순간에도 우리는 뜨거운 줄 모를 것이다.

이 말은… 우리의 뇌에 위에서 말한 와이파이 기술을 작동할 수 있다면… 우리는 간단한 뇌 명령으로 사람의 감정과 액션을 마음대로 조종할 수도 있다는 것이다. 실지 이런 기술이 연구 중이지만 쉽게 성공하지는 못할 것이나, 더 무서운 사실은, 비정상적인 이유로(뇌손상, 부작용) 어떤 사람이 실제 벌어진 일이 아닌 허구 Input에 의한 액션을 할 수 있다는 것이다.

예를 들면, 정신병자들을 보면 그들의 비정상적인 액션과 생각들은, 안타깝게도 본의에 의해서 일어나는 것이 아니라, 뇌 속의 화학작용이나 생리작용 또는 물리적 충격에 의해 허구의 명령이 생기는 데서 연유하게 된다는 점이다. 그러나 그들에겐 그 허구명령은 실제로 보고 느끼고 인지하는 '사실'이 되는 것이다.

뇌의 부작용은 실제로 사람들에게 자신이 하늘을 날아가는 느낌, 구름 위를 걸어가는 느낌을 생생하게 가지게 한다. 마리화나를 피우면, 마약을 하면 가지게 되는 그 환상은 그 유해한 케미컬들이 우리 뇌에 내리는 허구명령으로 인한 것이다. 우리가 경험해 보지 않아서 설마~ 하겠지만, 우리가 달리는 차를 보듯 그들은 허구의 명령으로 환상의 것들을 실상같이 생생하게 보고 느끼는 것이다.

NDE라고 하는 임사체험을 한 사람들도 죽다가 살아와서 하는 말 중에 정말 생생하게 사실을 전하듯 하는 말들을 많이 듣는다. 물론 나는 그들이 사후세계를 봤다 안 봤다를 결론적으로 말하는 것은 아니다. 내가 하고 싶은 말은 죽을 정도의 상황에선 우리의 뇌 기능이 부작동을 할 수도 있는데, 그런 상태에선 위에서 말한 대로 뇌의 비정상적인 뇌파인식으로 인해 허구의 인지가 충분히 가능하다는 말이다. 그러므로 그것이 비록 허구의 뇌 명령으로 인한 환상적 인지라 할지라도 그들에겐 생생한 사실의 기억이 되는 셈인 것이다.

우리가 잘 아는 최면술도 이 뇌 주파수 장난인 셈이다. Skillful 한 방법으로 허구의 명령(suggestion이라고 한다)을 주입하는 것이다. 그러면 전생도 보이고 옛 기억도 살려낸다. 사이비 종교 교주가 제일 먼저 터득 내지는 배우는 것도 바로 이 허구명령을 성도들의 뇌 속에 주입하는 기술이다. 일단 그 signal과 그 protocol만 마스터하면 언제든 내가 원하는 허구명령을 그들에게 업로드 시킬 수 있는 것이다.

그래서 사이비종교에 빠졌던 사람들을 다시 정상화하기 위해선 deprogramming이라고 하는 작업이 필요한 것이다. 허구명령을 받아들이는 system을 reset 하여 하나님이 주신 원래 시스템 사양으로 초기화(default)시키는 과정이다. 음악도 미술도 우리 뇌에 이런 영향을 끼친다.

요즘 세계가 존경하는 자칭 거장이라는 감독 얘기를 Me-Too를 통해 우리는 듣는다.
허구 세계에 빠지면 자신이 어떤지 전혀 모른다. 자신이 보는 그 세계는 지극히 정상적이고 실제적이고 멋진 세계다. 그리고 예술이란 이름 하에 각종 허구의 시도가 용납된다. 만일에 하나라도 그런 시도가 허구의 명령을 낳게 된다면 그는 그 세계의 노예가 되는 것이다.

무서운 뇌의 세계이다. 그러므로 우리는 건강한 뇌 관리와 보호를 위해 정말 조심하고 경각해야 할 것으로 생각한다. 하나님의 말씀으로 항상 우리의 뇌를 정상적(Normal)으로 그리고 최적(Optimum)으로 유지하는 것도 좋은 방법이라고 생각한다.

무신론에 대해

가끔 생각해 본다. 무신론자들은 우주 기원의 시발점을 일단 빅뱅이론에 둔다.

이론이다. 그 아무도 그것을 증명한 적이 없기에.

아주 아주 먼 옛적, 약 150억만 년 이전쯤에, 1g에 10억 톤 이상의 고농축 물체(?)가 10의 16승 이상의 고고고고온의 압력으로 인해 우연히 폭발을 하게 된다.

폭발하면서 팽창하여 우주를 형성하게 되었고 이리 저리 그 파편이 흩어지면서 그중에 어떤 부분이 우연히 우리가 살고 있는 지구가 된 셈이다.

그러는 사이에 지구상의 물질들이 이리 저리 작용을 하면서 우연히 무에서 유를 생성하고, 무한의 시간이 다시 지나가면서, 우연히, 지금의 당신과 내가 된 셈이다.

무신론자들의 가장 든든한 무기는 무한대 시간을 통한 '확률'이다.

무한대 시간 속에선 어떤 상황도 어떤 결과물도 가능할 것이라는 얘기다.

굳이 예를 들어 보자면, 컴퓨터 앞에 원숭이가 앉아서 아무 생각 없이 자판기를 두드려서 정확하게 "원숭이"라는 단어를 표시하는 것도 무한대의 시간만 주어진다면 가능하다는 것이다.

이 무한대의 시간만 주어진다면, 종이 비행기를 들판에 갖다 놓으면 언젠가는 진짜 날아가는 비행기가 될 수도 있다는 셈이다. 이건 약과다. 왜냐면 이 경우에는 무에서 유가 아니라 어쨌든 종이라는 물체가 이미 있기 때문이다.

날아가는 비행기와 비교할 수조차 없는 정교함과 지능으로 만들어 진 인류도 우연히 만들어졌는데, 그까짓 종이 비행기가 전투기로 변하는 것쯤이야 세월만 지나면 식은 죽 먹기로 될 수 있다는 말이다.

그런데 참 이상하다. 그런 무한대의 확률 속에서 만들어진 우리 인류는 (동물 얘기는 나중에) 엄청난 다양한 모습과 기능으로 존재해야 할 텐데, 왜 모두들 눈이 두 개고 귀가 두 개고, 남자와 여자가 있고, 향기로운 꽃을 보면 즐거워하고, 잘못하면 죄의식을 느끼게 되는가… 우연의 확률로 만들어졌다면 그 확률이라는 게 인위적이 아닌 공평한 확률일 텐데 왜 코가 3-4개, 머리가 아래에 달린 사람, (아직도 진화가 덜 되어) 동물처럼 기어다니는 사람, 날개가 있어 날아다니는 사람, 더러운 오물 냄새가 아름답게 느껴지는 사람, 남자 여자 말고 x자, y자 등등의 다른 종류의 사람들도 있어야 공평한 확률이 아니겠는가. 그런데 왜 마치 '누가' 치밀한 계획을 세워 만든 것처럼 모두가 천편일률적으로 기능과 원리와 운영이 동일한가?

이것도 아직 수천억만 년을 기다린다면 확률의 법칙에 의해 다른 형태의 인간이 생긴다는 것인가? 그렇다면 지금까지는 오히려 더 어려운 '고비'(즉, 무에서 유가 탄생되는)가 있었기에 진짜 진짜 수천억만 년이 흘렀을 수도 있는데 왜 다른 형태의 인간은 고사하고 그 과정으로 변해 가는 형태의 인간은 전혀 안 보이고 우리와 같은 인간들만 보이는 건가?

과학의 기본 진리라고 따르는 열역학 법칙에 의하면 어떤 개체는 시간이 지나면 질서에서 무질서로 완전에서 불완전으로 형태에서 무형태로 변하게 되어 있다.

즉, 벌판에 종이 비행기를 놔두고 수만 년이 지난 후에 가 보면 그곳엔 먼지만 남아 있게 된다는 법칙이다. 수십억 년이 지난 다음에 그 종이 비행기가 자연적인 업그레이드와 진화와 우연과 확률을 통해 날아가는 아파치 헬리콥터가 되지는 않는다는 얘기다. 더 나아지려면 반드시 자체 내에서의 원동력과 아니면 외부에서의 '간섭'이 있어야 된다는 것이다. 하여간 더 길게 얘기하기도 그렇다.

사람은 자기 생각이 있고 그것을 굳게 믿을 자유도 있다. 그러나 솔직해졌으면 한다.

내가 "못" 믿는 것과 "안" 믿는것은 분명히 다르다. 못 믿는 것은 내가 못 보았고 못 경험했기 때문에 그럴 수 있다. 그러나 안 믿는 것은 증거와 논리와 합리가 있고 없고를 떠나 이미 처음부터 결론을 내어 놓은 믿음이다. 그냥 안 믿겠다는 것이다.

이순신 장군이 실존 인물이라는 것… 의심하는 사람이 얼마나 있는가?

우리가 보았는가? 그분과 같이 살아 보았는가? 그런데도 믿는다. 역사책에 나와 있는 역사라고 믿기 때문이다. 그저 의심하면 사람들이 약간 이상하게 볼 것이다.

세상엔 꼭 만지고 보고 경험하지 않아도 믿기 때문에 사실로 받아들이는 것이 거의 90% 이상이 된다. 가장 합리적인 논리의 모형이라는 재판 과정을 보더라도 증거의 유무가 가장 확실한 결정인자가 되는 것이지만, 목격자, 정황에서 나오는 유추물들, 그리고 변호사와 검사 간의 합리적인 논리에 의해 그 결과는 결정지어질 수가 있다. 그것은 loose한 제도 같아 보이지만 사실은 굉장히 tight한 시스템이다.

안 믿는 사람들의 공통적인 사고는 간단하다.

"신"이라는 단어가 들어 가는 순간, 이것은 비과학적이 된다. 신이란 단어는 맹목적인 '믿음'이라고 생각한다. 신으로부터의 간섭과 속박이 아닌 내가 인간으로서 모든 걸 하고 싶다는 얘기다. 그런데 알고 보면, 안 보고 경험 안 해 본 빅뱅과 우연한 확률을 믿는 것은 신을 믿는 것보다 더 '맹신'이다.

아무것도 없는 데서 인간이 우연히 만들어졌다는 것을 믿으려면 엄청난 믿음이 필요하다. 그리고 빅뱅이론이 맞아서 수백억 년 전에 빅뱅이 발생했다 한다면, 그 최초의 빅뱅이 시작된 바로 그 점 같은 그 물체는 어디서 왔는가… 아니, 누가 만들었는가? 그리고 어떻게 (혹은 누가) 그 점을 폭발하게 만들었는가? 대답할 수 있는가?

인류의 기원에 관해 어떤 사람들은 "외계인" 설을 주장한다. 우리 인류

보다 수억 년 앞선 문명을 가진 외계인들이 우리들 인류의 조상이라는 것이다. 그러면 그 조상들은 어디서 왔는가? 어떤 이들은 생명의 씨앗이 운석에 묻혀 우리 지구에 떨어져서 인류가 탄생했다고 한다. 그러면 그 씨앗은 원래 어디서 왔는가? 그것도 우연히 수억경만년전에 확률에 의해 우연히 만들어 졌는가?

조그마한 개울에 막혀 난감해하는 개미 떼에게 인간이 나뭇가지로 길을 만들어 주면 그건 개미들에겐 이해할 수 없는 기적과 supernatural한 영역이 된다.

그들이 이해 못 한다 하여 인간이 나뭇가지의 출현과 아무 상관없다고 결론 내지는 못한다. 개미들에게 '인간'이라는 단어는 우리에게 '신'이란 단어와 같은 맹신, 맹목, 비과학적, 비합리적인 느낌이 될 것이다. 개미가 인간의 존재를 '이해'할 수 없듯이 우리 인간은 신의 영역을 완벽하게 이해할 수가 없다. 같은 피조물인 개미와 인간도 큰 이해 차이가 있는데, 조물주와 피조물인 인간의 이해 간격은 더 엄청난 차이가 있지 않겠는가.

옵션은 두 가지다. 우리가 이해할 수 없기에 무조건 '신'이라는 단어는 배제하고 우리가 이해할 수 있는 과학이라는 영역 하에서의 현상과 증거만 보며 비합리적으로 살든지, 우리의 지식, 생각의 한계를 인정하고 가슴 깊이 Firmware같이 모든 사람들의 가슴과 양심에 새겨져 있는 그 소리와 합리를 바탕으로 진리를 탐구해 보든지.

둘 다 다 필히 죽는다.

그러나 죽은 후의 결과는 감히 다르다. 이것 역시 그 누구도 가 보고 경험해 보지 않았기에 감히 증명해 보일 수는 없다. 그러나 재차 얘기하지만 안 보인다고 해서 경험 안 해 봤다고 해서 진리가 진리 아닌 것은 아니다.

단 한 번의 인생이다. 자신에게 솔직해져 보자.

외래어 사용에 대해

제법 많은 사람들이 한국어 대신 외래어 쓰는 것에 대해 지나친 과민반응을 보이곤 한다. 어떤 사람들은 모든 단어를 한국어로 localize하여 써야 된다고 주장하는 학자들도 있다. 북한에선 골키퍼를 '문지기'라고 하고, 프리킥을 '벌차기', 마스크를 '얼굴가리개'라고 한다. 그런데 우스운 건 브래지어를 '브끄럼가리개'라고 하고 팬티를 '으뜸부끄럼가리개'라고 한다는데 사실인지 궁금하다. ㅎㅎ

조금 더 예를 들어 보자면, 일본식 발음 라면은 '꼬부랑국수', 도넛은 '가락지빵', 뮤지컬은 '가무 이야기', 젤리는 '단 묵', 노크는 '손 기 척', 쥬스는 '과일 단물' 등으로 고쳐서 말한다고 한다. 언어는 서로 간의 교통의 수단이다. 그러므로 일단 빨리 그리고 확실하게 전달하고 이해하는 것이 중요하다. 그러므로 적어도 나 개인적인 생각으론 무슨 말을 전달하든 일단 쉽고 빨리 그리고 상황에 가장 맞게 이해되는 표현을 쓰는 것이 가장 중요하다고 생각한다.

1970년도에 미국 육군대장이 한국을 방문하여 주한 미군 부대를 방문했다. 갑자기 연설을 하기로 했는데 한국병사들도 같이 참석하는 것이니 당연히 통역이 필요했다.

　서둘러 통역을 구하니 적당한 사람이 있을 리 없었다. 이래저래하여 그 중에서 대학 영문과 다니다 입대한 사병 하나가 발견(?)되어 통역을 강제로 맡게 되었다.

　지금과는 달리 그 당시 영문과는 그냥 문법 배우는 곳이다. 뭔 통역을 하겠는가.

　어쨌든 미리 전해 받은 연설 내용을 보면서 떠듬떠듬 통역을 하는데, 갑자기 Feel이 꽂혔는지 그 국방장관이 세상에 미국 조크를 느닷없이 하는 게 아닌가?

　그 사병이 그 조크를 알아들었을 확률은 내가 7천만 불 로또에 당첨될 확률보다 더 적었을 것이고, 혹 알아들었다고 해도 그것을 어떻게 한국말로 통역을 실시간으로 하겠는가?

　그래서 그 사병이 그냥 한국말로 "다들 그냥 웃어~" 했단다. 이게 대박이 났다.

　미군과 한국 병사들이 거의 0.1초 차이도 안 나게 동시에 웃어 버린 것이다. 나도 설교통역도 해 보고 일상통역도 해 보았지만, 순차통역(Sequential Interpretation)은 그런대로 여유(?)가 있다. 그러나 동시통역(Simultaneous Interpretation)은 어렵다. 더군다나 어법 순서가 전혀 다른 영어에서 한국어 통역은 일단 뒤를 들어봐야 앞의 번역이 나오는 경우도 많은 고로 거의 동시에 통역하기가 불가능한데, 위의 경우는 거의 동시에 웃음이 나왔다는 것 자체가 신기에 가까운 통역 실력이라고 생각된 것이다. 들리는 말에 의

하면 그 육군대장이 세상에 이렇게 통역 잘하는 한국 사람 처음 봤다며 포상휴가를 보내라고 했다는데 사실인지 아닌지는 그 아무도 모른다…. ㅎㅎ

암튼 말은 말이다. 언어는 언어다. 그리고 언어는 재치와 임기응변의 기술이다.

그 의미가 전해지고 정치적 외교적으로 한 자 한 자 면밀하게 번역이 요구되지 않는 한, 일상생활에서의 언어는 교통하는 수단에 지나지 않는다.

골프장에서 내 파트너가 300야드 날릴 때 '나이스 샷!' 하는 게 그냥 자연스럽고 어감도 좋다. 그걸 굳이 '좋은 타격!' 이래야 되는가? 회사에서 '좋은 아침'이란 좋은 한국적 표현법도 있지만 그냥 '굳 모닝'이라고 하면 전쟁이라도 일어나는가?

미국 사람들은 해결책이 생겼거나 뭐 보여 줄 게 있으면 "Here it is."라고도 하지만 많은 사람들이 "Voila~"라고 한다. 봘라~ 는 프랑스어다. 그 봘라~ 라는 어감이 대화 상황에 좋기 때문에 그걸 쓰는 것이다. 거기에 먼 애국이 필요하고 개념이 필요한가?

비슷하게 자주 쓰는 말 중에 Deja Vu(seen before)라는 말과 C'est la vie(That's life)라는 말도 있다. 이 표현에 적합한 상황이 오면 자연스레 이 표현을 쓰는 것뿐이다. '그게 인생이야!'라는 뉘앙스보다 '쎄 라 비~'라는 뉘앙스가 개인적으로 원하는 분위기를 더 잘 표현할 것이라 생각하기 때문에 communication의 수단으로 쓰는 것이다.

자주 쓰지는 않지만 가끔 미국인들이 'how are you?'라는 말 대신에 "와

구완~"('Wah Gwaan~')이라는 표현을 쓰기도 한다. 이 말은 자메이카 말이다. 그런데 아는 사람은 알겠지만 이 말 어감이 매우 독특하다. 절대 비속하지 않다. 마치 독특하고 약간은 레게이적인 차림의 젊은 사람을 볼 때의 느낌이라고 해야 할까. 이런 자연스럽게 느껴지는 언어를 어떻게 국지화하여 표현할 수 있겠는가.

요즘 또 음악계에서 시작된 유행어 중에 젊은이들이 즐겨 쓰는 말가운데 '스웨그'(swag)라는 말도 있다. 이게 사실은 레슬링할 때 상대방을 때려 눕혀 놓고 자랑하듯 그 앞에서 오만하게 뽐내며 하는 Taunting(예를 들면 John Cena의 'You can't see me' taunting)과 비슷한 맥락이다. 다분히 Cool 끼가 내포된 표현이다. 이런 걸 어떻게 번역해서 쓰겠는가…. 그래서 가끔은 뜻도 모르고 우습게 너도 나도 쓰기도 하지만 그래도 스웨그~라고 쓰고 있다.

한 걸음 더 나아가(주로 힙합) 음악계에서는 그 모자라는 2%를 바로 이 스웨그에서 찾으라고 하기도 한다. 음정, 박자, 모션, 감정 다 좋은데 뭔가 뭔가 조금 부족하다고 느낄 때, 스웨그를 넣으라고 한다. 그런데 이 스웨그의 정확한 언어상의 의미를 모르는 젊은 애들도 이것이 무엇을 뜻하는지 다 안다. 이 상황이라면 굳이 스웨그를 한국말로 번역하여 예를 들면 '개쩔탱' 좀 넣어 봐…. 뭐 이렇게 해야 되는 것인가? 그냥 스웨그 좀 넣어 봐…. 이 정도면 된 것 아닌가?

마지막으로 욕 먹을 생각하고 한마디 더. 나는 가끔 '앗싸리~'라는 일본말을 사용한다.

그 어감이 그 상황에 딱 맞기 때문이다. 강조도 되고. 내가 매국노라서 일본어 쓰는 것이 아니다. 그런데 미국 말은 아이스크림이니 나이스니 굳모닝이니 러브샷이니 쓰면서 왜 일본말은 가끔 쓰면 안 되는 것인지. 민족적인 악감정 때문인가?

나 개인으로선 나의 그 무엇을 가장 잘 표현할 수 있는 말이 있다면 그게 일본말이든 중국말이든 북한말이든 쓸 것이다. 어떤 틀(예를 들면 꼭 한국어를 써야 된다.) 안에서 부족한 표현을 하느니 더 명쾌한 표현을 가진 외래어를 쓰는게 낫다는 게 나의 생각이다.

어떤 큰 의미를 거기다 부여하는 것은 아니고 그냥 대화소통의 가장 효과적인 수단을 쓰겠다는 것이다.

우스갯소리지만, 나는 고상하게 '팬티' 하는 것보다 '사리마다'라고 하는 게 왜 그리도 정겨운지. 'ㅎㅎ 그 친구 성질 있네.' 하는 것보단 '그 친구 곤조 있네.' 하는 게 앗싸리한 표현이다. ㅎㅎ 예전에 인기 끌었던 TV 드라마 〈야인시대〉에서 '두목' 하고 부르는 것보단 '오야봉' 이라고 부르는 게 훨씬 리얼감이 있었던 건 사실이다.

마지막으로, 그래도 한국말이라면… 그러면 다음 한국말 중 당신은 몇 개나 그 정확한 뜻을 알고 있는가? 졸맛탱, 사이다, 고나리자, 노잼, 입덕… 다 한국말이다. 한국말도 변한다.

내 생각엔 위에 한국말보다 '나이스', '굳모닝' 같은 외래어가 훨씬 더 자연스럽게 들려온다. 나만 그런가? It was my two cents….

대학 시절 추억

내가 시카고에서 캘리포니아로 이주하여 전공을 컴퓨터 사이언스로 바꾼 무렵의 대학생활이 기억에 선하다. 이때는 지금 같지 않게 돈이 무척 궁했던 시절이었다. 거의 다들 그랬지만 학비는 물론 기숙사비도 당연히 내가 벌어야만 했다. 이때 나는 공부하면서 job을 Lucky(?) 하게 세 가지나 가졌었다.

하나는 RA(Residence Assistant)라는 파트타임인데 기숙사에 살면서 학생들이 필요한 것들을 대신 처리해 주고 카프테리아 잡일도 도와주는 (한마디로 '시다'다) job이었는데 이 댓가로 나는 기숙사에(거의) 공짜로 먹고살았다.

두 번째 Job은 LA(Lab Assistant)로서 컴퓨터랩에서 교수에게서 받은 매주 프로그래밍 과제들을 학생들에게 설명하고 내어 주고 grading 하고, 컴퓨터 작동과 관리를 하는 임무였고 이 댓가로 Tuition이(거의) 공짜였다. 이 두 가지 일로 나는 먹고 자고 공부하는 것은 거의 해결된 셈이었다.

그다음 세 번째 Job은 내가 쓸 용돈을 버는 파트타임 job이었는데, 밤 12시부터 새벽 6시까지 세븐일레븐에서 일했다. 밤이라 사람도 없고 혹시 쉽게 공부라도 할 수 있지 않을까 해서 얻은 Job이었는데, 아는 사람은 알겠지만 ㅎㅎ 청소 및 물건 스탁 작업이 글쎄 이 밤 시간 동안에 이루어지는 것이다.

한 일주일 밤일 하고 나니까 새벽에 코피가 줄줄 흘렀던 기억도 있다. 나의 일과는 밤 12시부터 새벽 6시까지 세븐일레븐에서 일하고, 기숙사 돌아가 10시 정도까지 3시간 정도 자고 10시부터 오후 3-4시까지 수업듣고, 5시부터 밤 8시까지 컴퓨터랩에서 일하고, 기숙사로 돌아와 랩에서 못 마친 숙제, 프로젝트 등등 끝내고, 시간 있으면 1-2시간 잠깐 눈을 붙였다가, 다시 12시에 밤일 하러 가는 힘든 생활이었다.

지금은 도무지 불가능하게 보이던 그 빡센 스케줄도 그 당시에는 젊고 건강해서인지 별 문제없이 잘 소화해 내었다. 토요일은 무조건 노는 날이다. 젊을 때 노는 거 빼면 뭐가 있겠는가. 멀지 않은 근처에 Beach가 있어서 딴 일 없으면 거의 매주 선탠하러 나갔다. 그땐 왜 그랬는지 그 구릿빛 선탠이 그렇게 좋아서 청동빛으로 달구어 다녔고 거기다가 시간 있을 때마다 역기도 들고 해서 몸이 한창 좋은 시절이었다.

일요일은 거의 하루 종일 교회에서 살았다. 예배가 끝나면(모임) 건수가 없는 날은 우리들(또래)끼리 올림픽 한인타운에 나가 점심으로(이미 점심은 친교시간에 먹었다…. 그러나 그게 어디 점심이던가?) 거짓말 안 보태고 개인당 짬뽕이나 짜짱 곱배기에 탕수육 시켜 배 터지게 먹고 다시 교회로 가서 저녁예배(그때는 저녁예배도 있었다) 드리고 또 먹고… 거의 밤 10시가 다 되어 기숙사로 돌아가던 기억이 있다.

물론(주로) 월요일에 있는 시험이나 리포트 제출 due date를 생각하면 그 스트레스가 엄청 났겠지만 그래도 그런 생활 패턴이 싫지는 않았나 보다. 이 당시 기숙사 방은 2인 1실이 원칙이었다. 그런데 가끔 돈을 더 주고 availability가 생기면 1인 1실 하는 친구들도 있었다. 물론 그중에 나도 하나다. RA 특권이라고나 할까. ㅎㅎㅎ 거기다가 우리들 사이에서 가장 존경(?)받는 사람의 척도는 그 사람이 자는 침대의 매트리스의 높이에 의해 결정된다. 어찌어찌 매트리스를 구해서 높이 쌓는다. 물론 나도 그중 하나다. ㅎㅎ 그 매트리스 커넥션이 있었으니까. 아마도 4층은 되었을 것이다. ㅋㅋㅋ

할 말은 많지만… 다음기회로 미루고… 이때 유행하던… 썰렁 조크 한 마디 하면서 마친다.

미국 중부의 어느 대학. 너무 외딴곳이라 한국인은 물론 동양인이 없다. 이곳에 한국인 한명이 유학생활을 하던 중(한국인이 없어야 영어를 빨리 배운다고 들어서) 어느 날 정말 기쁜 소식이 들려왔다. 한국인 한 명이 드디어 이 학교에 들어왔다는 것이다.

이 친구 너무나 기뻐서 기숙사 office로 이 친구를 만나러… 뛰어가는데, 저 멀리서 한국인… 인 듯한 친구 모습이 보인다. 점점 다가오는데… 그렇다…. 한국인이었다.

이 친구 너무나 반가워서 "너 한국인 맞냐?"라고 그 동안 갈고 닦은 영어 실력으로 다음과 같이 말했다. "Do you Korean???"

잠시 생각하던 신입 한국인이 엄청 반가운 듯… 다음과 같이 "그렇습니다!!"라는 영어 응답을 기쁜 어조로 크게 소리쳤다. "Yes, I can!!!"

둘은 반갑게 영어 소통을 하며 다정하게 손을 잡고 기숙사로 들어갔다는 얘기다.

이상!

미안하다 Trooper여!

예전에 보스톤 직장을 관두고 콜로라도로 돌아왔던 적이 있다. 보스톤에서 콜로라도는 거의 2천 마일쯤 되는데 한 번도 안 쉬고 달려도 30시간이 넘는 거리다. 보통 2박 3일 정도 잡으면 적당하다. 그런데 그때가 3월 달쯤인지라 거의 모든 하이웨이가 아직도 눈이 쌓여 있거나 눈이 오거나 할 겨울철이었다.

Route은 두 가지 옵션이 있었는데 북쪽 I-80번을 타고 나이아가라 폭포가 있는 버팔로를 지나 NBA 스타 르브란 제임스가 있던 (지금은 LA 레이커스로 옮겼지만) 클리블랜드를 지나고 유학 첫 정착지였던 시카고를 지나 네브라스카 주를 거쳐 덴버로 가는 방법과, 약간 남쪽인 I70를 타고 진짜 볼 것 없는 피츠버그를 거치고 오하이오주를 건너 세인트 루이스와 깡촌 캔사스 주를 거쳐 덴버로 들어가는 길이 있었다.

거리는 북쪽 route이 조금 가깝고 덜 지루하지만, 중간 지점부터 (특히 캔사스) 그냥 깔아 놓은 평지 그 자체인 남쪽 route을, 겨울철 안전을 위해 택했다. 그 당시 내가 몰던 차는 거의 2십 7만 마일을 넘은 Isuzu

Trooper였는데 괴물 차였다. 거의 15년 넘은 old model이라 옵션도 별로 없었고, 왼쪽 창은 열리지가 않았고, 와이퍼도 반만 작동이 되고, 히터도 들어왔다 나갔다 하고, 여기저기 찌그러진 모습을 한 차였다.

그런데도 내가 그 차를 사랑(?)한 이유는 단 한 가지다. Durability 와 Reliability다. 보통 차들은 대개 2십만 마일 정도 되면 거의 퇴물이 되거나 장거리 운전은 피하게 되는게 일반적인데, 나의 애마는 충직하게 고장 없이 달려 주었다. 그래서 눈발이 휘날리는 캔사스 광야를 야밤에 달리면서도 큰 공포는 없었다.

그때만 해도 젊었던지 일단 계속 달려서 덴버로 들어가자… 라는 목표 아래 CD를 들으며 쉬지 않고 달렸다. 밤이 되어 폭설이 내리고 도로가 거의 얼음판 수준인지라 Freeway엔 달리는 차가 거의 없었다. 가다보니 왼쪽 오른쪽 ditch로 차들이 굴러떨어진 모습이 보였다. 어떤 구간(Hill)에선 정말 black ice 때문인지 차들이 발발 기며 미끄러지는 장면도 보였다. 다년간 다져진 겨울철 안전운전 고수(?)이기도 하지만 나의 애마 Trooper는 역시 나를 실망시키지 않았다.

그러나 켄사스를 지난 지점부턴 앞이 거의 안 보이는 폭설이 내린 관계로 거북이 운전을 하다가 결국 가까스로 찾은 모텔에서 1박을 한 기억이 있다.

So, what's the moral of this story?

폭설이 내리고 도로가 빙판인 상황에서 수십만 불 넘는 페라리나 렘버기니 찾는 사람을 우리는 Idiot이라고 부른다. 이런 상황에선 옵션도 없고 슬릭하지도 않고 가속력도 없고 빵빵 사운드가 터지지 않아도 그저 충직한 돌쇠처럼 묵묵히 미끄러지지 않고 따박따박 제 길을 무사히 안전하게 가 주는 차를 우리는 고마워한다.

인생도 마찬가지다. Hay day가 있고 Rainy day가 있다. 때가 있고 분수가 있다.
내가 예전에 가진 거, 예전에 누리던 거… 계속해서 다 가질 순 없다.
Time to get이 있고 Time to let go가 있다. 그것을 아는 것이 지혜다.
지혜를 가지면 인생이 쉬워진다.

아는 분 중에(70이 넘으셨음) 나이 드는 것이 서러워(?) 머리를 까맣게 물들이고 피부과에 가서 얼굴에 있는 점을 죄다 뺀 분이 꽤들 계신다. 나쁘다는 게 전혀 아니다. 그럴 때가 있고 이제는 인정하고 놓을 때가 있다.

와이프가 몇 번 나보고 얼굴에 있는 점 빼라고 한 적이 있다. 물론 웃으면서 넘겼다. 그 선의는 알지만 나는 나이에 맞는 자연스런 순응이 좋다. 지금의 나의 머리는 silver가 자리잡기 시작했다. 얼마나 좋은가. 그간 고생하고 수고(?)한 면류관인 silver를 왜 알라들 같이 시커멓게 물들이려고 하는지 난 이해가 안 간다. (죄송합니다) 고맙게도 나는 아직도 머리숱이 빽빽하니 이 얼마나 고마운 일인가?

폭설과 빙판에서 나를 무사히 운전해 준 보잘 것 없지만 든든한 Trooper를 내가 사랑했듯이, 지금 현재의 상황과 분수와 나이에 맞게 변해 가는 나의 모습을 나는 사랑한다…라고 말하고 싶은 것이다. ㅎㅎㅎ 그런데 나도 말만 하는 퇴물인가 보다.

그렇게 사랑한다는 Trooper를 헌 신발처럼 내팽개치고 새 차 4-Runner를 샀으니 말이다. 미안하다. 너도 너의 분수를 알아야지…라고 위선적인 말을 해 본다.

미안하다.

나도 자랑스런 한민족!

내가 한국인이라서 이러는 것은 아니지만, 우리 한국인은 별나다. 아니 특별하다.

뭐 이미 증명된 한국이라는 국가와 국민의 능력은 이미 객관적으로 다 알려지고 증명되었기에 재차 강조할 필요는 없다.

오래전 뉴욕 보석상가는 유태인들이 똘똘 뭉쳐서 꽉 잡고 있었다 한다. 어느날 유태인 상인 회의에서 한 사람이 흥분된 소리로 외쳤다. "큰일이요…. 한국인이 우리 지역에 보석상을 연답니다."

다들 걱정된 분위기로 얼마가 흘렀단다. 그런데 얼마 후 다시 회의가 열렸는데 그때 그 상인이 안심한듯 이렇게 얘기했다고 한다. "안심이요… 안심…. 한국인 한 명이 더 보석상을 연답니다." 이게 뭔 말인가? 설명 안 할란다.

시애틀에 가면 (난 안 가 봤음.) 밤에 오징어 잡는 구역이 있다고 한다. 들은 바에 의하면, 오후 무렵 미국인들이 그곳에 진을 치기 시작한다고 한다. 저녁이 가까워지면 미국인들 사이로 베트남인들이 자리 잡기 시작한다고 한다. 그렇게 되면 그 누구도 그 자리에 더 이상 끼어들 수가 없게 된다고 한다. 그런데 밤이 되면 어쩐 일인지 그 난공불락의 그 자리가 흔들리기 시작하고 얼마 지나면 빽빽하게 딴 사람들로 가득찬다는데… 바로 그 사람들이 한국인이라고 한다.

불가능한 틈새 시장을 공략하는 기적의 한국인들이다.

오래전 얘기다. 캘리포니아에 요세미티로 가는 어느 지점에 엘카피탄이란 거대한 암벽이 있는데, 아주 가까이 다가가는 지점이 있단다. 그래도 아마도 거리는 2-3미터는 될 것이다. 물론 그 아래는 까마득한 절벽일 것이다. 그런데 그곳 local news에 났단다. 사진과 함께. 그 사진 속에는 건너편 암벽에 보일 만하게 또렷하게 한글로 "내가 여기 왔노라 XXX"라고 쓰여 있단다. 생명을 담보 삼아 행하는 민족이다.

예전에 미 동부에 폭설이 와서 비행기들이 다 캔슬되는 상황이 있었다. 일단 캔슬이 될 것인지 캔슬되면 어느 비행기로 다시 예약을 먼저 해야 할 것인지, 출발 전까지 어디서 공짜 lodging과 food를 받을 수 있는지 등등… 매우 촌각(?)을 다투는 상황이었단다.

다들(다른 민족들…) 어떻게 돌아가는지 멍하니 쳐다보고 있는데, 재빠른 어느 민족의 사람이 비행기에서 짐을 다시 빼는 것을 포착(?)하고 재빨리 행동에 옮겼단다. (비행기가 진짜 캔슬될 거라고). 물론 한민족이다. 극단의 레이더를 돌리고 있던 곁에 있던 한국인들이 민첩하게 왕년의 군대시절 경험을 살려 리더를 따라 착착착착 움직였다. 딴 비행기 예약도 먼저 하고…. 그제서야 딴 민족들이 알아 차리고 움직일 때쯤이면,

한민족들은 이미 공짜 쿠폰 받아서 카페에서 음식 먹으며 두 다리 뻗고 노닥거리고 있었단다.

　예전에 들은 얘기다. 복잡한 뉴욕 전철에 다들 자리 나기를 기다리며 서 있는데 마침 저쪽에 한 사람이 떠나며 자리가 났단다. 매너 있게 슬금슬금 눈치보는 그 사이로, 홱~ 하니 가방 하나가 그 자리로 정확히 내려꽂혔단다. 한민족 아줌마가 미국으로 이민 와서 옛 실력 발휘해 그 자리를 차지했다는 얘기다.

　호주에 여행 갔던 한민족 얘기다. 신혼 부부가 임신한 채 호주로 여행을 가서 버스를 탔단다. 근데 이 친구들 진짜 영어 한마디 못 하는 무대뽀 부부였단다. 한참 가는데 갑자기 이 여인이 산기를 느꼈단다. 애가 나올라고 했단다. 큰일 났다. 애가 나오니까 버스를 병원으로 세워 달라… 비슷하게 얘기를 해야 하는데 도통 아내도 남편도 어떻게 영어로 말을 해야 하는지 몰랐단다. 그런데 기적이 발생했단다. 자랑스런 한민족 여인이 가볍게 그리고 효과적으로 그 버스운전사에게 그것도 영어도 얘기했단다. 자기 배를 가르키며 "아임 캥거루… 아임 캥거루!!!" 위기에 기지를 발휘하여 기적을 낳는 한민족이다.

　유명한 미국 배우가 유튜브에 올렸단다. 어디 가서 줄을 설 땐(예를 들면 공항 검색대) 한국 사람 뒤에 서면 최고로 빨리 들어갈 수 있다고. 타민족들은 느긋한지 느린지 도통 진도가 안 나가는데 한민족은 이미 신발, 재킷 어느 틈에 다 벗고 기다리고 있단다.

예전 월남전 때 실제로 베트콩이 가급적이면 가능하면 한국군하고는 접전하지 말고 했단다. 왜냐하면 미군들은 뻥뻥 포만 쏴대고 겁주며 덤비면 뒤로 내빼는데, 한민족은 겁도 안 통하고 총알 아끼려 자신의 몸을 던진다고 했단다. 참 전쟁터에서조차 탄환을 아끼는 검소한 한민족이다.

한국에 복음이 들어온 지 이제 130년 정도 되었는데, 세계 교회에 없는 것들을 한국 교회가 만들었다. 나쁜 것들도 많고. 세상에 한국에서 생긴 새벽기도회가 이젠 미국 교회에서도 "했으면 하는" 희망사항 1위로 떠오른단다. 그동안 커피와 도넛만 먹던 미국 교회들이 한국교회의 그 따끈따끈한 음식점 수준의 점심식사를 롤 모델로 삼고 table fellowship을 강화하는 것이 희망사항이라고 한다. 뭐 들리는 소문에 의하면 이제는 세계의 사이비 교주 워너비들이 한국 사이비 교주들의 노하우를 롤 모델로 삼고 열심히 노력(?)하고 있다는 소문이 들리기도 한다.

이런 예들은 아직도 많다. 그러나 여기서 마친다. 내가 생각해 봐도 특별한 민족이다.

이 조그마한 나라가 240개 정도 되는 세계에서 경제(GDP) 순위가 10위에 접근한다. 글쎄 군사력도 세계 7위란다. 스포츠도 만만찮다. 미국 해병도도 영국 해병대도 한국 해병대 보면 엄치 척이란다.

그리고 아니 이게 웬일이냐. 한국의 BTS 모르면 이제 세계 음악계에선 간첩이 된다. 손이 아파서 따로 설명은 안 한다. 콘서트 대기실에 세계 탑 가수 Taylor Swift가 직접 찾아와 싸인과 인증샷을 찍고 갔단다. 다른 유명 인사들이 다투어 아는 척하려고 달려든단다. 대통령쯤이 연설해야 생중계할까 말까 하는 ABC 방송이 BTS 의 UN 연설을 생중계했단다.

이게 뭔 얘기인가. 이게 한민족 얘기다. 그런 와중에도 너도 나도 포함된 한민족이다.

하여간 특별한 민족이다. 원자폭탄? 그거 건너뛰고 요이 땅 명령만 내려오면 6개월 안에 원폭보다 더 강력한 원폭-upgrade 제조가 이미 가능하다고 한다.

뭐 잠수함에서 수직으로 미사일 쏘아 올리는 기술도 우리나라가 최고고, 장갑차/탱크 기술도 세계 탑이다. 원전 기술은 어떤가? 이미 탑이다. 조선 기술? 벌써 탑이다. 반도체? 아예 탑이다.

죽어 가다가도 자식새끼와 형제 자매 생각하면 벌떡 관에서 일어나는 민족이 한민족이란다. 못 할 게 없는 민족이다.

이상 자랑스런 한민족 쫄따구가 한마디 했심더.

끝까지 잘 가 보자!

며칠 전 링크드인(Linkedin)이라는 프로페셔널 소셜넷트워크에서 웬 사람이 메시지를 보내 왔다. 읽어 보니… 혹시 1980년도 초에 휴즈항공사 다녔던 Gap이 혹시 너 아니냐… 라는 메시지였다. 이름을 보고 가만히 생각해 보니… 호세 고메즈… Jose Gomez 바로 그 친구가 아닌가? 휴즈항공사는 나의 첫 직장이었다. 사연이 있다. 내가 대학을 졸업하기 1년 전, 컴퓨터 전공 과목 하나가 저녁에 있었는데 그 수업의 강사 이름이 지금도 기억나는 Jack Parker였다.

사실 일자리는 4년 졸업을 할 무렵부터 찾기 시작한다. 그런데 나는 왜 그랬는지 3학년 말경에 바로 이 휴즈항공사의 프로그래머 잡에 지원했다. 그리고 취직이 되었다. 겉으로 보면 지극히 간단하고 어쩌면 '운'이 좋은 사건일 뿐이다.

그런데 뒤에서 진행된 흥미로운 흐름이 있었다.
잭 파커는 휴즈항공사의 R&D 매니저였다. 원래 교수가 꿈이었는데 그것을 접고 휴즈항공사에서 근무를 하고 있다. 그래도 가르치는 것에 미런이 있었던지 낮에는 직장, 밤에는 내가 다니던 대학에서 파트타임 강사로 일하고 있었다.

2학기째인가 Network Algorithm에 대해 새 강의를 시작했는데 강의를 듣는 학생은 20여 명 정도였다. 그런데 한 동양인 학생이 눈에 띄었다.
강의 시간 15분쯤 일찍 와서 예습을 하는지 책을 들여다보고 있고, 강의가 끝나면 기특하게도(?) 남아서 이것저것 정리하고 불까지 끄고 나가는 걸 몇 번 목격한 것이다.

고백한다. 절대 나는 늦게까지 남아서 정돈하고 불까지 끄고 하는 것을 '즐기는' 타입이 아니다. 다만… 다만… ㅎㅎㅎ 나는 그 당시 LA(Lab Assistant)로 알바를 했기 때문에 아침마다 강의 전까지 컴퓨터 강의실 정돈을 해야 하는 Job Duty가 있었는데, 아침에 하기가 너무 힘들어서(밤에 세븐일레븐에서 새벽 6시까지 알바를 했기 때문에) 저녁 강의 끝나면 정돈을 하는 것이 나의 습관이 되었던 것이다.

그런데 잭 파커의 눈에는 나를 '성실하고' 한 걸음 더 나아가서 '궂은' 일까지 하는 좋은~ 학생으로 인식이 된 셈이다. (Mysterious work of God…) 그런데 내가 휴즈 항공사에 Job Application을 넣었다. 마침 Hiring manager였던 잭이 그것을 보게 되고, 이것 저것 살펴보니 성적도 좋고 이미 각인된 '이미지'가 좋으니, 졸업도 안 한 학생을 뽑은 적이 없는 그 부서가 나를 덜컥 뽑은 것이다.

많은 나의 친구들의 부러운 눈길을 받으며 조기 취직을 하게 되며 잭 파커와 인연을 맺었다. 직장에 들어가니 모든 게 생소하다. 더군다나 졸업도 안 한 그리 유명한 대학 출신도 아닌 그것도 별 볼 일 없는 아시안이 들어왔으니, 그리 뛰면서 반기는 분위기는 아니었다. 물론 졸업할 때까지 하프타임 정도로 일단 시작했는데, 거의 나 혼자 큐비클에서 일하는 상황이었다.

그런데 얼마 후 옆 부서에서 근무하는 친구 하나가 나를 찾아왔다. 점심을 같이하자고. 아직도 기억나는데, 그 당시에 유행하던 음식점 중에 하나가 "스모거스보드"(기억하는 사람 있는가?)라고 하는 지금의 Buffet의 원조격인 식당이었다. 그 당시에는 맘대로 먹는 concept이 엄청 신선한 충격이었다.

암튼 그 친구가 바로 호세 고메즈였다. 그 친구는 미국에서 태어났지만 멕시코 이민 2세였다. 소외(?)당한다고 느낄 수 있는 나 같은 동양인에게 기꺼이 친구가 되어 준 셈이다.

우리는 친해졌고… 나중에 나는 그에게 (은혜를 갚는다고 ㅎㅎㅎ 내가 가진 게 그것밖에 그 당시엔 없었으니까) 태권도를… 가르쳤다. 그래서 그런지 위에서 말한 LinkedIn 메시지에 "혹시 너 나에게 태권도 가르쳐준 그 Gap 맞냐?"라고 물어본 것일 테다.

연결이 되어 알아보니 그는 이미 Retire를 하고 여행을 다니며 즐겁게 지낸다고 한다. Good for him… I will soon follow him!

지금 생각해 보면, 나는 '인덕'이 많은 것 같다. 나를 도와주려는 사람, 나를 따르려는 사람, 나를 좋아하는 사람들이… ㅎㅎㅎ 많았던 것 같다.

행운이라고 볼 수 있지만, 역시 그리고 당연히 하나님의 손길이다. 때로는 사건을 통해 때로는 사람을 보내시어 나의 길을 인도하셨다.

내가 공부하며, LA(컴퓨터 랩 assistant) 와 RA(기숙사 assistant) 로 그리고 밤에는 6시간 세븐일레븐에서 일하면서도 기쁘게 그리고 좌절함이 없이 지금의 내가 (자랑할 것은 없지만) 된 것은, 이렇게 때와 상황에 따라 사람들을 보내 주시고 인도해 주시는 하나님 덕이었다.

끝까지 잘 가 보자! 화이팅!

대한민국 만세다!

저번에 새로 생긴 Outlet Mall에 갔다가 파킹장으로 향하는데 뒤에서 "대박~" 하는 소리에 고개를 슬쩍 돌려 보니 미국인 틴에이저 두 명이 대화하는 소리였다.

또 한번은 Freeway 입구 진입로 앞에서 대기 중, 구걸하는 노숙자가 측은히 보여 5불짜리 한 장을 건네었더니 "감사합니다."라고 또렷하게 말한다. 월남집에서 포를 시키면서 스프를 뜨겁게 해 돌라고 했더니, 씨익 웃으며 "빨리 빨리?"라고 조크를 한다.

내가 미국에 산 지 40년이 넘었다. 그동안 "스시", "사무라이", "닌자", "이랏샤이"라는 말은 꽤 들어 보았어도 내 면전에서 이렇게 한국말들이 사용되는 것을 요즘처럼 자주 경험한 적은 없다. 그리고 위에서 열거한 일본어 단어들은 주로 미국의 중장년층이 가끔 사용하는 말이다. 그러나 요즘 들리는 한국어 단어들은 주로 틴에이저들이나 젊은 청년층에서 유행하는 말이다. 실제 생활에서의 한국어 사용은 매우 제한적일 것이다. 그러나 젊은이들이 교통하는 인터넷에 들어가 보면 상황은 전혀 다르게 진행되고 있다.

동남아권에선 다음의 7가지 단어들이 자연스레 쓰인다고 하는데, 대부분 사용자들은 이 단어들이 어디서 파생되었는지조차 모르고 그냥 친구들이 쓰니까 자기도 쓴다고 한다. 주목할 것은, 학교에서나 사회 교제에서 이런 말들을 사용 못 하거나 못 알아들으면, 마치 동떨어진 시대에 사는 사람같이 그리고 Trendy하지 못한 사람같이 취급을 받기에 젊은이들과 서비스업에 종사하는 사람들은 필히 사용한다고 하는데 그 7가지는 다음과 같다.

1-대박, 2-안녕, 3-감사합니다, 4-어머, 5-미안해, 6-빨리빨리, 7-가자

그런데 한 걸음 더 나아가, 글로벌적으로 미국이나 남미 그리고 유럽을 보면 한국어 단어 사용 범위는 더 다양해진다. 네티즌이 뽑은 가장 빈번하게 쓰이고 있는 한국어 단어들은 대충 다음과 같다.

Omona(어마나), Aigoo(아이고), Oppa(오빠), Unnie(언니), Noona(누나), Saranghae(사랑해), Hwaiting(화이팅), Yah(야), Aishh(아이 씨), Aegyo(애교), Babo(바보), Anniyo(아니요), Jjang(짱), Aja(아자), Kiowo(귀여워), Aniya(아니야), Sunbae(선배), Kekekekeke(크크크), Otokae(어떡해), Chincha(진짜?), Wae(왜?), Mwo(뭐?), Oediga(어디가?)

그러니까 미국인들이 가족들이나 친구들에게 뭔가를(선물, 답, 증거 등등) 보여 줄 때 "짠!" 하듯이 즐겨 쓰는 Voila~(봘라~)라는 프랑스어를 써야 먼가 어감이 와 닿고, 클라씨 해 보이고, 트렌디하게 보이듯이, 이제는 세계인들이 이런 한국어를 가지고 Oh My God 대신에 Aigo~를 즐겨 쓰

기도 한다는 것이다.

'빨리빨리'가 이미 서비스업계에선 magic word같이 이미 오래전부터 쓰이고 있었고, 한국 드라마에 젖어 있는 세계의 젊은이들이 데이트하면서 '사랑해', '어디 가', '가자', '왜' 등은 물론이고, 여친보고 '귀여워'라고 말하고 여친은 남친보고 '진짜?'라고 대답하는 것이 현실이라고 한다.

직장에서도 '선배'나 '후배'라는 단어를 사용하기도 하고, 연인들 간에 '오빠'는 '언니' 와 '누나' 그리고 '형'과 더불어 이젠 기본이다. 어떨 땐 외국인들이 우리들보다 더 많이 한국어(단어)를 아는 듯하기도 하다.
저번에 유튜브 동영상 제목을 보니 'Mukbang'이라고 쓰여 있길래 처음엔 독일어인 줄 알았다. 발음이 무크방? ㅎㅎㅎ 강한 느낌에 먼가 신조어인가 하고 내용을 살펴보니… ㅎㅎㅎ '먹방'이라는 단어가 어느새 세계인의 공용어가 되어 있는 것이다.

전에도 말했는데, 화장품 업계에선 살에 잘 흡수가 되고 수분유지가 탁월한 상태를 'Chok Chok' 즉 '촉촉'이라는 단어로 쓰고 있다고 한다. 그 단어를 써야만 그 원래의 뜻이 제대로 전달된다고 한다.

좀 거시기한 말인데, 나쁜 쪽으로도 쓰이는 모양이다. ㅎㅎㅎ
깡패들이 영어로 F###을 사용하다가 요즘은 가끔 "씨#~" 하는 단어를 사용하기 시작하는데 ㅎㅎㅎ 뭐 그 억양이 F보다는 S가 강하게 그리고 트렌디하게 들리는 모양이다.

하여간 특이한 현상이다. 세계에서 가장 많이 쓰이는 언어를 보면, 당연히 인구가 많은 나라가 top에 속할 것이다. 참고로 한국은 인구로 보면 세계 27위밖에 안 된다.

그런데 많이 쓰이는 언어로 보면 12위라고 한다. 이것은 독일어(13위)와 프랑스어(14위)를 능가하는 통계다. 요즘은 세계 각국의 학교에서 (중·고·대학교) 한국어과를 신설하는 학교가 기하급수적으로 증가한다고 한다. 참고로 세계에서 가장 유명한 외국어 학습 애플리케이션인 듀오링고(Duolingo)는 이러한 분위기를 반영해서인지 작년 한국어 과정을 만들었고, 20만 명의 가입자를 끌어들였다고 한다.

아무쪼록, 애국이란 총을 들고 적을 무찔러야만 애국이 아니다. 세계를 대접받으며 돌아다니며 갖은 스포트라이트 받으며 그럴 듯한 이론적 연설이나 하고 어떤 획기적 정치 이벤트를 만들어야 능력 있는 리더가 아니다. 그런 실험용 쇼맨쉽들이 화려하게 반짝거리다가 사라지는 동안, 땀과 노력과 아이디어와 도전정신으로 세계에서 한국의 위상을 넓히고 높이는 개인과 기업들이 얼마나 많은가.

그런 사람들 그런 기업 때문에, 1960년 당시 세계에서 2번째로 못산다던 우리나라가 60여 년이 지난 이제는 GDP를 기준으로 볼 때 세계 경제 12위 국이 되었다.

반도체가 얼마나 발전했는지, 온 나라가 이를 갈며 갖은 방법으로 총력을 기울이는 중국과 기술 격차가 4-5년이라고 한다. 그동안 선박수주 1위를 중국에게 내어 주었던 한국에 세계의 나라들이 다시 수주 주문이 들어

오는데 그 이유는, 싼 게 비지떡이란다. 싼 맛에 초거금 들여 수주를 했더니 배가 태평양 한가운데 우뚝 서더라는 것이다. 그래서 역시 기술은 한국이라며 돈 더 내더라도 믿을 만한 한국으로 달려온단다. 그래서 현재 한국 선박 수주가 다시 1위로 올라갔단다. 인도네시아는 일본과 중국이 아닌 한국에다가 기술 협력과 이전을 통해 자기나라 경제 기반을 이룩하고 싶다고 경제 요청을 해 왔단다.

우스운 얘기지만, 미국의 Costco나 하물며 스타벅스에도 한국의 '김' 이 스낵으로 불티 나듯 팔리고 있다. 일본 중국산 김은 쳐 주지를 않는다고 한다. 미국 어린애들 스낵이 바로 이 김이다. ㅎㅎㅎ 라면은 이미 오래전에 세계 제패를 했다.
어느 누구도 감히 신라면을 넘보지 못한다. 미국 식품, 중국, 일본, 동남아 식품점에도 한국 라면은 항시 제일 좋은 자리에 가장 넓은 스페이스에 비치되어 있다.
TV, 세탁기, 밥솥, 냉장고 등등 다른 기술 품목은 얘기하지 않으련다. 이미 다 알고 있으니까.

이제는 한국이 문화수출국이며 문화의 새 메카라고 아예 공공연하게 세계의 미디어들이 인정하고 말하고 있다. 최민식이 주연한 〈Old Boy〉가 미국에 판권이 팔려 remake하면서 부터 수많은 드라마나 예능 포맷이 미국과 유럽에 수출되고 있다.

Netflix는 아예 거금을 투자하여 한국 영화까지 만들고 있다. 전에는 동양인 배역이라도 미국인을 사용하였는데 이제는 동양인 배역에 많은 동양인(특히 한국인)들이 캐스팅되고 있고, Kim's Convenience 같은 시트콤은(주연, 조연이 거의 다 한국인) 시즌제로 굳건히 자리 잡고 말았다.

그렇게 혈압 높이며 잡아먹을듯이 덤비던 일본 우익의 디스에도 우리 BTS는 보란듯이 5만 명 운집 도쿄돔에서 신나게 콘서트를 성공적으로 마쳤다. 원폭 어쩌고 저쩌고 잔치집에 재 뿌리려던 일본이 오히려 BTS에 대한 지명도와 관심도만 기하급수적으로 높여 주었다…. 땡큐! Anytime! 아예 일본 아미(팬)들이 '우리가 BTS를 보호해 주겠다'며 똘똘 뭉쳐 BTS를 옹호하고 있다.

모든 것이 강압적으로 되는 것이 아니다. 모든 것이 힘으로만 되는 것은 아니다. 모든 것이 내 마음대로만 되는 것은 아니다. 모든 것이 쇼맨쉽으로 떠벌려야 이루어지는 게 아니다.

조용히 그러나 끈기 있게 열심히 성실히 하다 보면 자기도 모르게 인정받고 성공하는 게 인간사 그리고 정치사의 팩트다. 제발 까불지 말고 겸손하게… 우리의 생활이나 정치나… 하나님 앞에서 두려운 듯이 그렇게 살자.

폴짝 폴짝 티 나게 고집 부리며 나 도와주던 친구들 무시하고 나라 옥쇄를 가졌다고 자기 마음대로 역사에 자신의 행적을 남기고자 노력하는 모양인데, 하나님이 훅~ 하면 진짜 훅! 갈 수도 있다.

조심하고 겸손하게 주위의 말에 귀도 기울이며… 자신을 버리고 희생하는 마음으로 살자!

나 아니면 안 된다가 아니라 나 없어도 다 되게 마련이다… 는 생각으로 나의 본분에 충실하자.

대한민국 만세! Hwaiting!!! Aigo~

재벌집 아들과 가난한 집 딸의 결혼에 대해

드라마에 자주 사용되는 설정 중에 재벌집 아들과 가난한 집 딸과의 결혼이 있다.

어찌 어찌 둘이 황당한 상황이나 우연한 사고로 만나 어찌 어찌 사랑이 싹트고, 같은 급(?) 여자들에게서 못 느꼈던 여자의 순수함에 남자는 빠지게 되고, 같은 급(?) 남자들에게서는 볼 수 없었던 남자의 풍요로움과 매력에 여자는 매료되고 만다.

그리고는, 여자는 이루지 못할 확률이 큰데도, 나만 믿으라는 남자를 따라 남자의 집으로 끌려가듯 가서, 결국 여자는 남자의 부모로 부터(plus 가족들) 자존심과 모멸감에 큰 충격을 받고(첫 대면에 어떤 재벌집 부모들이 OK 하겠는가)… 집으로 돌아오게 된다… 는 진부한 진행이다.

그래도 혹시나 하며, 이번의 어려움만 잘 거치고 참아내면 나의 인생은, 장미빛 인생이 될 것이다라는 희망으로 한 손을 불끈 들고 화이팅~ 외치며 독한 마음을 먹는다. 일단 스토리 전개는 여기서 그치겠다. 결론이 잘되거나 못되거나 둘 중 하나일 테니까.

그런데 이런 상황에서 우리 대부분은, 재벌집 부모들에게 손가락질을 한다.

사람이 날 때부터 급이 있고 신분이 다르냐…. 돈 없는 집안의 딸이면 능력도 없고 자질도 없고 자격도 없단 말이냐…? 하며 핏대를 올린다.

나도 드라마를 보며 같은 생각을 하고 같이 욕을 하고 같이 핏대를 올리긴 한다. 그런데 드라마는 드라마다. 드라마 속의 여자는 그 여자가 고아원에서 살아왔든 결손가정에서 살아왔든 단칸방에서 술 주정뱅이 아빠와 파출부 엄마를 부양하며 살아왔든, 이미 그 여주인공의 이미지는 좋게 각인되어 시작되는 게… 드라마다.

최지우나 신세경이나 이민정이나 김하늘이나 한예슬이나 전지현이나 한가인이나 송혜교나 김희선이나 김태희나(나도 참 많이 안다. ㅎㅎ) 그 여자들이 단칸방에 살든 고아원 출신이든 고교 중퇴든… 재벌 집 아들과 충분히 맺어질 자격이 있게 보인다고 생각하지만, 우리는 여기서 꿈을 깨야 한다. 현실 속에 그런 김태희가 단칸방에 살던가? 고아원 출신이던가? 아니면 고교 중퇴던가? 김태희는 서울대학교 의류학과 학사 출신이다. ㅎㅎㅎ

어쨌든 저렇게 마음 착하고 부모 공경 잘하고 이쁘고 날씬하고 대학도 자기 힘으로 나온 여자를 집안 내력 들먹이며 단칼에 거절하는 재벌집 부모들을 이해할 수 없다고 우리는 생각하는데… 내 생각은 조금… 다르다.

일단, 그러면 그 재벌집 사정은 생각해 보았는가… 묻고 싶다. ㅎㅎㅎ 내가 신분과 계급 차이를 정당화 내지는 조장하려는 건 당연히 아니다. 그런데 우리는 부자는 뭔가 나빠…. 재벌은 뭔가 잘못됐어… 라는 고정관념에 너무나 쉽게 우리의 합리와 논리를 내어 주고 있다.

끼리끼리라는 말이 있다. 초록은 동색…. 게는 가재 편이라는 말도 있다. 학교에서도 성격에 맞는, 스타일에 맞는, 취향에 맞는, 활동 분야가 맞는 친구 끼리끼리 모인다. 그리고 잘 논다. 딴 아이하고 모이기도 하지만 왠지 잘 안 맞는다. 결국 다시 자기 취향의 친구끼리랑 어울린다. 이것을 무턱대고 나쁘다고만 할 수는 없다.

교회에서도 마찬가지다. 편 만들지 말고 당파 만들지 말고 성도들 모두와 두루뭉실 교제하고 잘 지내야 한다… 라고 들어왔고 가르쳐 왔다. 그래서 구역을 편성할 때면 이 사람 저 사람 골고루 섞어도 보고, 어린아이부터 노인네들까지 골고루 혼합하여 구역을 만들어 잘해 보라고도 해 본다.

그런데 왜 청년들은 청년끼리 모여야 활발해지고, 노인들은 노인끼리 모여야 그렇게 할 얘기들이 많으시고, 세탁소 리커스토어 모텔하시는 분들은 그분들끼리 모여야 재미있고, 프로페셔널들은 프로페셔널까리 모여야 대화가 되고… 유학생과 이민학생들과 미국태생 학생들 다 섞어 놓으면 물에 물 탄 듯 술에 술 탄 듯 왜 대화가 없고 일이 Productive하지 않는가?

그런데 유학생들은 지네들끼리 모아 놓으면 지네들의 고민과 경험과 해결점들이 공유되고 활발하게 모임이 진행된다. 그래서 어느 목사가 먼 놈의 교회에 EM이 있고 CM이 있어~ 예수님이 그런 거 분리한 적 있어~ 하시면서 죄다 한 예배에 모아 놓았더니 출석자가 반토막 나더라는 얘기다… 그래서 혹시나 하고 따로 따로 모이게 했더니, 지네들이 흥이 나서 더 불러 모으고 집회 끝난 다음에도 커피 마시러 가기도 하고 그냥 활활 타오르더라는 얘기… 를 초창기 이민세대의 목사님들이 두고 두고 얘기들 한다.

이건 "차별"이 아니라 "구별"이다. 차별하는 게 아니라 구별하는 거다. 차별은 근본적인 자질과 신분을 존중하지 않는 행위이지만, 구별은 자질과 신분에 따라 효과적인 결과를 위한 최선의 옵션 선택을 하는 것이다.

다시 재벌 얘기다. 회사에선 신입사원도 뽑고 경력사원도 뽑는다. 사람들은 신입사원 채용의 목적을 다 안다. 그러면 왜 경력사원을 뽑는가?? 경력사원은 기본적인 업무 기능에 대한 재훈련과 경험 쌓는 시간과 노력 없이도 채용되자마자 원활하게 그 직무를 수행할 수 있는 그 "경력"이 있기 때문에, 돈이 몇 배 더 들어도 경력사원을 채용하는 것이다.

재벌들은… 아니, 꼭 재벌이 아니더라도 어릴 적부터 일반인들과 비교될 수 없는 재력과 배경을 타고나서 그렇게 산 사람들은 그들 나름대로의 생활 운영의 틀과 기준과 방식이, 우리가 좋아하든 싫어하든, 있게 마련이다. 그래서 그들의 세계로 들어오는 며느리나 사위들이, 소위 말하는,

'신입' 배필이 아니라 '경력' 배필이 되기를 원한다.

신입을 데려다가 처음부터 훈련시키고 키우고 인내하고 어느 정도 궤도에 오르기까지 인내할 시간과 여건이 없다는 것이다. 아니, 싫다는 것이다.

맞는 말이다. 그들이 왜 인내하고 그 신입을 받아들이고 기다려야 하는지 명쾌한 답을 우리는 쉽게 말할 수 없을지도 모른다. 사람을 돈과 배경으로 판단하면 안 되죠…. 사랑한다는데 그것을 인정해 주고 축복해 주어야죠…. 차별하면 안 되죠…. 이렇게 말하는 게 그 명쾌한 답을 행한 첫걸음일 수도 있다.

그런데 그들은 대답한다. 돈과 배경만 반드시 생각하는 게 아닙니다. 사랑만 한다고 이 세상 남녀가 무조건 다 맺어지는 것도 아닙니다. 그러면 길거리에서 순간적으로 불붙으면 그 자체가 결혼해야 하는 이유가 되는 것입니까? 집안과 배경도 안 보고 본인에 대한 검증도 없이 사랑만 하면 무조건 당신은 당신 아들, 딸들 결혼 다 OK 할 겁니까? 그리고 차별이 아니라 구별입니다. 우린 우리 상황에 맞는 배우자를 구별하는 것입니다. 우린 우리 사업과 가통을 지키고 번창시켜야 할 의무가 있습니다. 그러기 위해선 우린 우리 상황에 가장 잘 어울리는 배우자를 구별하여 선택하자는 것입니다… 라고 대답한다면 어떻게 카운터 펀치를 먹이실 겁니까?

그리고 자문해 보자. 가난하고 배경과 생활 스타일이 전혀 맞지 않는데도, 분명히 결혼 승락 자체도 문제이지만 만일 결혼한 후에도 문제점이 수두룩할 것이라는 걸 아는데도, 굳세어라 금순이처럼 밀어붙이려는 그 이유는 무엇인가?

만일 상대가 역시 가난하고 별 볼 일 없는 집 아들인데도 그렇게 적극적으로 모든 것을 인내하려는 동일한 마음을 먹고 있다면 그 여자는 분명… 괜찮은 여자… 라고 말할 수도 있을 것이다.

그런데 지금 유황불과 돌멩이가 날아오는 그 전쟁터를 정말 순교할 각오로 들어가려는 게… 과연 사랑이라는 이유 하나이기 때문일까…?를 자문해 보면… 글쎄 아마도 그 누구도 그렇다고… 확실한 대답은 못 하지 않을까… 생각이 든다. 내가 Overtime을 해도 금전적 benefit이 있기 때문에 기쁘게 자발적으로 할 수 있다. 세상에 오버타임 incentive도 없는데 기쁘게 흥얼거리며 오버타임 할 사람 정말 있는가?

솔직히 모든 걸 감수하고 재벌집 아들과 결혼하려는데 그 이유 중 하나가, 이겨내면 인생 보장이라고 솔직히 얘기를 한다 해도 나는 과히 나쁘게 생각은 안 한다. 사람 Plus benefit이 나쁜 것만은 아니지 않는가. 그러나 꼭 그런 환경에 들어가고 싶다…라는 그 생각은 사실 자신의 '욕망'에 기인된 걸 수도 있다. 그 정도 열정이라면 그 어느 남자(가난하든 무능하든)를 만나든… 잘살 수 있다는 게… 평등한 이론이다. 주위를 둘러보면 그런 남자들 많이 있을 것이다. 그렇게 같은 수준의 남자 여자끼리 쓸데없이 에너지와 환상적 소모를 하지 않고 처음부터 같은 시각으로 축복 속에 미래의 꿈에 공통 focus를 하는 게, 더 현명하고 현실적이지 않을까? 나는 생각한다.

사실은 이번 12월에 우리 큰아들이 장가를 간다. 상대도 고만고만 비슷한 학력과 직업이다. 미국서 태어난 것도 비슷하고 프로페셔널 분야도 (변호사/경영 컨설팅) 같은 비지니스 분야고, 부모들도 우리와 고만고만 비슷하게 사시는 것 같다. 만일 우리 아들이 세계 부호집 딸과 결혼한다면 ㅎㅎㅎ 나는 지금처럼 마음이 편하진 않을 것이다.

우리 아들이 유명한 여배우와 결혼한다 하면 내마음은 더더욱 편하지 않을 것이다.

그저 그저 비슷한 배경과 스타일이 편하고 좋다.

Don't you think so, parents???

You will never walk alone!

나는 꽤 많이 결혼식에 가 보았다. 예전엔 가끔 축가나 사회자로서 참석도 해 보았지만, 거의 대부분 축하객으로 간 것이다. 이상하게도 아직 주례를 부탁하는 사람은 (다행히) 없다. ㅎㅎㅎ

왜 다행이냐면, 나는 전형적인 형식에 의한 결혼예식 절차를 별로 좋아하지 않는데, 만약 내가 주례를 선다면 파격적(?)인 퍼포먼스 내지는 주례사를 할 것이기 때문에, 하나님이 아예 초청을 막으시는 것 같기도 하다. 어쨌든 그 수많은 결혼 주례사를 들으면서도 내 마음 속으로 깊게 감명받았던 적은 없었던 것 같다. 내 말은 주례자들의 말이 수준이 낮다거나 비성경적이라거나 귀한 권면의 말이 아니라는 것이 아니다.

이번에 아들 결혼식은 하와이 마우이 섬에서 했는데, 요즘 애들이 그렇듯이 부모 말을 다 듣는 것도 아니고, 서른 중반을 넘은 아들에게 주례자까지 포함하여 어쩌고 저쩌고 얘기하기가 싫어서, 그냥 남의 아들 장가갈 때 구경가듯 참석을 했다. ㅎㅎㅎ

하와이 전통 방식이 있단다. 그중 하나가 하와이주에 속한 주례자(목사)가 진행도 하고 주례도 하고 결혼문서도 발행하는… 다기능 하와이 원주민 젊은 Marriage Officiant가 있다. 긴머리를 올백으로 넘기고, 하얀 셔쓰를 입고, 치마 비슷한 것을 두르고, 밑에는 Sandal을 신었다. 나와 코드가 좀 맞는 것 같다.

결혼 시작을 직접 가져온 큰 소라껍질로 만든 나팔(?)을 부우웅~ 불며 시작한다. 얼마나 바디빌딩 운동을 했는지 상체가 빵빵하다. 보기에 건실해 보이고 믿음직해 보였다. 잔잔한 미소를 지으며 약간의 하와이언 액센트가 섞인 진행을 했다. 그의 주례사 중 나의 마음을 강하고 깊게 touch 한 말이 있다.

"Lillian, from now on, you will never walk alone"…. 지극히 평범한 말이다.
그런데 나의 뇌리에 그 말이 지금까지도 맴돈다.

그런것 같다. 어두운 밤에 안개낀 밤에 아무도 없는 산길에… 혼자 걸어간다는 건 무척 무섭기도 하고 외롭기도 하다. 그러나 내 곁에 누가 같이 걸어 주는 사람이 있다면 나는 외롭지도 무섭지도 않을 것이다. 그게 결혼의 의미가 아닌가? 딴 것 없다.

그래서 남편이나 아내를 Partner라고도 한다. 하나님도 Helper라고도 하는 Partner로, 이브를 아담에게 맺어 주셨다. 한국말 "배필"도 "짝"이라는 뜻이다…. 곧 파트너라는 말이다. 그런 파트너와 같이 손잡고 긴 여정을 떠난다면 외롭지도 두렵지도 않을 것이라는 주례자의 말에 잠깐 눈물이 나올 뻔했다.

You will never walk alone! 아름답고도 Powerful한 말이다. 이 말을 하나님께서도 우리에게 하셨다. 정말 아름답고도 평안한 말이다. 할 말은 많지만… 아들 결혼식에 축하의 말들을 해 주신 분들께 감사의 말을 전하고 싶었다.

알로하~ 땡큐~ 샬롬!

마우이 관광 얘기

이번에 다녀온 하와이 〈마우이〉에 대한 간략한 방문 소감(?) 이다. 하와이에는 카우아이, 오아후, 몰로카이, 라나이, 마우이, 하와이 섬 등 6개의 주요 섬이 있다.

마우이는 '계곡의 섬'이라 불린다고 하는데, 하와이에서 두 번째로 큰 섬이다.

Condé NastTraveler 독자들이 20년이 넘는 세월 동안 '미국 최고의 해변'으로 꼽는다는 세계적으로 유명한 해변, 신성한 IaoValley 주립공원, 혹등고래가 대이동을 펼치는 장관, Farm-toTable 음식 및 할레아칼라의 장엄한 해돋이, 이 모든 것을 (결혼식 참석을 뺀) 3-4일 만에 다 섭렵한다는 것은 불가능이겠지만 we tried our best!

첫날은 저녁 무렵 Kahului(OGG) 공항에 도착하여 렌트카를 하고(원래 예약한 차가 다 나갔다고 하여 캐딜락 SRX로 Free Upgrade 해 주었다.) 공항에서 얼마 안 떨어진 Marriot Courtyard 호텔에 여장을 풀고, 저녁을 먹으러 돌아다니다가 근사한 타이 레스토랑에 들어가 파타이, 베이슬 후라이라이스 그리고 탐염쿵 수프를 시켜 먹었다.

그 다음 날은 아침 일찍부터 반드시 가 봐야 한다는 Lahaina를 목적지로 삼고 해변도로를 따라 상쾌하게 달렸다. 기온은 약 85도 정도로 상쾌했다. 라하이나에서 거의 바닷가 끝과 끝을 걸으며 사진도 찍고 바닷물에 발도 담그고 거리 쇼핑을 즐겼다.

그런데 그곳 해변가 바닷물은 정말 기가 막힌다. 일단 큰 파도가 없다. 그냥 잔잔한 파도인데 어린아이들이 그래서 그런지 많이 뛰어다니며 놀았다.
바닷가 쪽으로 한참 걸어가도 그리 깊지 않고 물은 수정같이 깨끗하고 차갑지도 않았다.
우리는 한참을 걸어가다가 사람들이 모여 있길래 가 봤더니 큰 거북이들이 해변가로 올라와 쉬고 있는 장면이 보였다. 나무 한 그루가 하늘과 땅으로 가지에 가지를 쳐서 마치 여러 나무가 있는 것처럼 보이는 유명한 Banyan Tree가 있는 곳도 보았다. 높이도
높이지만 나무의 두께가 장난이 아니었다.

얼마 전 〈걸어서 세계 속으로〉라는 TV 프로그램에 나왔던 그 유명한 몬총(Monchong) 음식점인 〈Lahaina Fish Co〉를 찾아 가서, TV 속에 나오던 넘실대는 파도가 보이는 바로 그 table에 앉아서 배 터지게 점심을 먹고 여러 street shop을 구경하며 거의 하루를 보낸 것 같다. 무서운 건, 그날 저녁(하루 늦게) 공항에 도착한 딸아이를 공항에서 픽업하여 또 다

시 Lahaina로 가서 또 바로 그 레스토랑에서 바닷가의 밤경치를 보며 음식을 먹었다는 얘기다. ㅎㅎㅎ

그 다음 날은 새벽 3시에 일어났다. 그 유명하다는 해돋이 산인 할레아칼라(Haleakala) 국립공원으로 가야 했기 때문이다. 일단 오려는 사람들은 많은데 parking space가 제한되어 있으므로(해돋이 구경) 예약을 미리 한 사람들만 들어 갈 수 있다.

도착하니 거의 4시경인데 사람들이 이미 많이 모여 있었다. 해발 10,000피트가 넘는 곳의 바깥 기온이 장난이 아니다. 달달 떨면서 그래도 좋은 자리 하나 확보(?)하려고 해 뜨기 한 시간 전부터 나가서 발을 동동 구르며 기다렸다.

6시 반쯤 해가 뜨는데, 추장 비슷한 하와이 본토백이 아줌마(공무원이다.)가 하와이 말로 어쩌고 저쩌고~ 소리치며 떠오르는 태양을 찬양(?)하는데 그 분위기가 장관이다.

그 잘난(?) 1분여간의 해 돋는 것을 보려고 이 수많은 인간들이 새벽 3시에 일어나 2시간 달려 왔다는 걸 생각하니… 헛웃음도 나왔지만 이때 아니면 언제 내가 이곳에서 해돋는 것을 보겠는가를 생각하니 감사했다는… 얘기다.

그 다음으로, 유명한 Road ToHana를 타고 가면서 기암절벽과 기괴한 해변가 등을 구경하고 Maui Garden of Eden and Arboretum이라는 기막힌 절경을 자랑하는 가든에서 별별 식물과 대나무 숲과 폭포수 등을 관람

하고 다시 Hana Road를 타고 나오는데, 이 길은 위험하기도 하고 정말 계속해서 꼬불꼬불 달리기 때문에 조심해야 할 곳이라는 걸 실감했다.

　우리 호텔이 결혼식장과 David가 머무는 호텔과 좀 멀어서, David가 그날부터 3일간 Wailea에 있는 호텔을 잡아 주어서 그곳으로 다시 짐을 싸서 이동을 했다. 그런데 너무한 게 하룻밤에 $450이 뭐냐. 무서운 건 1월 초엔 $600까지 올라간단다. 추우니까 관광객들이 그쪽으로 다 몰리는 모양이다.

　이 Wailea Kea Lani 호텔은 순전 resort 목적으로 만들었다는데, 그 규모가 혀를 내두른다.
　난 하와이에서 그렇게 큰 호텔은 처음 봤다. 호텔 방 안을 Suite처럼 만들어 놓은 것도 특이했지만, 호텔 주위가 온통 luxury투성이다. 호텔 바로 아래에서 수영장과 선탠하는 가든과 인조 백사장 장소에서 곧 바로 연결되는 해변가로의 path가 무척 인상적이었다.

　그곳에 있는 beach front 호텔들이 협력(?)하여 해변가를 따라 산책로를, 내 생각으론 약 5마일 정도, 만들어 놓은 것도 흥미로웠다. (우리는 왕복 5마일까지 아침에 waling을 했다.) 그곳에서 GoPro Cam 가지고 수중 촬영도 하고 수영도 하면서 즐겼다.

　호텔 근처에 각종 레스토랑들이 즐비하게 있었는데, 그놈의 무슨 인연인지 타이 레스토랑에 거의 하루에 한 번은 간 것 같다. 그래도 이상하게 물리지가 않았다.

　결혼식 장소는 그곳에서 약 40분 떨어진 Haiku Mill이란 곳에 있었는데, 이곳은 내 생각으로는 정말 특이한 결혼식장이다. 건물이 아니다. 그냥 자연적으로 만들어진 마치 로마의 원형 극장 같은 느낌? 각종 나무들과 꽃들이 만발해 있고 그 전체 facility를 결혼식 참석자들만 이용하게 된다.

　결혼식에 관한 건 생략하고… 리허설이 끝나고 shuttle bus로 모든 게스트들이 40분 달려서 미리 마련된 큰 after party boat에 타고 바닷가로 나가서 그곳에서 DJ가 틀어 주는 음악을 들으며 칵테일을 마시며 가족과 친구와의 대화를 나누었는데 매우 인상적이었다. 그게 끝나니까 밤인데, 젊은 애들은 즉시(?) club으로 뒷풀이(?)를 하러 따로 가고, 우리는 늙은(?) 몸을 이끌고 호텔로 돌아왔다는 얘기다.

　결혼식날… 식이 끝나고 웬 놈의 Dance party가 3시간이나 한단 말인가…. ㅎㅎㅎ
　어쨌든 우리도 나가서 오랜만에 춤도 추고 정말 재미나게 보냈다.
　춤을 추는데 가만히 보니까 가족 중에 어린애들이 3명이 나와서 춤을 추는데, 이상한 춤이길래(사실 유명한 코미디언 쇼에서 한번 봤다) 자세히 봤는데 요즘 유행한다는 Floss Dance다.

　큰 어른들이 신기해서 애들에게 물어보니까 애들이 다 세우더니 그 춤 동작을 레슨(?)해 준다. 그런데 이걸 몇 번 가르쳐 주어도 그놈의 어른들이 따라 하지를 못한다. ㅎㅎㅎ 그런데 애들은 기막히게 한다. 나도 몇 번

따라 해 보았는데 말처럼 쉽지 않았다.

어찌저찌하여 결혼식이 끝나고 우리는 그 다음 날 출발인데, David가 1-2일 더 머물며 골프 한번 하겠냐고 했지만(유명한 골프 클럽이 근처에 있었다.) 사양하고… 돌아왔다는… 얘기다.

결혼식 참석이 focus였기 때문에 모든 곳을 다 가 볼 수는 없었지만, 며칠 동안의 마우이 관광은 무척 인상 깊었다. 예전에 가 본 오아후 관광과는 또 다른 차원의 느낌이다.

기회가 된다면 다음에는 집중적으로 마우이에서 아무것도 안하고 한 일주일간 지내고 싶다. 마음에 맞는 사람들과 마우이에서 보낸다면 그것보다 멋진 event는 없을 것이라고 생각한다.

벌써 12월이다. 2018년도도 거의 다 지나간다. 우리 모두가 이렇게 여행하며 릴렉스하고 즐기듯 생활할 수 있다면 얼마나 좋을까 싶다만 현실은 그게 물론 아니다.

기회가 매일 오는 건 아니다. 그러므로 우리에게 그 기회가 오는 시간이라면… 그냥… 최대한으로 즐기라고 말하고 싶다! Just Do It의 나이키 catch phrase가 무척 공감된다. Above All… 감사한다. 정말 감사한다… 만사에….

Thank you for everything!

나이에 맞게 분수에 맞게 삽시다!

　내가 살아오면서 느끼고 공감하는 말 중에 하나가 "자기 분수를 알자."라는 말이다.
　분수라는 말은 각각(개인)에게 나누어진 특수성(능력, 재능)을 말하는데, 우리는 이것을 제대로 파악하지 못하기 때문에, 때로는 자기 분수 이상으로 생각하고 행동하다 개망신 당하거나 실패하는 경우를 많이 본다.

　소크라테스는 "너 자신을 알아."라고 말했다는데, 일단 나에게 주어진 분수를 알려면, 먼저 내 자신을 알아야 한다. 내 위치를 알아야 한다. 또한 내 나이도 알아야 한다. 어떤 사람은 이 "분수"라는 장벽을 과감하게 넘어야 성공하고 위대한 성취를 이룰 수 있다고 한다. 사람이 분수가 어디 있냐는 것이다. 자기 생각과 행동의 노력만큼 결과가 달라질 수 있다는 것이다. 그러므로 뭐든지 자신의 노력과 열정으로 과감하게 도전하는 인생이야 말로 진정한 인생이라고 한다.

　뭐 그 말이 다 틀린 말은 아니다…. 그러나 분수는 반드시 있다.
　내가 태어날 때부터 가진 나의 성격, 나의 재능, 나의 특이성은 반드시 있다. 노력해서 안 되는 것은 없다…라는 말은 고무적인 말이지만, 반대로 노력해서도 안 되는 것도 있다…라는 가능성도 있음을 인정해야 한다. 그리고 실제로 반드시 노력해도 안 되는 것들이 분명히 있기 때문이다.

앵글을 약간 바꾸어 생각해 보고 싶다. 내 나이에 내 분수 모르고 자기 멋(?)에 산다고 기발한 행동을 하고 다니시는 분들이 있다. 뭐 자기 인생이니 내가 뭐라고 할 말은 딱히 없다. 다들 박수 치고 나이를 잊은 젊은 오빠라고 칭찬도 하고 멋지다고 부럽다고 하니까…. 그게 100% 진심에서 나오는 말로 착각하시는 분들이 꽤 많다.

예전에 내가 잘 아는 선배님이 있었다. 그 당시 60이 훨씬 넘으셨는데 사업도 성공하셨고 여러 분야 지식도 많으신 분이었다.
그런데 이분이 ㅎㅎㅎ 분수를 모르시고, 꽁지머리도 하시고(앞머리 숱도 거의 없으셨는데) 복장도 젊은 애들 같이 입으시고, 한 걸음 더 나아가 그 당시 유행하는 아이돌 노래까지 힘들게(?) 외우셔서… 젊은 애들이랑 노래방에 가서 그 당시 유행하던 웨이브 춤까지 추시면서 노시는 분이셨다.

애들은 좋아한다. 늙은이 같지 않게 자기들이랑 코드도 맞게 노시는 것 같으니 깊게 생각 안 하는 그 애들은 일단 좋아한다. 약간 나이 들은 장년층도 일단 '멋지다…. 젊게 사시네요~'라고 한다. 그런데 그게 겉말뿐이지…. '아니, 노인네가 저게 뭐야~'라고 대부분 생각한다. 나이 드신 분들이나 동년배들은… '저 화상 꼴값하네…. 노망했나…. 쯧쯧…' 한다.

한마디로… 나이 들면 나이 든 사람답게 행동하라는 얘기다. 자기가 연예인도 아닌데 용모와 복장 가지고 쇼하지 말라는 얘기다. 순리에 맞게 있는 대로 살라는 얘기다… 분수를 알라는 말이다.

내 주위에서 나보고 '그 흰머리 물감 들이면 10년은 젊어 보이실 텐데…'라고 은근히 걱정(?)하듯 얘기하시는 분들이 꽤 있다. 허, 참 기가 막힌다. 아니, 나이 들어 흰머리로 덮히는 게 비정상적인가? 그리고 검은 머리가 반드시 더 멋지다고 누가 그러던가?

한 걸음 더 나아가… ㅎㅎㅎ… 어떤 이는 나보고 얼굴 까라고(?) 한다. '뭘 까냐…?'라고 물어보았더니… 얼굴에 있는 점들과 주름들을 한번 뒤집어 주어야 한다는 것이다…. ㅋㅋㅋㅋ 뭐 내 얼굴이 후라이팬이냐, 뒤집게? ㅎㅎㅎ 나이 들어 점도 있고 주름도 있고 머리도 희끗한 건 절대 챙피 대상이 아니다. 그 나름대로 나이의 흔적과 그 풍취와 멋이 있다. 나도 제법 신경 써서 얼굴도 가꾸고 로션도 바르곤 한다.

그러나 내가 인생을 살며 가진 흰머리를 시커멓게 물감으로 변장을 하고 얼굴을 20대 애들처럼 표백을 하여 도자기 얼굴같이 하고 다니고 싶은 마음은… 전혀… 없다. ㅎㅎㅎ

나이를 인정하고 변하는 나의 모습을 인정하는 것이 순리인 것 같다.
변하는 나의 인생의 모습 속에서도 맘만 먹으면 분명히 멋과 개성을 느낄 수 있다.

나이가 60이 넘었는데도… 나이는 숫자일 뿐 어쩌고 저쩌고 하며… 알라들 춤 추고 알라들 노래 부르고 알라들 복장을 하고 알라들 머리스타일 하고… 알라들같이 행동한다면… 그것은 누구에게 보이기 위한 인생인가 하는 의문을 낳을 뿐이다.

하여간, 어느 상황이건 어느 곳이건, 일단 자연의 순리를 따라가는 게 제일이다.

내 나이에 맞게 내 수준에 맞게 내 분수에 맞게 살아가는 것이 제일이다. 그런 순리 안에서도 얼마든지 멋을 부릴 수 있고 젊게 살 수도 있다. 나이를 뛰어넘어야만 멋있는 건 아니다.

얼마전에 유튜브에서 나이가 70세가 가까운데도 흰머리 흰수염만 빼고는 20대 젊은이 못지 않은 근육을 자랑하는 노신사를 본 적이 있다. 그 옆엔 20대 후반 같은데 맹꽁이 같은 배에 후덥지근한 머리스타일에 축 늘어진 상체를 가진 젊은 애를 세워 놓았다.

그 노신사는 권상우 같은 단단한 근육질 몸매에다 스키니 진 바지를 입고 가슴 근육이 들어난 셔츠를 입었고, 흰머리는 단정했고 수염과 구렛나루는 그레이 빛으로 깔끔하게 정리된 개성과 멋이 (적어도 나에게는) 철철 흘러넘치는… 신사였다. 반면에 나이만 젊었지, 지나가던 개도 안 쳐다볼 그 젊은 청년은, 가꾸지 않은 신체에 신경 쓰지 않은 용모를 가진 볼품없는 청년일 뿐이다.

그러므로 내가 젊음을 추구하는 것은 내 분수 안에서 내면적인 멋을 추구하는 게 맞다. 내 나이를 무시하고 그 외형적이 나이를 뛰어넘으려고 갖은 용모 변형과 행동 변형을 통한 결과를 추구한다면, 그게 나의 분수를 뛰어넘는 행동, 나의 순리를 뛰어넘으려는 행동밖에 되지 않는다.

그래서 옛말이 맞다. 니 분수를 알아라. 니 분수대로 살아라.

최고의 명언이다!
분수답게 삽시다!!!!

곰이 주는 교훈: 허상에 의한 지배

2010년경에 켈리포니아의 LA 북서쪽에 있는 Calabasas라는 타운에서 약 2년간 직장 때문에 기러기 생활을 한 적이 있다. 내가 거주했던 칼라베시스의 아파트는 대형 수영장만 3개나 되는 엄청 큰 아파트 단지였고, 그곳에서 약 5분만 걸어 가면 라스 버지네스(Las Virgenes)라고 하는 트레일 코스가 있다.

처음에 그런 Trail이 있다는 것을 전해 듣고 한번 하이킹 해 보기로 마음을 먹었다. 아파트 사람들에게 물어보고 구글맵으로 측정해 보니, 그 입구에서 시작되는 Trail 코스가 대략 3개 정도로 나뉘어져 있었다. 가장 근거리 코스는 Circle로 산등성을 한바퀴 도는 것인데 약 50분가량의 거리였고, 가장 먼 코스는 사람들 말로는 6-8시간 걸려야 된다는 one-day 하이킹 코스였다.

그날부터(마침 여름철이었다) 구글 맵으로 자세한 확인을 거쳐 가까운 코스를 먼저 공략(?)해 나갔다. 이게 보기에는 무척 쉬운 듯 보인다. 그러나 실제적으론 조금 Unknown 요소들이 있다. 일단, 이 트레일에는… 사람들이 정말 안 보인다. 한국의 등산이나 하이킹처럼 단체 그룹들도 안 보이고 군데군데 떼 지어 걸어가는 풍경도 없다. 이 코스를 한번 돌아 제자리로 올 때까지 나는 거의 사람들을 보지 못했고 정말 운 좋은(?) 날이면 한두 번 마운틴 바이크 탄 사람이나 산악 조깅을 하는 한두 명 정도 보는 게 전부였다.

그런데 이 코스는 전체가 Open 코스가 아니다. 처음엔 산도 보이고 나무도 보이다가, 어느 지점부턴 마치 아멜렉성을 치기 위해 사울왕이 숨어 있었던 그 계곡 같이(ㅎㅎㅎ 내가 보지는 않았지만) 양쪽 옆이 바위로 높이 올라간 깊은 계곡같은 곳도 나오고, 영화에서 보는 넓은 광야 같은 곳에 마른 갈대만 무성하고 길조차 잘 보이지 않는 곳도 나오고, 머리를 숙이고 나무가 울창한 개울을 건너뛰어야 하는 곳도 나온다.

처음 탐사(?)할 때, 왼쪽 루트로 약 20분 가다가(겁이 나서) 다시 돌아와서 오른쪽으로 20여 분 가다가 돌아왔다. 그러다가 하나님의 보호하심을 굳게 믿고 ㅎㅎㅎ 어느 날 히말라야 등반보다도 더 어렵다는 ㅎㅎㅎ 그 단기 코스를 드디어⋯ 장하게도⋯ 완파하였다.

지금 생각하면 무섭지만, 혹시 곰이나 살쾡이 같은 짐승이 나올까 봐 (실제로 주의 문구가 싸인판에 쓰여 있었다) 그게 무슨 도움이 되겠냐만 근처에서 있는 나뭇가지를 꺾어서 '무기'로 삼고 걸어간 적도 있고, 계곡 지점에선 '정말 이곳에 곰 떼가 나타난다면⋯ 나는 끝났다⋯.'라는 조바심으로 후다닥 뛰어서 그곳을 지난 적도 있다. 그러다가 몇 번 다니고 익

숙해지니까 마음도 가벼워졌고, 그때부턴 주위의 경치도 살피고 어떨 땐 웃통을 벗고 선탠까지 즐기던 추억이 있다.

그러던 어느 날 토요일, 오후에 약속이 있기 때문에 오전에 운동 삼아 하이킹을 먼저 하려고 길을 나섰다. 위에서 말한 나무가 많고 개울을 건너는 지점에 다다라서, 마악 개울 쪽으로 향하려는데, 섬뜩한 느낌이 들어 고개를 들어 보니… 나무숲 반대편 방향에서 어떤 물체(?)가 움직이다가 급히 숨는 듯한 모습이 느껴져 왔다.

아~ 아마 이런 경험 못 해 본 분들은 이해를 못 하겠지만… 정말로 머리칼이 하늘로 솟는 느낌이었다. 처음 머릿속에 드는 생각은… '저것은 어쩌면 곰일 수도 있다…. 그 곰이 나를 먼저 보고… 공격을 하기 위해 일단 나무 뒤쪽으로 숨은 것이다….'라는 생각이었다.
마침 그날 따라 가끔 가져가던 "보호용" 막대기도 안 가져갔고, 급히 나오느라 하이킹 신발도 아닌 일반 스니커즈를 신었던 것이다.

일단 동작을 멈추고 조용히 경직된 상태에서 그쪽을 관찰했다. 여차하면 도망가야 하는데 다행히 내 위치가 유리하다… 왜냐하면 우리 사이에는 개울이 있었는데, 그 곰이 나를 공격하기 위해선 그 개울까지 내려와 건너야 하고, 그 사이에 내 생각엔 젖 먹던 힘까지 발휘하여 달린다면… 적어도… 타지에서 곰에 먹혀 죽었다는 신문기사는 안 날 것만 같았다.

그런데 그 곰도 영리했던지… 움직이지 않는다. 곰이 아닌가… 하는 순간 그 곰이 밑으로 급히 움직이는 모습이 보였다. 고백한다…. 내가 신앙 생활 수십 년 하는 동안… 그때처럼… 긴박하게… 처절하게… 진지하게… 다급하게… 하나님을 찾는 기도를 해 본 적이… 그 전도 그 후도… ㅎㅎㅎ 없다.

무서운건… 기도를 하면서도… '그래, 기도는 이렇게 하는거야….'라는 생각이 들더라는 것이다. 그러면서 생각나는 것이… 내가 즐겨 사용하던 호랑이 기도 예화가 생각나고… 한 걸음 더 나아가… 콜로라도에 두고 온 처자 생각이 나고… ㅎㅎㅎ 내가 당하면 누가 발견 하나…. 만일 진짜 공격을 당한다면 어떻게 방어를 해야 하나…. 죽은 척해야 하나…. 젖 먹던 힘까지 동원하여 옆차기로 곰의 급소에 내질러야 하나… 등등… 정말 주마등같이 많은 생각들이 스치고 지나갔다.

그런데… 잠시 멈추었던 상대편 곰이… 드디어 그 모습을 드러냈다.
사연인 즉슨, 그것은 곰이 아니었다. 그것은 그날 마침 운동 목적으로 처음 하이킹을 나온 나이가 지긋한 미국 아저씨였다. 그런데 ㅎㅎㅎ 그 아저씨가 내가 보기엔 적어도 250파운드는 넘는 기골이 장대한 사람이었는데, 그 사람도 나를… 곰으로 알았다는 것이다.

그날따라 나는 약간 짙은 갈색 제킷을 입고 내가 즐겨 쓰는 회색 빵모자(beanie)를 쓰고 나뭇가지를 피하기 위해 고개를 숙이고 슬금슬금 걸어갔으니… 아마도 나무가지 사이로 흘깃흘깃 보이는 내 모습이 그에겐 영락없는 곰의 모습으로 보였나 보다. ㅎㅎㅎ

피차 간에 거짓 정보에 떨었다는 얘기가 된다. ㅎㅎㅎ 서로간에 안도의 한숨을 쉬며… 악수하며… 웃으며… 손을 흔들었던 기억이 난다. 지금도 가끔 그날의 추억을 생각하며 혼자 웃기도 하지만, 사람은 False Information에 의해 충분히 지배당할 수도 있다는 실제 경험이기도 하다.

나의 순간적인 Mis-calculation 혹은 나의 잠재에 깔려 있는 편견들에 의해 수많은 일들이 (특히 사람과의 관계) 사실과 다르게 인식되고 엉뚱한 방향으로 결과를 낳게 되는 경우들이 많은 게 사실이다. 항시 이 교훈을 거울 삼아 조심하고 있지만, 가끔 '허상'에 의해 걱정하고 근심하고 분노하고 낙심하는 나를 발견하게 되는데, 새해부턴 허상이 아닌 '실상'에 모든 것을 맡기고 마음의 평안을 얻는 한 해가 되기를 노력하려고 한다.

조심하자, 고소가 만연한 세상!

인도의 뭄바이에 사는 27살의 라파엘 사무엘이라는 사람이 자기의 동의 없이 자기를 낳은 부모를 상대로 소송을 준비 중이라는 BBC News를 읽었다. 기사에 의하면, 자기의 동의 없이 자기를 낳은 '벌'로 부모가 자기가 죽을 때까지의 모든 경제적 support를 해야 한다고, 전봇대로 이빨 쑤시는 말을 했다고 한다.

그러면 이노므 시키는 만약 자기가 잘살게 된다면… 자기를 낳아 준 부모에게 대한 '상'으로 부모가 죽을 때까지 그들을 지가 경제적으로 support 해야 한다고 생각하는지 궁금하다. 세상은 온통 소송 성이다. 다들 한탕 하려고 혈안이 되어 있다.

세상이 너무 과격한 개인주의를 조장하고 있다.
자기 마음에 자기 생각에 안 맞으면 일단 소송을 생각한다.

Where's the common-sense? Where's the patience? Where's the courtesy?

Where's the etiquette?

요즘은 연애도 맘대로 못 할 지경이다. 헤어진 여자가 연애 당시 남자가 강제로 키스했다고 고소를 했다고 한다. 요즘은 사귀는 연인들이… 간혹 모텔에 들어가면 남자들은 일부러 여자를 방에 두고 일단 다시 나와서 근처 가게에 가서 뭐 과자나 과일이라도 한 봉지라도 사 들고 다시 들어간다고 한다. 왜냐하면 일단 여자에게 자발적으로 (싫으면) 나갈 수 있게 (남자가 없는) 기회를 준 것이고, 또 서로 간에 좋은 마음으로 들어 간 거라는 걸 증명하기 위해 일부러 가게까지 가서 과자를 사 들고 들어간다고 한다. 이게 다 CCTV에 찍히게 되고 나중에 혹시 헤어져서 남자가 강제로 자기를 성폭력을 했다 등등의 소송이 걸려올 때, 그게 아니라는 증거물로 그 상황을 남긴다는 이유라는 것이다. 원 젠장~

어떤 사람은 식당에서 혹시 지인이 아닌가 하여 잠시 몇번 쳐다봤는데 그게 성희롱이라고 고소하는 여자가 있었다고 한다. 비행기 옆좌석의 남자가 너무나 냄새를 풍겨 자신에게 혐오감을 주었다고 고소를 한 여자도 있다. 길을 걸어가다 지 잘못으로 넘어져도 반드시 넘어진 그곳에 있는 그 집을 상대로 고소를 한다.

경미한 접촉사고가 나면 일단 드러눕고 병원부터 가서 진단서 받고 수주일간 물리치료 받고 변호사 사서 기어이 돈을 뜯어내려고 한다. 쌀쌀한 가을철에 출타하면서 개를 뒷마당에 두고 갔는데 그만 시간이 지체되어 저녁 무렵 돌아오니까 옆집 아줌마가 동물학대라며 경찰에 신고까지

했다(이거… ㅎㅎㅎ… 내 케이스다)

한국에서 오신 지 얼마 안 된 노인분이 LA 한인타운을 걷다가 덩치 큰 개가 다가오길래 겁이 나서 발길로 한 번 찼는데, 바로 옆집 뜰에서 심심해서(?) 선탠을 즐기고 있던 여자가 그 광경을 보고 동물 학대죄로 고발을 해서 잡혀갔다.

같은 시각 인근 거리에서 총으로 사람을 쏜 백인소년이 역시 같은 파출소로 잡혀 왔다.

유전무죄, 무전유죄라고…. 그 할아버지는 실형을 선고받고 일단 감옥에 갔다(나중에 한인 경찰 챨스인가 하는 분의 증언으로… 한국에서 온 지 얼마 안 되고 어쩌고 저쩌고 애원하여 간신히 정상참작(?)으로 Probation으로 풀려났다고 한다)…. 그런데 사람 죽인 백인 소년은 아버지가 베벌리힐에 사는 재력가라는데… 빵빵한 변호사 사서 당당히 정당방위로 풀려났다.

그러니까 개를 발길질한 노인네는 실형, 사람을 죽인 자는 무죄방면…. 지화자 좋다~

세상이 왜 이 지경에 이르게 되었는가. 그뿐인가? 아버지가 가진 재산을 자기에게 나눠주라고 아들이 아버지를 고소하질 않나(내 맘이지 니맘이냐?), 아들에게 재산을 물려준다음 아들이 예전만큼 효도를 안 한다고 그 재산 다시 돌려 달라고 창피하게 소송을 하질 않나…. 정말 가관이다.

예전에 뉴욕에서 벌어진 에피소드를 읽은 적이 있는데, 어떤 사람이 유명한 레스토랑에 가서 음식을 다 먹은 다음 갑자기 복통을 호소하며 매니저 나오라, 주인 나오라, 고래고래 소리쳤다고 한다. 매니저가 나오니까 유통기한 지난 재료들을 썼다고 식품관리국에 고소하고 BBB(Better Business Bureau)에 악플을 올리겠다고 협박(?)을 했다고 한다.

레스토랑 입장에선 신속하게 처리하는 게 낫다. 괜히 언성이 높아지고 사람들과 뉴스에 스폿을 받게 되면 비록 레스토랑이 아무 잘못이 없다고 나중에 판명이 난다 해도 이미 그 Damage는 엄청나게 확대되어짐을 알기에, 매니저들은 울며 겨자 먹기로 돈을 쥐어 주고 settle을 하려 한다.

그런데 수상하게 여긴 재치 있는 매니저가 Check를 써 줄라면 당신의 이름과 주소들이 필요하다고 해서 그 사람의 정보를 받아, 나중에 경찰에 문의한 결과 그 사람은 동일한 수법으로 여러 레스토랑을 돌아다니며 사기범죄를 저지른 전과자임이 드러난 것이다. 그래서 감방으로 보낸 사건도 있다.

어떤 사람은 매일 하는 일이 여기저기 돌아다니며 고소 '건수'를 찾는 게 일이라고 한다.
한 건만 잘 하면 수만 불 이상 수입이 들어온다. 식당에서 커피를 지가 쏟아 놓고 화상 입었다고 고소하고, 가게에서 나오다가 지가 발을 잘못 디뎌 넘어져 놓고 가게 문턱을 너무 높게 해서 부상을 입었다고 고소를 하고…. 이게 웬말이냐.

또 이런 고소만 집중 처리해 주는 변호사들도 수두룩하다.

예전에, 지금은 돌아가셨지만, 장인어른이 운동 삼아 자전거로 집 근처를 돌아다니신 적이 있다. 어느 날, 네거리에서 신호등을 건너기 위해 정차하고 있다가 파란불이 떨어지자 자전거를 움직이는 순간, 우회전을 급히 하려던 차에 부딪히는 사건이 있었다. 이거 진짜 누구에게는 건수 감이 될 수도 있다. 더군다나 인명 피해 운운하며 덤비면 꼼짝없이 물리게 되어 있다. 운전자가 자기의 과실을 인정하고 다친 데 없냐고 물어봤다고 한다.

그런데 장인어른이 영어 한마디도 못 하시는 것을 알았다. 또 장인어른이 괜찮으니 그냥 가라고 손짓을 하였는데, 나쁜 사람 같았으면 옳다구나 하며 사라졌을 법도 하다

그런데 이 사람이 친절하게도 장인어른을 차에 태워서 우리 집까지 모시고 온 것이다. 마침 내가 집에 있어서 자초지종을 듣고 별 다른 이상이 없는 것 같아서 이제 됐으니 앞으로 안전 운전 하시고 돌아가라고 했더니… 나와 장인어른 두 손을 붙잡고 감사하다며 몇 번이나 땡큐 땡큐~ 하다가 돌아간 기억이 있다. 이러면 되는 것 아닌가?

사람이 실수도 할 수 있는데, 자기 실수 인정했고, 미안하다고 사죄까지 했고, 자전거도 사람도 아무 이상 없으면… 그냥 끝난 것 아닌가? 그런데 그런 케이스를 일생일대의 기회인 양 마지막 한 방울 즙까지 다 짜 먹으려는 사람들도 있다는 사실에 무척 실망한다. 예전의 그 넓었던 사람

들의 마음과 관대함은 어디로 간 것인지, 요즘의 우리는 당하지 않으려면 내가 먼저 선수를 쳐야 하는 시대에 살고 있다.

그리고 바보 소리 안 들으려면 적극적으로 선수를 치고 강하고 차갑게 상대를 제압해야 한다고 세상은 가르치고 있다. 무서운 세상이다. 모두들 몸 조심하자!

돈 돈 돈 돈!

어떤 친구가 다음과 같은 얘기를 농담 삼아 한 적이 있다. 자기가 잘 아는 어떤 분이 젊었을 때는 떵떵거리며 사셨단다. 실력도 있었고 인품도 뛰어났고 거기에다 회사에서 월급도 빵빵하게 받았다고 한다. 나이가 50이 넘어가면서… 조금 시원찮더니만 50 중반에 실직을 하고, 백방으로 새 직장을 구하려 했지만 받아 주는 회사가 없는지라… 그럭저럭 백수 생활을 하면서 소위 말하는 정년은퇴 시기만 기다리는 사람이 되었다고 한다.

그런데 마누라가 슬슬 구박을 노골적으로 하기 시작했단다.
그러다가 이것저것 사사건건 간섭하며 트집을 잡고 때로는 자기만 고생한다고 불평도 하고 팔자 타령을 하길래 가만히 생각하여 보았는데(집안 청소도 다 자기가 하지, 설거지도 다 하지, 픽업까지 다 해 주지, 하다못해 시장도 자기가 보고 찌개까지도 다 끓여 주고 있는데) 왜 이럴까 생각하다가… 아~ 바로 요놈의 〈돈〉 그놈의 〈돈〉 저놈의 도도돈돈 때문이라는 것을 알았다는 것이다.

그러던 차에 우연히 이리저리 서류를 정리하다가 예전에 사 두었으나 까마득하게 잊어버리고 있었던 주식 생각이 갑자기 나서 당장에 Brokerage Firm에 전화를 걸어서 알아보니 세상에 그냥 잊어버리자고 생각하고 월급에서 자동이체하여 회사 주식을 사들여 모아 둔 게 그 당시 돈으로 5만여 불이 되어 있더란다.

여차저차 하여 그 Fund를 Release하고, 어느 날 ALL Cash 로 뽑은 다음, 가지고 간 백에 다 담아 가지고, 집으로 돌아왔다. 일 끝나고 집에 와서 드라마를 보고 있던 마누라가 시큰둥하게 쳐다보며 시비를 건다.
"백수가 어딜 그리 싸 다녀…. 그 시간에 막노동을 해도 저녁 값은 벌어 오겠다."

그 말이 끝나자 마자, 이 남편… 가방에 들은 캐쉬를 하늘 높이~ 힘껏~ 쏟아 던지며… 대한독립만세 외치듯… 한마디 했단다. "옛다~ 니가 그렇게 좋아하는 도도도돈… 돈이다!"

마누라가 잠시 눈을 휘둥그레 뜨고 사태를 파악하더니만, 이내 얼굴에 환~한 미소가 퍼지더니… "어머머머~ 이거 진짜 돈이잖아~" 하면서 떨어진 돈을 허겁지겁 그러나 행복한 듯이… 줍더라는… 얘기 같지 않은 얘기다.

이 놈의 돈이 웬수인 게 맞다. 돈에 울고 돈에 웃는다는 말이 솔직히 현실적으로 볼 때 틀린 말은 아니다. 확실하게 해 두자. 누가 그런다. 돈은 일만 악의 근원이라고.
성경은 돈이 악의 근원이라고 하는 게 아니라, 돈을 사랑하는 그 '마음'

이 일만 악의 뿌리가 된다고 하였다.

　그 마음이 문제이다. 물욕, 즉 돈을 추구하는 본능을 하나님께서 우리들에게 넣어 주지 않으셨다면, (돈 벌기) 귀찮아서라도 그냥 굶어 죽는 사람들이 많았을 것이다. 이 물욕은, 식욕, 성욕 다음으로 왕성한 본능이다.
　이 본능들 때문에 인생이 유지되는, 하나님이 중요하게 여기셔서 넣어 주신, 우리들의 정상적인 본능이다.

　이 말은 우리가 '물욕이 없다….'라고 말한다면 그 말은 '나는 정상적인 인간이 아니다….'라고 말하는 것과 같다는 것이다. 문제는 정도를 벗어난 물욕… 정도를 벗어난 성욕… 정도를 벗어난 식욕이… 문제라는 것이다.

　사람이 그렇다. 내 통장에 예를 들어 한 20-30만 불쯤 들어 있다면… 왠지… 왠지… 마음이 두둑해진다. 거짓말인가? 솔직해지자. 명백한 사실이다.
　반대로 내 통장에 2-300불 정도만… 달랑달랑 들어 있다면… 당연히 초조해지고 무기력해지고 한숨이 나오는 게 우리들의 현실이다.

　돈을 초월한 삶이란… 돈을 무시하는 삶이 아니다. 만일 돈을 무시하는 삶을 산다고 하는 사람이 있으면 그 사람은 정상적인 사람이 아니다. 그 사람은 비겁하고 이기적인 사람이다. 자기 딴에는 선비 같은 군자 같은 삶을 산다고 폼을 잡고 있지만 그런 이기적인 신념 때문에 아내가 생고생하고 아이들이 기를 펴고 살지를 못한다.

옛말에 '선비는 냉수 마시고도 이 쑤신다…'라는 말 같지 않은 말이 있다. 이게 거룩한 자존심인가? 돈은 좋은 것이다. 돈은 편리한 것이다. 돈은 나의 뜻을 펼칠 때 큰 힘이 되어 준다. 다만, 모든 것을 이 돈이라는 잣대로… 모든 것을 이 돈의 유무로 인간 자체를 판단하는 그 자세가 틀렸다는 얘기다.

그리고 그 돈을 더 축적하기 위해 나의 본분, 나의 인간됨, 한 걸음 나아가 하나님의 말씀을 무시한 채… 상대방을 타고 올라 그 목적을 이루려고 한다면, 그건 정말 '악'의 모습일 뿐이다. 내가 정당하게 일을 하고 노력을 해서 돈을 축적한 다음 그것을 올바르게 사용한다면 그 보다 더 귀한 삶이 어디 있겠는가.

하나님은 정말 공평하시다. 나는 내 주위에서 돈 많은 사람들을 많이 본다.
그런데 공통점이 꽤 있다. 어떤 사람은 통장에 현금으로 2-3백만 불 가진 사람도 있고 건물이 두어 채 있는 사람도 있고, 렌트 주는 아파트가 5-6채 있는 사람들도 있고, 비지니스가 활활 타올라 한달에 Net로 10만 불 이상 수입이 들어오는 사람들도 실제로 내 주위에 있다. 내가 안다. 그리고 그들은 이제 Retire할 나이다.

나 같으면 (ㅎㅎㅎ 공상을 해 보자)… 글쎄… 그런 Asset들을 슬슬 정리하고… 걱정 없이 살 만큼 현금화해 놓고… 못 했던 여행도 다니고… 시간에 쫓겨 못 했던 골프도 치고… 내 주위에서 신세졌던 사람들 저녁도 사 주고… 헬스장 가서 내 몸도 단련하고… 자식들 친지들도 좀 도와주고… 교회 선교도 나가고 헌금도 좀 하고… 이렇게 여유롭게 살다가 인생을 마감할 것 같은데.

그들은 아니다. 오히려 비지니스를 더 벌린다. 건물을 더 산다. 집을 더 큰 걸로 옮긴다.

그리고는 시간에 쫓겨 하루에 10시간 이상 일한다. 점심도 아까워서 햄버거 하나 사서 먹는다. 돈이 아까워서, 돈 없는 사람들도 돈 모아 여행 떠나는데, 자기는 집구석에 쿡 박혀 드라마나 보면서 소일한다.

가난한 사람들은 어찌어찌 용돈 모아서 주말에 골프장에 가서 스트레스도 풀면서 즐거운 시간을 보내기도 한다. 돈 많은 그 사람들은 일년에 두 번 정도 Thanksgiving Day나 Christmas 때 문 닫는 골프장에 '공짜' 골프 치러 간다. (Public 골프장은 이날 문을 닫지만 사람들이 자유롭게 나와서 골프는 칠 수 있다)

생일이 되면 한 번쯤 친구들을 불러 외식을 하며 축하파티를 할 만도 한데, 그 돈 아깝다며… 기어이 집으로 친구들 불러들여… 냉장고 〈청소〉를 한다.
이게 삶인가? 그래서 공평한 거다.

만약 돈 많은 부자들이 돈 잘 쓰는 법(?)을 안다면… 이거야 말로 얼마나 불공평한 삶이냐? 내가 아는 어떤 사람은 가게를 하면서 Cash 들어온 것을 모아서, 밤마다 와이프 몰래 지하실 Dry Wood(벽) 속으로 집어 넣곤 했는데, 이것을 수상하게 여긴 와이프에게 어느 날 들켜서 몽땅 빼앗긴 다음, 이제는 그 캐쉬를 큰 비닐 봉지에 가득 넣어서 뒤뜰에다가 여기저기 묻어 놨다고 한다.

1년이 지난 다음, 돈이 필요해서 땅을 파 보았는데… 그 비닐백이 꽉 안 닫혀서 그 속으로 물이 들어가 휴지조각으로 변한 비닐백들이 대부분이었더라고 한다. 이게 뭔 삶인가.

어떤 노인은 할머니 먼저 보내고, 사이가 나빴던 외아들과 떨어져, 안 먹고 안 쓰고 꼬박꼬박 저금해 놓았는데, ㅎㅎㅎ 치매에 걸렸다. 아들이 연락을 받고 달려왔을 땐, 이미 아들도 몰라보는 상황이다. 그 돈이 누구에게 갔겠는가? 한 푼도 못 쓰고, 가고 싶은 한국 여행도 못 가 보고, 그 많은 땀에 젖은 그 돈이… 죄다… 아들에게 간 것이다. 이게 뭔 삶인가.

마지막으로 조크 한마디…. 어떤 사람이 로또에 당첨되어 수천만 불을 거머쥐게 되었다.

생고생하며 밤에 돈 벌어오던 아내 몰래 이혼하고 새 삶을 차리려고 계획한 이 아저씨… 치밀한 작전을 위해 실력 있는 변호사를 찾았다. 자초지종을 얘기하고, 이 일만 잘 처리해 준다면 당첨금의 10%를 주겠다고 했는데… 잠시 10%를 계산해 보던 변호사가 황급히 놀라다가 그만 심장마비로 그 자리에서 꼴까닥했다.

부랴부랴 그곳을 빠져나와 집 문 앞에 도달한 이 사람, 그 귀한 로또 티켓을 다시 한번 부들부들 떨며 살피던 순간… 바람이 쌔앵~ 하며 불어오면서 그 로또가 휘익~ 날아가 버렸다. 허겁지겁 그것을 집으려고 하는데 집에서 키우던 개가 그것을 재빨리 입에 물더니 집안으로 들어가 버렸다. 후다닥 따라가던 이 사람 문에 걸려 넘어지며 옆에 쌓인 눈얼음에 미끄러지면서 그만 뇌진탕으로 역시 꼴까닥 했다.

그 개는 자기를 잘 보살폈던 그 남자의 아내에게 그 티켓을 갖다주었고 자초지종을 안 그 아내는 수천만 불을… 가만히 앉아서… 다 차지했다는… ㅎㅎㅎ… 말 같지도 않은 조크였다.

결론은… '돈 버는 사람 따로 있고… 돈 쓰는 사람 따로 있다….'는 진리다… ㅎㅎㅎ
돈 암만 벌어 봐야 고생만 하고, 쓰는 사람 따로 있다면, 이 얼마나 허무한 일인가?
그러므로… 제발… 적당히 벌자…. 그리고 어느정도 만족 수준에 도달하면… 이제는 쓰자! ㅎㅎㅎ 좀 써라!!!

나는 지금 몇 사람 기다리고 있다…. ㅎㅎㅎ 그가 주님의 은총으로… 정신이 번쩍 들어서… 그 쌓아 둔 그 많은 돈을… 멋지게… 행복하게… 잘 쓰는 그날을 기다리고 있다. 그 쓰는 그 과정에… 나같은 사람도 초대되어… 점심 대접(?) 이라도 한 번 받는다면… ㅎㅎㅎ 난 행복하겠다.

농담이다.

영어 에피소드

예전에 활약했던 배우 중 Montgomery Wood라는 배우가 있었다. 이것을 (나를 포함한 거의 대부분 한국인들은) "몽고메리 우드"라고 불렀다.

지금도 그렇게 부르고 있고 아마도 영원히 그렇게 부를 것이다. ㅎㅎㅎ

미국 사람들에게 "몽고메리 우드" 아냐고 물어보면 100% 고개를 갸우뚱할 것이다.

만일 "아~ 그 사람~" 하며 아는 척하는 미국인을 만나면 그 미국인은 진짜(?) 미국인이 아니라고 단정 지어도 좋다! Montgomery의 정확한 영어 발음은 잘 알다시피 "멍감머리~" 정도가 될 것이다. 어떻게 이 멍감머리 씨가 몽고메리 씨로 둔갑을 했단 말인가? ㅎㅎㅎ

예전에 미국 이민 와서 약 1년간 시카고에 살 때 웃지 못할 사건이 하나 있었다.

시카고 호변 성결교회에 잠깐 다닐 때 그곳 성가대원이었던 Mr. 장(이름은 기억 못 한다)이 내가 한국에서 온 지 얼마 안 된 것을 알고(자기는 온 지 약 1년) 자기 딴에는 나를 도와주려는 마음으로 내가 필요한 그로

서리 쇼핑을 해 주기 위해 큰 마트에 같이 들렀는데…. 내가 한국식 국물 같은 것을 먹고 싶다고 하니까… 깐쓰메(통조림을 그는 이렇게 일본식 발음으로 불렀다)를 사면 된다며 그중에 "마인 스트론" 스프가 최고 맛있다면 그 통조림을 몇 개 사 주었다.

얼마 후 그 통조림이 너무 맛있어서 나 혼자 인근 조그마한 마트에 사러 갔는데 마인 스트론이 없길래 그곳 점원에게 "두 유 헤브 마인 스트론 스프?" 했더니 고개를 갸웃거린다.
옥신각신해도 안 통해서 이번엔 내가 종이 위에다 철자를 써 주었다.

"Mine Strone"

한참을 연구하던 그 친구가 갑자기 펜을 들어 Mine과 Strone 사이의 space를 싸악 지우고 "Minestrone"이라고 교정해 주면서 쌈빡한 발음으로 "므네스트로~니" 하면서 낄낄 웃는다.

원 제기랄~ 그게 two word인지 one word인지 마인 스트론인지 므네스트로니 인지 내가 알게 뭐냐…. ㅎㅎ

나는 LA 때부터 콜로라도에서까지 약 18년 정도 교회에서 통역을 했었는데, 재미있기도 하고 유익하기도 했다. 설교통역은 생활통역하고는 또 다르다. 기본적으로 성경지식이 당연히 있어야 하고 교리도 어느 정도 알아야 적재적소에 막힘이 없이 통역이 가능하다.

생활영어는 내가 한국에서의 초등학교 시절 미국인 사촌 아이들과 3-4년 같은 집에서 생활한 덕분에 별 문제가 없었지만, 이 설교 통역은 성경 지식이 거의 없었던 초창기 시절의 나에게는 무척 스트레스가 쌓이는 일이었다. (목사님은 그저 내가 한국말은 퍼팩하게 하고 ㅎㅎㅎ 영어도 잘 하는 듯하니까… 어린 나를 붙잡아서 그냥 강제로 시키신 거였다)

매주 금요일쯤 목사님이 나에게 설교원고를 주셨는데, 그날은 토요일에 갑자기 담임목사님이 급한 일로 출타를 하시는 바람에 부목사님이 설교를 하셨는데, 원고도 없지 성경구절도 미리 안 주셨지, 거의 즉흥 설교를 하신 거였다.

도중에 예화를 드시는데 "보디발의 아내" 얘기를 하신다. 보디발이 누군지… 는 쬐끔 알겠다.
그런데… 보디발을 영어로 뭐라고 하지? 머리가 하얗다. 그때 갑자기 생각나는 게 옛날 코메디언 서영춘이 하던 조크 생각이 난 것이다. 그가 말하기를 미국에서 재떨이를 빌리려면 "두 유해브 재떠리?" 하면 못 알아듣고 "두 유 헤브 재러리?" 해야 알아듣는다는 말 같지 않은 조크였다.

그런데 그 말 같지 않은 조크가 그 순간 make sense로 느껴졌다. 왜냐하면 '배떠리' 하면 못 알아들어도 '배러리' 하면 알아듣지 않는가…. ㅎㅎㅎ

그래서 〈더 와이프 오브 "보리발"〉 했더니… 헤드폰을 끼고 있던 미국인들 중 한두 명이 고개를 갸우뚱거린다. 그리고 한 명은 킥킥 웃는다(이놈 시키는 한국말을 쬐끔 아는 미쿡 교포 놈이다… ㅋㅋㅋ) 원 창피도 그런 창피를.

누가 '보디발'을 '파러버'(한국 철자로 정확히 발음 표현이 안 되지만 이 정도 비슷하게 ㅎㅎㅎ) 발음하는지 알았겠냐?

예전에 같은 교회 다니셨던 장로님 한 분이 병아리 감별사 셨다.
에피소드를 하나 얘기해 주시는데, 병아리 감별 비지니스를 홍보하려고 'Chick Sexing' specialist라고 광고를 내었더니… 늦은 밤에 미국 젊은 애들이 전화를 마구마구 해 오더라는 것이다. ㅎㅎㅎ

자초지종을 알고 보니…. Chick은 병아리라는 말도 있지만 '여자애'라는 뜻으로도 쓰인다.
Sexing 은 '감별'이란 말로 쓰이는데, 또한 Sex에 관련된 의미로도 쓰인다.
그러니 병아리 감별사라는 Chick Sexing Specialist가 '매춘' 브로커로 이해가 된 것이다.
실지로 '무식'한 미국 사람들 중에는 한국 대학에서 공부한 대학생보다 영어(문법) 수준이 낮은 사람들도 꽤 많다.

전에 쓴 칼럼에서도 얘기했지만… Tucson Arizona를 한국에서 오신 영문학 교수께서 "턱산 아리조나"라고 발음하셨다가 망신당하고 가셨다는 조크도 있다. 알다시피 "투산" 이다. "턱산"이 아니다. ㅎㅎㅎ

콜로라도 아이스하키팀 애벌랜치의 전설적 골키퍼의 이름은 Patrick Roy다. 이것을 어떤 순진한 한국신문 스포츠 기자님께서 "패트릭 로이"라고 썼다가 Dog 망신을 당했다.

패트릭은 캐나다 출신이다. 캐나다 그의 고향에선 FR-CA라고 하는 French Canadian을 쓴다. 즉 불어를 쓰는 셈이다. Roy를 불어로 발음하자면, R 자는 그냥 'ㅎ' 비슷하게 굴린다. 'Oy'는 'Oi'와 같이 발음된다. Oi는 '와'로 발음된다.

정리하면 Patrick Roy는 "패트릭 와"로 발음된다.

이것을 '패트릭 로이'라고 불렀으니 내 이름 이갑식을 이갑돌이라고 부르는 것보다 더한 실수다. 전에 보니 한국신문에 '새너제이' 법원 얘기가 나와서 새너제이라는 도시가 있나 하고 살펴보니 San Jose를 새너제이라고 부르는 모양이다.

한국 외국어 표기법이 어떤지는 나는 모른다. 그러나 되도록이면 현지 발음으로 표현해야 한다는 게 나의 의견이다. 전 직장 내 동료의 이름은 Jorge이다. 모르는 사람을 그를 '조지' 혹은 유럽 쪽 사람들은 '조르지'라고 불렀는데, 그의 이름의 정확한 발음은 '호르헤'다. 멕시컨 이름이다. 어떤 친구가 자기 이름을 Jesus라고 쓰길래 불경하다고 했더니… 자기는 '지저스'가 아니라 '헤수스'란다. 맞다. 스페니쉬 이름 헤수스다.

내 옛 동료 성이 '정'(Jung)이다. 유럽 쪽 사람들은 그의 성을 '정' 대신 '융'이라고 가끔 부른다. 철학자 융(Jung)을 생각해서인가?

첫 직장 Hughes Aircraft Co에 근무할 때 한국인 아줌마가 계셨다.

아직도 기억한다. 같이 터미널에 앉아 작업을 하는데 미국애가 어쩌고 저쩌고 말하다가 '그게 맞냐'라고 물어보니까 이분이 Not Quite라고 대답한다는 걸 Not Quiet이라고 하여… 웃기게 하신 기억도 있다.

LA에서 교회 다닐 때 모 집사님이 운영하는 리커스토어에 한국에서 온 지 1주일도 안 된 유학생이 밤일을 하게 되었다. 밤일은 나도 해 봤지만 거의 막노동(스탁하고 청소하고 정리하고)이다.

일을 하고 있는데 흑인 애들 두 명이 들어와 "Hey man, this is a stick up!"이라고 했다.

Stick up이란 무장강도를 말함이렸다! 즉, 우린 무기를 가진 강도니까 빨랑 돈 내놔!라는 말이다.

그런데 이 유학생… 이 말을 알아듣겠는가…. 그런데 그 유학생 심각하게 생각하더니 "큐 쥬 플리즈 리피트 이트어게인?" 했단다. 뻥찐 흑인 애들이 "C'mon man, this is a stick up!" 했다.

그러자 그 유학생…. 드디어 알았다는 환한 표정을 지으며 "노… 노… 위 돈 해브어 스틱업…. 위 온리 해브어 세븐업."이라고 말하는 순간… 두 흑인들이 두 손을 내 저으며 "Learn some English, man!" 하며 가더라는 애기다. ㅎㅎㅎ

미국에 온 우리들은 조금씩의 차이는 있겠지만 다른 문화와 다른 언어와의 갈등 속에서 잘 인내하며 지금의 우리가 되었을 것이다. 지금은 웃으며 얘기하곤 하지만 그때의 그런 시절이 없었으면 오늘의 이런 우리도 없을 수도 있다.

비슷한 우스운 조크는 많지만 다음의 조크를 마지막으로 되새겨 보며 마치도록 한다. 미국에 한국 유학생이 왔다. 그는 영어를 빨리 습득하고 싶어서 일부러 한국인이 전혀 없는 중남부 깡통 대학에 입학했다.

그리고는 약 2년간 한국어 한마디 안 하고 지내던 중, 어느 날 한국인 유학생 한 명이 왔다고 미국 친구가 전했다. 얼마나 기뻤으면 신발도 한 짝만 신고 사무실로 뛰어가는데, 저쪽에서 한국인으로 보이는 학생이 역시 달려온다.

다음은 그들의 대화다.

기존 유학생: Do you Korean?
새 유학생: Yes, I can!

번역을 해 본다.

기존 유학생: 한국인이세요??
새 유학생: 예! 그렇습니다!

굿나잇!

권총 이야기

아주 오래전 영화중에 〈황야의 7인〉이란 서부영화가 있었다.

얼마 전에는 새 버전으로 상영된 〈The Magnificent Seven〉에서 한국의 이병헌이 Billy Rocks라는 배역으로 기라성 같은 덴젤 와싱턴, 크리스 프랫, 이턴 호크 같은 수퍼스타들과 함께 활약을 하기도 했다.

그리고 또 생각난다. 〈장고〉라는 서부극도 있었다. 처음에 "따라라라 란~" 하는 묘한(?) 그러나 중독성 강한 배경음악과 함께… 장고라는 총잡이가 등장하는 그 첫 장면을… 아직도 기억하고 있다.

그런데 이런 서부시대(The Wild West) 영화에 어김없이 등장하는 장면들이 있었으니… 우리는 그것을 서부 총잡이들의 대결… 영어로는 Gun Draw Duel이라고 부르고… 그런 총잡이들을 Quick Draw(재빨리 총을 '뺀다'고) 라고 부르고 있다.

말로는 해결할 수 없는 문제가 대두되면, 당사자 둘이 밖으로 나가서 상대방을 향해 서서 폼을 잡다가 일순간 피스톨을 먼저 꺼내어 정확히 쏘는 자가… 그날의 주인공이 된다.

그런데… 이거… 다… 뻥이다.
이게 다 Hollywood 영화에서 극적인 순간을 연출해 내기 위한 부풀린 장면들이다.

그 당시에도 이 Gun Duel은 불법이었다. 불법으로 강도짓하다가 보안관들/경찰들에게 쫓기며 서로 간에 뻥뻥 총싸움이 있었다 뿐이지…. 두 명이 짜잔~ 하고 먼지바람이 부는 쌀롱 밖 길가에 멋있게 폼 잡고 서 있다가… 결국 두 명 중 한 명은 죽어야 하는… 그런 상황을 영화에서 보듯이… 식은 죽 먹기로… 심심하면… 'OK, Let Do IT~' 하며 즐기는(?)는 그런 장면은… 99%가 뻥이라는 말이다.

물론 역사에 보면 공식 기록된, 그러나 불법인지 적법절차를 거쳐서 했는지는 모르지만, 1865년에 이 Real Duel이 Bill Hickock와 David Tutt이라는 사람 사이에서 있었다고 전해진다.

그 밖에도 굳이 더 찾아보려면, Luke Short, John Wesley Hardin 그리고 Wild Bill Hickok 등이 기록에 남아 있다고 한다. 그 밖에 심심하면 벌어졌다고 생각되는 그 나머지 사건들은 죄다~ 헛소문이라고 보면 된다.

사실 그 당시엔 Dime Novel이라고 하는, 소위 말하는 싸고도 엄청 인기를 끈 소설책들이 유행했다고 한다. 이 책들은 주로 낭만적인 멜로 드라마나 영웅을 부각시키는 서부활극이나 손에 땀을 쥐게 하는 모험계통의 내용을 다룬 책이었다고 하는데, 그중에서도 이 서부활극은 엄청난 인기를 끌었다고 한다. 그리고 그 서부활극의 소재 중 당연히 이 총잡이 싸움이 선두를 달리고 있었던 것이다.

미국은 이 서부시대부터 총기 소유가 헌법으로 보장되어 있는 나라다. 너도 나도 등록된 딜러에 가서 돈만 내고 간단한 백그라운드 체크만 거치면 1시간 안에 권총을 소유할 수 있다. 또 주 마다 regulation이 다르지만, 콜로라도 같은 주는 하루 정도만의 교육만 받으면 Concealed Weapon Carry permit 을 가질 수 있다.

이 Permit을 가지면, FBI나 경찰처럼 폼 잡고(?) 총을 몸에 conceal(숨긴 채) 돌아다닐 수가 있다.

아주 예전 캘리포니아에 있을 때의 에피소드가 생각난다.

그 당시 휴즈 항공사라고 하는 국방 프로젝트를 개발하는 회사에 다니던 때였는데, 어느 날 금요일에 LA 한인타운에서 모임이 있어서 회사 퇴근하자마자 곧바로 약속장소로 향한 적이 있다.

그런데 10번 샌타모니카 Freeway에서 내릴 즈음 개스가 거의 다 떨어졌는데, 나중에 모임이 끝나고 개스 넣기가 조금 위험(?)한 동네인지라,

내리자마자 들어가서 개스를 먼저 넣기로 하고 근처 주유소에 들어갔다.

그런데 저쪽에서 흑인 두 명이, 무식하게도 야구방망이를 노골적(?)으로 들고, 다른 쪽에서 주유하던 여자에게 위협을 하며(내 생각엔) 돈을 요구하는 것이 보였다. 그런데 그 여자가 소리를 지르며 개스 넣다 말고 도로 쪽으로 도망가는 것이었다.

난감했다.

이놈들이 분명히 이제 나에게 다가올 텐데… 개스는 아직 반도 안 들어갔고… 가만이 있으면 분명히 당할 게 분명했다. 아니나 다를까. 건들건들거리며 나에게 다가온다.

어떡하지…. 순간적으로 머리를 굴리는데 방법이 없다.
그런데 어디서 그런 생각이 났는지 한번 쇼를 해 보기로 했다. 그리고 worst case에는 그놈들이 총을 가진 게 아니니까 대항해 보든지 도망가든지 하면 될 것 같았다.

자, 그런데… 내가 다닌 휴즈 항공사는 국방 관계의 회사이기 때문에 그 종업원 뱃지가 멀리서 보면… 꼭 FBI 뱃지같이 붉은 선도 있고 그럴 듯하게 보인다.

그리고 나는 회사에서 직접 오느라고 진한 색 양복에다 넥타이까지 단정하게 맨 상태이고, 운전 중이었으니 검은 선글라스도 끼고 있었다.

 뱃지는 안쪽 셔츠 윗주머니에 걸려 있었는데, 나는 일부러 양복 윗도리를 약간 벌려서 그것을 슬쩍 보이게 했고, 오른손을 오른쪽 허리 부근 양복 안으로 집어넣어 무엇을(Gun…)을 만지는 척하고 다가오는 그들을 바라보고 있었다.

 ㅎㅎㅎ 그런데 의기양양 다가오던 그분들 중 한 분이 갑자기… 으잉? 하며 옆에 있는 친구에게 귓속말로 뭐라고 뭐라고 한다. 내가 짐작컨대 "Hey bro, he must be some sort of an undercover cop or FBI agent…." 라고 말하는 것 같았다. ㅎㅎㅎ

 잠시 정적이 흐르는데… 나도 등짝에서 땀이 흘렀다. 내가 그들을 계속 노려보며 꿈쩍하지를 않자 슬금슬금 뒷걸음질 치더니… 후다닥 도망가 버렸다.
 나도 개스 넣는 것을 중지하고(캐쉬어에게 pay 한 만큼 넣지 못한 채) 후다닥 차를 몰고 주유소를 빠져나왔다는… 얘기다. 총이 무섭긴 무서운 모양이다.

 또 한번은 LA의 피겨로와 길 가기 전에 자바시장을 차를 타고 지나가는데, 내 앞의 앞차가 우회전을 해야 하는데 잠시 지체를 하는 듯하니까, 내 바로 앞의 차가 빵빵 경적을 울렸다…. 그래도 안 가니까 더 세게 누르는 순간… 앞의 앞차 문이 열리더니… 검은 양복에 선글라스를 쓴 중년 남자 하나가 천천히 내려 내 앞차 쪽으로 다가가는데… ㅎㅎㅎ 움직이는 양복 사이로… 총이 확실하게 보인다.

내 앞차 운전자가… 황급히 손을 내밀며… 'Sorry, Sorry~' 하는 제스처가 보였다.

총이 무섭긴 무섭다. 나도 몇 번… 총기를 구입할까 생각한 적이 있었다.

그런데 가만히 생각해 보니… 총이 있으면… 위급한 상황에서… 그것을 쓸게 아닌가?

총이 없으면… 뭐… 말로 당하거나… 옥신각신은 하겠지만… 중대한 사건은 벌어지지 않을 것이다.

그러나 꼭지가 도는 상황에서 총이 있다면 10번 중 1번만 사용한다고 해도… 결국 대형사고가 나게 될 것이다. 결국 참는 게 낫다고 결론을 내고… 아직까지 사지는 않았다. Am I a chicken?

평생 총기 사용 안 하고 사는 게 축복받은 거다.

중부의 어떤 미국 교회는 목사가 권총을 차고 설교를 한다고 하고, 어떤 미국 교회는 실제로 예배 보는 동안 사설 고용 경호원들이 권총을 찬 채 교회당을 지킨다고 한다.

찬반을 떠나… 세상이 이렇게 변해 버렸다.

잘못하다간, 그럴 리는 없겠지만… 옛날 서부시대처럼… 길거리에서 맘에 안 맞는다고 두 사람이 권총 대결을 하는 게 아닌지 궁금하다.

제일 좋은 방법은 아예 위험한 곳은 안 가고 피하는 게 상책이다.
백로야, 가마귀 노는 곳에 가지 말라… 는 옛 선조들의 교훈같이.

차카게 살자!!

콜로라도 예찬론(?)

이놈의 콜로라도 날씨가…. 전날 78도까지 올라가서 쨍쨍 햇볕에 반바지 차림으로 돌아다녔었는데 어제는 27도까지 내려가면서 눈이 퍼붓고 겨울용 점퍼까지 꺼내 입었다.

이래서 내가 콜로라도를 좋아한다. ㅎㅎㅎ 예측불허의 주… 콜로라도! 나는 예측불허의 세계를 좋아한다. 인간도… 예측불허의 사람에게… 더 큰 흥미가 생긴다.

1994년도 4월에 캘리포니아에서 이곳 콜로라도로 이주해 와서 이럭저럭 정착기간이 지날 무렵 7월 초에…휴가를 내어서 산 쪽으로 가족들과 여행을 갔다가… 갑자기 쏟아지는 폭설에… 기가 막혀서 내리는 눈을 손으로 잡아서… 확인을 해 본 기억이 난다…. ㅎㅎㅎ

그런데 LA 살 때는 맨날 따뜻한 기후만 계속되다가 이곳 콜로라도에서는 사철이 뚜렷하고 분명하니 내 몸도 그것에 훈련이 되었는지 철마다 적응이 잘되는 전천후 체질로 변한 것 같다.

타주 사람들이 이곳 콜로라도주로 오면 어느 정도 적응기간이 되기까진 반 이상은 현기증을 느끼고 숨이 차고 어떨 땐 아침에 코피까지 흘리는 사람이 꽤 있다.

저기압 때문이다. 덴버는 그 시 별명이 Mile High라고 할 만큼 해발 1마일 즉 1.6 km 상공(?)에 위치해 있다.

거기다가 습기가 (거의) 없기 때문에… 여름철에 아무리 기온이 올라가도 근처 나무 그늘에 들어가면… 거짓말같이 시원~ 하다.
습기가 있으면 사우나 안처럼 어디에 가나 그 더운 습한 공기 때문에 덥지만 습기가 없으면 더운 곳만 덥고 그늘진 곳은 선선한 것이다.

또 하나 이점은 덴버에 살다가 타 주에 가면… 왜 그런지 쌩쌩 날아다닐 것만 같다.
컨디션이 좋아진다.

과학적이다. 저기압에서 고기압으로 가면… 인체는 기분과 느낌이 좋아진다. 마치 산소를 들이키면 기분이 상쾌해지듯이. 반대로 타 주에서 이곳으로 오면 사람들이 왠지 빌빌~ 된다.

내가 아는 LA 사는 후배 하나가 콜로라도로 여행 와서 같이 골프를 친 적이 있다.
왠지~ 몸이 찌뿌둥하단다…. (대부분 골프 칠 때면 일단 컨디션이 안

좋다고 몸을 사린다)

그런데 드라이버를 치면 LA에선 230 정도가 에버리지인데 이곳에선 260 정도를 나가니까 기분이 좋아서… 콜로라도가 자기 체질에 맞는단다. ㅎㅎㅎ

이곳 콜로라도는 야구에서도 투수들의 무덤이라도 할 정도로 한번 맞으면 뻥뻥 장타가 나간다.

이곳에서 태어나서 오래 산 콜로라도 사람들은 일반적으로 심장이 튼튼하다고 한다.
그 이유는 미국 올림픽 선수 훈련을 이곳 콜로라도에서 굳이 하는 이유와도 동일하다.
어려서부터 저기압 훈련을 받아 심장계통 근육이 강화되는 것이다.

대신 여자들에겐 조금 불리하다.
건조하기 때문에… 여자들 피부가 더 쉽게 노화가 된다고 한다.

기후에 관해서만 얘기를 하려고 했는데 하는 김에…
이곳 콜로라도는 아직도 범죄율이 지극히 낮다.
집 밖에 차를 세워도 문을 안 잠궈도 이상이 없다.

도로를 지나가다가… 빨리 안 간다고 빵빵~ 하는 차는 거의 드물다. (요

즘은 타 주로부터 유입 인구가 많아져서 조금씩 달라지고는 있다)

내가 보스톤에서 직장 기러기 생활할 때 가장 큰 불만 중에 하나가 Parking Space였는데, 이곳 콜로라도는 넓게 available한 게 파킹 스페이스다.

또한, 소를 몇 마리 중앙에 세워 놓고 제 갈길 가는 대로 도로를 만들었다고(조크일 것이다) 하는 5-way, 6-way 보스톤 도로와는 달리 이곳 콜로라도는 반듯한 4-way가 대부분이다.

스모그 없다.

여름철은 대부분 청명한 하늘이다. 뭉게구름이 떠 있고 태양은 가깝게 느껴지고 우뚝 솟은 록키 산맥이 서쪽에 멋있게 보인다.

바다는 없다. 그러나 2시간 정도 가면 바다만 한(약간 과장~) 대형 호수들이 많다.
Grand Lake는 House Boat를 타고 2-3시간 sail 해야 제자리로 돌아온다.

유명한 국립공원들과 아름다운 지역공원들, 하이킹, 트레일 코스들이 인근에 많고, 구경할 명소와 관광지가 즐비하다.

볼더라는 대학 타운은 미국 내에서 대학원 이상 인구율이 1위인 도시다.

Bolder Boulder라는 유명한 마라톤 시합도 여기서 열린다.

전국에서 Health 민감도 그리고 헬스 Food 샵이 top인 도시도 볼더다.

산 밑에 자리 잡은 볼더에는 젊은이들이 북적인다. 그래서 그런지 구글 캠퍼스도 볼더에 있다.

내가 다녔던 IBM도 볼더에 있다. 각종 IT/Tech 기업들이 잔뜩 모여 있다.

한 가지 더 고무적인(?) 사실.

유명한 지질학자들이 모여서 점심을 먹으면서 농담을 하다가 던진 질문 하나가… 미국 전역에 대대대지진이발생한다면 그래도 Survive할 도시는 어디일까… 라는 질문에 모든 지질 학자들이 이구동성으로 대답하기를…〈덴버!〉

덴버 서쪽은 모두 다 태평양으로 가라 앉고, 덴버 동쪽은 전부다 대서양으로 가라 앉는다고 한다. 덴버는 록키 산맥위에 '우뚝' 버티고 있는다고 한다. ㅎㅎㅎ

농담 같았는데… 진짜란다. 거짓말 같으면 한번 알아보기 바란다.

자기 것 자랑하면 팔불출이라고 하는데…. 나도 그런지는 몰라도… 좋은 건 좋은 것이다.

요즘 자꾸 콜로라도 유입인구가 늘어나는데… 덩달아 집값도 올라간다. 예를 들어 보자면 1995년도쯤 20만불 하던 집이라면 지금은 거의 6-70만불이 넘어갈 것이다.

50만 불 넘어가는 집들은 이곳이나 LA나 거의 비슷비슷하다고 한다. 덴버 집값이 싸다는 말은 옛말이다. 덴버 물가가 싸다는 말도 옛말이다.

콜로라도가 기후도 당나귀처럼 예측불허이지만… 다른 것들도 예측불허인 면이 있다.
Liberal한 Legislature/Policy들이 많이… 타 주에 비해… 빨리… 쉽게 입법화가 된다.
그중 한 예는 마리화나의 합법화이다.

그 때문에 마리화나를 맘껏 즐기려는 젊은 인구들이 타주에서 물 밀듯이 들어와서 한때는 혼잡하고 복잡하고… 교통도 사람도 위험 수준까지 간 적도 있다. 이제는 타 주에서도 마리화나 합법화가 진행되어서인지… 단지 마리화나 때문에 유입되는 인구는 극히 소수라고 한다.

유명한 John Denver가 덴버가 너무나 좋아서 그의 이름을 그가 20살 초반일 때 John Denver로 바꾸었다고 한다. 그의 원 이름은 Henry John Deutschendorf이다.

그밖에도 덴버 예찬거리는 많다… 그러나… 오늘은 여기까지!

모두들 덴버로 놀러 오세요~

경찰과의 대처법

나는 아침마다 회사 가기 전에 Wife에게 Ride를 먼저 주곤했는데, 그 시간이 거의 학생들 등교시간이 된다. 이 시간에는 yellow light이 깜빡이는데 speed를 20 mph로 줄여야 한다.

미국에선 특히 아이들 등교시간에 운전법규를 어기면 봐주는 것도 거의 없을뿐더러 벌금과 페널티도 아주 세게 먹여진다.

나는 자동차를 제트기 몰듯 혹은 경주용 모터사이클 몰듯 했던… 과거 대학시절의 그 흉폭하고도 몰지각했던… 그 나쁜 버릇(?)을 회개하고 새 사람이 되어, 조신하고도 착하게… 운전법규와 에티켓을 자알~ 지키며 안전운행을 하기 시작한 지 꽤 오래된다.

오늘도 집 뒤쪽 길로 가는데… 여느 때나 다름없이 Yellow Lights이 Flash 한다.
당연히 20마일로 서행을 하는데, 저 앞쪽 골목 어귀에서 모토사이클 경찰이 눈에 불을 켜고 노려보고 있다. 아~ 왜 나는 경찰만 보면 범죄자도 아닌데 갑자기 긴장이 되는가?

계기판을 보니 22마일이다. 그래서 브레익을 살짝 밟고 정확히… 20마일로 줄였다.

그리고는 경찰이 있는 골목을 지나가면서 슬쩍 곁눈질하여 그를 쳐다보았는데, 그 험악하게 노려보던 특공대원 같았던 그의 얼굴에… 쓰윽~ 하니 미소가 보인다.

허걱~ 이게 웬일인가? 갑자기 내가 당황했다. 그리고는 나도 모르게 고개를 숙여 마치 초등학생이 선생님에게 인사를 하듯 ㅎㅎㅎ 꾸벅 인사를 해 버렸다. 나도 도대체 왜 내가 그에게 그런 90도 각도의 인사를 했는지… 도무지 모르겠다.

이건 마치… 상대방이 내가 생각하는 평상시 표정으로… 나를 대할 것을 기대했다가… 전혀 다른 뜻밖의 모습을 보면… 극히 당황하여… 이상한 나의 행동이 불쑥 나오는 것과 같은 이치라고나 할까? ㅎㅎㅎ

그런데 이런 나의 행동에 그 경찰이 한술 더 뜬다. 엄지척~ 을 해 보인다. 살인 미소와 함께!
아, 그 경찰 정말 멋지게 보였다. 맞다. 경찰이 나쁜 사람은 아니다. ㅎㅎㅎ

우리 아내는 농담조로 경찰을 "악어"라고 부른다. 골목이나 안보이는 곳에 숨어 있다가 마치 먹이를 노리는 악어처럼 덮친다고 해서… ㅎㅎㅎ "악어"라고 가끔 놀리며 부르기도 한다.

그런데… 경찰도 사람(?)이라는 것을(Sorry!) 오늘 또 느꼈다.

옛말이 생각난다. 가는 말이 고우면 오는 말도 곱다. 진리다!

내가 속도를 준수하니, 그가 웃고, 그가 웃으니, 내가 인사를 했고, 내가 인사를 하니, 그가 엄지를 처억 들어 보이고, 그가 엄치척을 하니 내 기분이 갑자기 좋아지고… 아마도 그도 기분이 좋았을 것이다. 이렇게 돌고 도는 〈행복 Chain〉을 왜 우리는 매일 매일 실천하지 못하는 걸까?

예전에, 와이프와 장인 장모님과 막내 딸애와 조카애를 데리고, 이곳에서 약 2시간 반 정도 떨어진 Hot Sulfur Springs에 다녀온 적이 있다. 다들 얼굴이 발갛게 익어서(?) 다시 산길을 내려 가는데, 작은 타운을 지날 무렵, Fine Double 싸인이 보이는 구역이 있길래, 조심해서 내려 가던 중에 바로 앞차가 슬금슬금 속도를 낸다.

주위를 보니까 경찰도 없고 해서 나도 스피드를 내면서 그 앞차를 따라 붙었다.
그런데 잠시후 갑자기 그 앞차가 옆으로 비키길래, 나는 가던 속도로 계속 가고 있었는데, 뒤에서 뛰용~ 뛰용~ 야단 났다. 알고 보니 그 차는 Unmarked Police Car였던 것이다.

상황을 분석해 보니… Double Fine 지역이니, 딱지를 떼면 상당한 데미지가 있을 것으로 사료가 되어… 작전을 짰다.

그리고는 뒷좌석 어른들과(미국에서 태어나 영어 잘하는) 애들에게… 영어 못 알아듣는 시늉으로 아무 말도 하지 말고 가만히 있으라고 저지(?)시키고… 길 옆으로 차를 세웠다.

뚜벅뚜벅 오른쪽으로 걸어오는 모습을 보니… 정말 악어 그 자체였다. 자세히 보니… 나이는 20대 중후반… 분명히 Rookie Cop(신참)이다…. 이제 큰일 났다…. 이 신참들은 곧이곧대로… Rule대로 하니까… 봐주지도 않을 텐데…. 마음이 복잡했다.

다음은 최대한의 기억을 살려 그날 그 사건 현장속의 대화를 재현해 본다.
(기억할 것은… 나의 작전은… 우리 모두 다… 영어를 잘… 못… 한… 다… 였다. ㅎㅎㅎ)

"헤로우~ 오피써~"
"You just ran 50 mph in 35 mph zone… did you know that, sir?"
"베그 유어 파돈?"
"hm… what I'm trying to say is that you over-sped in the construction zone…."
"소리 소리…. 베리 베리 소리~"

이때 경찰은 차 안을 자세히 살핀다. 뒷좌석을 보니… 동양인들로 가득 차 있는데… 2nd row엔 동양인 할아버지와 할머니 가 눈만 멀뚱멀뚱거리시며 자기를 쳐다보고 있고, 3rd row에는 초등학생 2명이 역시 눈만 뼈끔뼈끔거리며… 쳐다보고 있고… 앞쪽 승객 좌석엔 동양인 부인이… 어린 양처럼 측은한 표정을 지으며… 고개를 푸욱 숙이고 있고… 운전석에는 얼굴이 버얼건(온천 때문에) 동양인 아저씨가… 횡설수설… 그리고 히죽히죽 웃으며 강한 악센트로 자기와 대화를 나누고 있는 상황이… 포착된 것이다.

"Errr… the double fine will be about $700 with 4-point penalty…"
"오, 노우~ 노우~ 노 페널티, 노 머니…. 쏘리, 쏘리… 베리 베리 쏘리…."

난감했을 것이다. 왜 갑자기 나도 acting을 하게 되었는지… 미안하기도 하고… 나조차 당황스러웠지만… 이왕 시작한 배역을 잘 감당해야 된다는… 신념으로 계속 밀고 나갔다. 이런 대화가 약 3-4분 지속되었는데… (내 생각에) 그 신참 경찰은 측은심 + 당혹감 + 만족감을 다 얻은 듯 "OK… I'll let you go this time!"이라는 말로 마무리를 지었다.

측은심은 자명하다…. 6명의… 영어 잘 못 하는 동양인 식구들이 아무 소리 못 하고 고개를 숙이고 자숙하는(?) 모습을 보니 당연히 측은감이 들겠고.

당혹감은… 대들지도 변명하지도 않지만… 쏘리 쏘리만 연속하는 운전자와의 대화가 더 이상 진행되지 않음에 무척 당혹감을 느꼈을 것이고.

만족감은… 자기(경찰)에게 깍듯한 예우를 갖추며… 고개를 숙이고 굽신굽신… 미안하다고 하는 모습에… 신참으로서의 어느 정도 만족감을 느꼈을 것이라 생각한다.

그런데 이때, 하마터면 큰일 날 뻔했다.
말귀를 다 알아듣는 애들이 거의 동시에 큰 소리로 "Yay!!! Thank you, officer." 할… 뻔… 한 것이다. 와이프 역시 감사의 한마디를 할 뻔하다가… 내 눈치에 짐짓 놀라며… 자제… 하였다.

뭐 장인, 장모님이야… 아까나 지금이나… 그저 같은 표정으로… 뭐가 어떻게 돌아가나… 궁금해하시는 표정.

"생큐… 생큐~ 베리 마치 생큐~"라는 마지막 감사의 말을 하는 나의 모습을 보며… 어쩌면… 영화계로 나갔으면… 만년 조연만은 안 하겠다고 생각하며… 부르릉 차를 몰고 그곳을 빠져 나왔다.

사정거리를 벗어난 다음… 우리 모두가 손뼉을 치며 기뻐하고… 우리를 놓아준 그 경찰에게 감사의 마음을 표했다는… 오래전 실화이다.

가는 말이 고우면 오는 말이 곱다는 말은 사실이다.
웃는 얼굴에 침 못 뱉는다는 말도… 사실이다.
말 한마디로 천 냥 빚 갚는다는 말도 사실이다.

내가 예를 든 에피소드는 어떤 상황에 잘 적용이 된 지극히 평범한 우연이었는지도 모른다.

그러나… 이렇게 쉽고도 잘 먹히는… 방법이 있는데… 왜 우리는 그것을 사용하지를 못하는지 궁금하다.

경찰에 pull over 당하면… 일단 한번 미소를 지어 보자.
인상을 쓰며… "what did I do wrong?" 하며 대들면… 상대방의 마음은 아예 닫혀 버릴 수도 있다.

내가 영어 못하는 척했다는 에피소드는 과거의 그냥 우연히 즉흥적으로 벌어진 그리고 먹힌(?) 에피소드다. 우스개 예화로 얘기했을 뿐이다.

어떤 상황이 벌어질 때, 상대방에게 일단 차분한 표정으로… 혹은 미소를 지으며… 약간은 미안한 듯한 표정으로 대한다면… 아무리 악어 같은 경찰이라도… 자기들이 봉사해야 할 시민들을 악의로 해코지를 할 마음으로 대하지는 않을 것이라고 생각한다.

그동안 Citation(주의/경고)만 받고 벌금/페널티는 안 받은 나의 경우들을 생각해 봐도… 이 모든 결과가… 내가 어떤 태도로… 어떤 표정으로… 상대방을 먼저 대했는지… 에… "지대하게" 영향을 받았음을… 나는 알 수 있다.

그러므로… 우리 모두들… 경찰 아저씨들에게… 웃는 낯으로… 대해 보자.
 그렇다고… 이것을 시험해 보려고… 일부러… 경찰에… 잡힐 필요는… 없을 것으로 사료된다!!!

Ice Breaking을 잘 하자!

얼마 전 소셜시큐리티 오피스에 일이 있어서 간 적이 있다.
오후 4시에 문을 닫는데 3시쯤 도착했다.

서비스 티켓을 받고 보니 내 번호는 62번이고… 다른 분야 담당 창구는 4-5개 열려 있는데 내 업무를 처리할 창구는 단 하나뿐이어서 그런지… 그제서야 56번이 서비스 중이었다. 거의 1시간쯤 기다렸는데 61번 차례가 돌아왔다.

기다림에 지친 중년 남자 하나가 투덜투덜거리며 3번 창구에 앉았는데, 잠시 후 Clerk과 옥신각신 말 다툼(?)을 하기 시작한다. 불안하다.

왜냐하면 그 다음이 내 차례인데, Clerk들은 퇴근시간이 가까워질수록 약간 민감해지는 게 사실이고, 오랜 시간 동안 창구에 앉아 스트레스를 받았을 그들의 마음에 여유가 없어지면, 혹시 평시에는 문제없이 넘어갈 일도 꼬투리가 잡힐 수도 있겠고, 불필요한 증명서류까지 원하는 사태(?)까지 벌어질 수도 있기에, 앉아서 쳐다보고 있는 나의 마음은… 실로 불안했기 때문이다.

　내가 보기엔 그 남자에게 증명서류를 요구하는 것 같은데 아마도 그 증명서류를 미처 가지고 오지 못한 것 같았다. 집으로 그 증명서류를 가지러 가자니 오프스 문은 닫힐 것이고, 내일 오자니 또 처음부터 기다려야 하니 그 남자 역시 신경이 무척 날카로웠을 것이다.

　말 소리가 조금 더 높아지고, 물러서지 않는 그 Clerk이 드디어 결론을 맺는다.
　필요한 증빙서류를 보여 주지 못하면 더 이상 Process를 할 수 없다고!!!

　뚜껑이 열린 그 남자… 벌떡 일어 나더니만 가지고 온 서류를 팩 집어 던지며 볼멘소리로 약간의 욕 섞인 말을 하며 자리를 박차고 나가 버렸다. 살짝 쳐다보니 그 Clerk은 흥분한 모양인지 물을 벌컥벌컥 마신다.

　조금 전 그 남자와의 흥분과 분위기가 나에게까지 연결되어서는 안 될 터인데 은근히 걱정하고 있는데… 드디어… 62번 손님 3번 창구로 오세요… 한다.

　머리를 굴리며 3번 창구로 다가갔다. Clerk은 아직도 흥분의 여운이 있는지… 너는 또 뭐 땜에 왔는데… 하는 태도로 나를 흘깃 쳐다본다.

　아직도 살아 있는 나의 머리를 재빨리 굴려 보았다.

"Good afternoon, looks like some people still don't get it, right?"

이 한마디에 Clerk의 시선이 나를 주시한다. ㅎㅎ
'I guess it's a long day for you… well, at least you'll be out of this prison shortly….'로 당근(?) 하나를 던졌다.

씨익 웃으며(자기 상황을 옹호해 주니까) "What can I do for you today." 하는 Clerk의 데스크 위에 있는 Clipboard에 덴버 너깃츠의 star player인 니콜라 요키치의 사진이 보이는 순간….
"What d'you think? U think he's a legit candidate for the MVP this year?"라고 숨 쉴 틈도 안 주는 나의 두번째 사탕발림의 말이 나의 세 치의 혀를 통해… 매끄럽게 흘러 나왔다.

물었다. 미끼를.

본론을 얘기하기 전에 약 5분간을 그와 나는 덴버 너깃츠의 Playoff 전망과 너깃츠의 센터 요키치의 활약상에 대해… 허심탄회(?)한 대화를 나누었다.

드디어, 대화하면서 나의 서류를 보던 그 Clerk… 신분증을 보여 달란다.
아… 긴장된 순간이다. 왜. 냐. 하. 면… 사실은 61번이 reject 당한 바로 그 이유가… 나에게도 적용될 수 있기 때문이다.

미국 시민권증을 보여 주어야 하는데 거의 35년 전에 받은 시민권증서를 가져오긴 했는데… 하도 오래 되어서인지… 얼마전 살펴보니까 그만 사진이 떨어져 없어졌기 때문이다.

시민권증서는 맞는데… 사진이 없는 증서이다… 이게 오래전 한국 같았으면 우기면(?) 될 것 같기도 한데, 시간도 시간이고… we are now in the USA!!!

나도 사진 없는 증서가 통하지 않을 것이라고는 생각했지만, 미국 여권과 함께 보여 주면 혹 인정될 수도 있고, worst case에는 일단 신청을 받아 놓은 다음, 그들이 혹 다른 증명서류를 제출하라든지 아니면 시민권 재신청을 하라고 하면… 그때 하려고 일단 가지고 간 것이다.

참고로 미국에서 시민권 재신청 비용은… whopping $550 이다!

일단 미국 여권과(사진 없는) 시민권을 내 밀었다. 당연히 속으로 기도를 안 할 수가 없었다.
헐~ 그런데… 그 친구 홍얼홍얼 콧노래까지 불러가며… 척척… 서류를 작성한다.
몇 가지 질문을 하길래 대답을 했다.

잠시후… "OK. You're done!" 오 마이 갓!

이 상황은… 원래… 내가 사이비교 신자였다면… 다음과 같이 간증하며 다녔을 것이다.

"그때… 내가 하나님께 직통기도를 했는데… 천사가 내려와 그 Clerk의 눈을 가려 주었습니다… 할렐루야~"

미국 여권까지 가지고 있으니 신분을 인정해 주었는지… 아니면 진짜 그 친구가 잠시 소홀하여 사진 확인을 안 하였는지는… 나는 모른다. 그러나…무뚝뚝하게 앉아서 이전의 분위기를 이어 나갔다면, 아마 상황은 달라졌을 수도 있었을 것이다.

Ice Breaking…! 내가 회사에서도… 팀원들에게 강조하는 말….
돈 드는 것도 아닌 몇 마디… 조크도 좋고… 의도된 대화도 좋다…. Just break the ice!…. It really works!!! 여러분들도 Try 해 보시기 바란다.

믿음 좋은 사람이 Best 베필이라고?

예전에 5월달 Memorial Day를 이용하여 교회에서 Estes Park이란 국립공원에 있는 YMCA 캠프장으로 전 교인 Retreat을 간 적이 있다.

전체 순서가 끝나고 그룹별로 다양한 activity 가 있었는데, 내가 젊은 대학 청년들과 함께 하게 되었다. 재미난 Recreation을 잠깐 한 다음 토론의 시간이 되어서, 다음과 같은 질문을 던지며 각자의 답을 종이에 써 보라고 했다.

"여러분들은 어떤 사람과 결혼을 하고 싶은가?"

나의 의도는 남녀 청년들이 배우자에 대해⋯ 어떤 다른 관점을 가지고 있는가를 알아보기 위함이었다. 그런데 결과는⋯ 거의 한두 명만 빼고는 모두가 다음과 같은 동일한 답을 적었다.

"믿음이 좋은 사람!" 믿음이 좋은 사람⋯. ㅎㅎㅎ 맞는 말이다.

교회 모임이기도 하고 장로라는 사람이 제법 심각한 표정을 지으며 물었으니… 교과서(?)적인 대답이 나올 만도 하다. ㅎㅎㅎ 그런데 조금 위험요소가 있는 말이기도 하다.

신앙생활을 오래 했고 겉으로 보기엔 나름대로 존경도 받는 장로 직분을 가진 내가 믿음에 대해 "위험요소"라는 발언을 하는 것이 오히려 "위험"한지도 모른다.

위험스런 장로가 위험하게 설명을 한번 해 보기로 한다. 우선 믿음이 좋다…라는 말에는… 믿음이 모든 것의 최종 해결사… 가 될 수 있다는… 바람과 기대와 확신이 포함되어 있다.

그러면 내가 우리에게 물어보고 싶다. 믿음은 만능 Magic Key인가?

나를 포함한 모든 사람들은 각자의 마음으로… 이미 잘 알고 있다.
그 믿음이 생활 속의 모든 문제들을 다 해결해 줄 수는 없다고.

여기에 우리가 반만 이해하는 믿음의 모습이 있다.
우리는 믿음을 통틀어서 하나같이 이해하고 있지만, 이 믿음은 실제적으로 얘기해서 두 가지 종류의 믿음이라고 해야 할것이다.

하나는 구원에 이르게 하는(Saving) Faith이고, 다른 하나는 우리가 살아가는 데 필요한(Living) Faith이다. 구원에 이르게 하는 Saving Faith는,

개인의 성격, 학벌, 환경 및 유형과는 전혀 상관이 없다. 극악의 죄를 짓고 예수님 오른편의 십자가에 달려 죽어가던 그 강도는 과거 생활 모습이 그리 바람직하지는 않았을 것이다. 그의 성격이 포악했을 수도 있고, 부모로부터 배운 것도 본받은 것도 없었을 수도 있고, 사회에 대한 적개심에 가득 차 있었을 수도 있다.

그러나 그런 것들은 전혀 문제가 되지 않았다.
어느 순간… 예수를 영접하는 순간… 그는 〈구원〉을 얻을 수가 있었기 때문이다.
그가 실제로 죽기 정말 일보직전에 전 인류 중 가장 확실하게 구원에 대한 확신을 (예수님으로부터) 직접 받은 사람이다.

그러므로 Saving Faith는 내가 악인이든 선인이든 모범생이든 말썽쟁이든 어느 순간에도 가질 수 있는… 현실과 나의 자질과 나의 능력과 나의 성격과는… 전혀 상관없는 요소인 것이다.

그런데 다른 한 가지 얼굴의 믿음인 Living Faith는… 조금 다르다.
아니. 정말 다르다라고 말 해야 할 것이다.

초보 골퍼들이 골프에 다 같이 입문한다고 하여 다같이 잘 친다는 '보장'은… ㅎㅎㅎ 전혀 없다.
같이 배우고 같이 치고 같이 연구하고 같이 고민하는데도… 어떤 사람은 잘 치고 어떤 사람은 그날이 그날이다. 이게 왜 그런가?

가장 큰 이유 중 하나는 개인의 〈특성〉 혹은 〈자질〉이 될 것이다.

특성과 자질은 사람마다 다른 게 분명하다. 골프 입문까지는 공평하게 보장된다만, 그 이후의 progress 및 result는 지극히 개인의 자질에 의해 달라질 수가 있다.

청년들이 "믿음이 좋은 사람과 결혼하겠다."라고 했을 때의 그 믿음은 실제적으론 바로 이 변화무쌍하고 multi-faced한 Living Faith를 말하는 것이다.

여기에서 문제가 생긴다.

Saving Faith는 하나님이 예수를 믿을 자들에게 성령을 통해 주시는 특권이다.

우리가 아무런 짓(?)을 안 해도 하나님이 알아서 주시는 거다. 그런데 Living Faith는 우리 몫이다. 구원받은 크리스천들이 크리스천이라는 모습을 드러내야 하는 그 Faith 다. 물론 우리가 성령에 의지하고 성령이 도와주지만, 결국 당사자는 우리들이다.

우리의 인격과 자질과 노력과 의지가 다분히… 영향을 끼치는 분야이다.

다시 십자가상의 그 강도로 돌아가 본다.

죽기 일보 직전의 그 강도에게 〈믿음〉이 없는 사람!!!이라고 말 하는 사람은 없다.

왜냐하면 그 사람은 우리들보다 더 확실하게 노골적으로(?) 천국을 갈 망했고 예수를 인정했고 그 결과로 천국입성의 보장을 예수님으로부터 직접 받은 사람이기 때문이다.

그런데 그 강도가 만약 기적적으로 죽기 일보 작전에 사형을 면죄받았다고 치자.
그리고 당신이 사랑하는 딸이 있다고 치자.

그런데 어찌어찌하여 그 자리에 있던 당신의 딸이 그만… ㅎㅎㅎ 그 강도에 감탄하여(?)… 그와 결혼을 하겠다고 한다… 고 치자. 거두절미하고…. 문제는… 그 강도가… 그 당시 십자가 상에서 보였던 모든 것을 품는 듯한 그런 모습을… 결혼생활 속에서도… 과연 나의 딸에게도 일관적으로 보일 수 있을까 하는 점이다.

내 말이 맞다고 속으로 동의하신 분들은… 이 겉으로 보이는 믿음 하나에 다른 모든 요소들을 알아보지도 관찰해 보지도 않고… 포기하는 것이 과연 Sound한가… 하는 의문에 동의하시는 분들이다. ㅎㅎㅎ

상상은 여러분에게 맡긴다. 나의 포인트는 다음과 같다.

결혼은 Serious한 현실이다. 누구는 우스갯소리로 결혼해서 부엌에서 접시 닦다가 떨어뜨리는 그 쨍그랑 하는 소리는 "꿈이 깨어지는" 소리다…라고까지 얘기하기도 한다.

만일 나의 딸이나 나의 아들, 인생의 〈인〉 자도 모르는 그들이, 100%

상대방의 〈믿음〉만 보고 결혼을 하겠다고 한다면… 나는 개인적으로 허락하지 않을 것이다.

그 믿음이 짝퉁 믿음일 수도 있고, 3년 정도의 유통기한 밖에 안 될 수도 있고, 과대포장된 믿음일 수도 있기 때문이다.

크리스천은 같은 믿음의 파트너를 선택해야 한다는 것은 기본이다.
그러나 배우자를 선택함에 있어서 그 믿음은 만사형통의 보장도 아니요 만사의 해결사도 결코 아니라는 것을 우리 아이들이 알아야 한다.

하나님이 70억 가까운 제각기 다른 개성과 성격의 사람들을 만드셨다면, 그 이유도 있을 것이다. 전문 분야의 꿈이 공유되는 배우자가 될 수도 있고, 내성적인 나를 웃겨 줄 수(?) 있는 코미디언이 나의 배우자가 될 수도 있고, 꿈에 그리던 꾀꼬리 같은 목소리로 나와 같이 찬양할 수 있는 여자를 나의 배우자로 삼을 수도 있을 것이고, 믿음 좋아 보이는 목사가 아닌 기본 믿음만 가진 듯한 의사가 더 끌릴 수도 있어야 한다.

어찌 믿음 좋은 사람만 찾게 하고 그 믿음이란 이름으로 하나님이 우리의 아들, 딸들에게 주신 unique한 이상형 추구의 자유를 limit시킬 수가 있다는 말인가. 뎃끼!

그리고 우리들에게 한번 물어보자. 우리는 이미 결혼을 했으니… 솔직히 내가 생각하던 그 여인네의… 그 남정네의 ㅎㅎㅎ 그 처음에 보이던 그 믿음이… 지금 와서 보니 내 생각 같더이까? 그분의 믿음 하나로 아직도 내가 살아 나가더이까?

내가 쬐끔 삐딱하게 나가도 그분이 나를 그 넓고 깊은 〈믿음〉으로 다 포용하더이까?

(ㅎㅎㅎ 죄송합니다…. 정말 그런 분들도 어딘가에 있음은 인정합니다)

우리들도 이런데… 아무것도 모르는 우리 아들, 딸들… 100% 믿음이 좋다는 그런 신랑 신부감만 찾아 주지를 말고… 약간 모자라는 듯한(?) 믿음을 가졌어도 부모들도 화목하시고, 형제들 우애도 깊고, 성격도 좋고, 이왕이면 생김새도 좋고, 공통의 취미도 있고, 끌리는 예술 성향도 있고, 돈 버는 능력도 있고, 인정과 자비도 풍부하고, 꿈과 비전도 있고, 내 딸, 내 아들이 제일인 줄 알고, 그저 콩깍지 씌워진… 그런 배필감을 찾아 줍시다!

이상입니다.

우레이(Ouray)와 텔류라이드(Telluride)에 대하여~

요즘 한국의 기아차에서 만든 텔류라이드(Telluride)가 장난이 아니게 불티 나게 팔리고 있다고 한다. 내가 아는 어떤 친구는 Review도 좋고 '애국심'(?)도 있고 하여, 까짓거 텔류라이드나 한번 팔아 줄까(?) 하는 가벼운 마음으로 ㅎㅎㅎ 기아차 매장에 갔다가… 무안만 당하고 돌아온 경우도 있다고 한다.

아예 다 팔리고 재고도 없을뿐더러, 주문을 해도 거의 6개월까지 기다려야 한다는 말을 듣고… 이거 장난이 아니구나 하며… 씁쓸하게 발걸음을 돌렸다고 한다. 이렇게 유명한 Telluride는 '델루드 화합물'을 가르키기도 하지만, 텔류라이드라는 Brand Name을 쓴 것은, 내가 살고 있는 콜로라도의 그 유명한 휴양지인 텔류라이드 도시명에서 따온 것이다.

그러면 텔류라이드라는 곳은 어떤 곳인가? 덴버에서 텔류라이드(Telluride)까지는 약 370마일로 6시간 반 정도 drive 길이다. 꽤 먼 길이다. 그러나 콜로라도의 거의 모든 Freeway/Highway는 타 주의 고속도로처럼 절대 지루하지도 않을뿐더러 그 경치 또한 운전자들이 절대 졸 수 없는 sight viewing의 기쁨을 선사한다.

그런데 텔류라이드 가기 전에 위치한 우레이(Ouray)라는 마을을 진짜… 진짜 주목할 필요가 있다. 우레이는 덴버에서 약 330마일로 약 5시간 반 정도 걸리는데, "The Switzerland of America"라는 별명이 붙을 정도로 경관이 뛰어난 산 속의 타운이다.

이런 우레이에서 텔류라이드까지는 약 50마일로 1시간 정도 걸린다고 보면 된다. 텔류라이드와 우레이는 산을 사이에 두고 있는데 직선 거리는 10마일도 되지 않는다. 직선 거리라면 불과 20분 안에 갈 수 있지만 직선도로가 없기 때문에 Ridgway 인근까지 가서 다른 하이웨이(62번과 550번)를 타고 가야 한다.

이 두 타운 다 겨울 시즌에는 스키 매니아들의 성지로 변한다. 원래 콜로라도의 눈은 그 질 자체가 다르다. 어떤 곳은 눈이 끈적끈적 wet 하기도 하지만, 콜로라도의 눈은 빠삭빠삭 하는 소리가 그대로 들리는 스키어들을 위한 최상의 눈 Quality를 자랑한다.

나는 이곳을 몇 년 전에 가 보았는데(우레이는 한번, 텔류라이드는 두번), 그 가는 길이 매우 험하다. 꼬불꼬불하고 산 속으로 한참 들어간다. 그러다가 영화의 한 장면같이 짠~ 하며 나타나는 타운이 바로 우레이다.

일단 길가에 차를 세우고 아래쪽에 위치한 우레이 타운을 내려다보면 그냥 한 폭의 절경을 그린 그림 그 자체이다. 단풍이 드는 가을철에 맞추어 이곳에 오면 아마도 지상 천국의 모습을 볼 수 있지 않을까 생각된다.

한때 탄광 촌으로 시작된 이 우레이는 미국의 스위스답게 경치는 당연하고, 각종 부티크숍과 매력적인 레스토랑들과 Activity Places 들로 타운을 메우고 있다.

반드시 가 봐야 할 곳도 많고 해 봐야 할 것도 많은 우레이는, Box Canyon 폭포와 여러 Trail 코스들 그리고 Ouray Ice Park와 Hot Springs Spa 등등…. 기막힌 장소들이 즐비하다. 너무나 좋은 것들이 많은데, 온천의 광팬인 wife 때문에 특별히 즐긴 Ouray Hot Springs라는 〈온천〉이 있다.

조그마한 여기 저기 온천탕을 만들어 놓은 것이 아니라, 물 온도가 다른 초대형 온천 풀들이 몇 개나 된다.

저녁 무렵에 온천에 들어가라고 권하고 싶다. 온천 풀장의 양옆으론 큰 암벽의 산이 위치해 있다. 온천 물속에 들어가 있으면 양쪽으로 거대한 산들이 바로 옆에 있는 듯한 느낌이 든다.
공기는 수퍼 신선하고, 따뜻하거나 뜨거운 온천물은 정말 온 몸을 마사지하듯 녹여 준다.

양옆으로 있는 산 한쪽의 암벽에는 Rock Climbing 하는 사람들의 모습도 보인다.

온천을 즐기고 나와 쾌청한 밤 하늘의 별을 보며, 근처 아무 숍이나 들어가 햄버거를 먹어 보면… 햄버거가 이렇게 맛있었나 할 정도로… 식욕과 기분이 최고조에 도달함을 느끼게 된다.

골프 치는 분들을 위해 우리가 Try 해 본 옵션을 말해 보자면, 일단 우레이에 숙소를 두고, 아침 일찍 일어나 약 100마일 떨어진 그랜드 정션에 있는 유명한 Redlands Mesa 골프장(마치 미니 그랜드 캐년 속에서 골프 치는 듯한 느낌)으로 2시간 걸려 가서 골프를 치고 저녁 무렵 다시 우레이로 내려와서, 따끈한 온천 물에 경치를 보며 몸을 담근 다음 근사한 레스토랑에서 저녁을 먹는다면… 천국이 따로 없을 것이다.

그다음, 이곳 우레이에서 한 시간 남서쪽 방향으로 달리다 보면, 텔류라이드로 진입하기 얼마 전부터 마치 신선이 사는듯한 안개가 스멀스멀 쌓이기 시작한다.

텔류라이드는 제법 큰 타운이다. 할 것도 가볼 곳도 제법 많다. 유명한 Gondola를 타면 단계별로 산 꼭대기까지 올라가면서 중간에 내려 경치도 보고 카페에 들러 커피와 스낵도 먹고 여유로운 시간을 가질 수 있다.

유명한 트레일 코스들이 많다. Ophir Pass 코스처럼 황야 같은 특이한 트레일도 있고, Bridal Veil 같은 계곡과 냇물을 끼고 가는 트레일, 그 밖에 산곡으로 가는 Jud Wiebe 트레일, 경관 좋은 강을 보며 가는 Blue Lakes도 있다.

강도 있고 호수도 있고 계곡도 있고 아트 갤러리도 있고 박물관도 있다. Boat tour도 있고 Para-gliding도 있고 낚시도 할 수 있다.

콜로라도로 관광 오시는 분들은 반드시 이 두 타운을 염두에 두고 관광 일정을 짜 보라고 강력히… 권하고 싶다. 내가 만일 그때까지 살아 있다면… 기꺼이 관광 가이드를 해 드릴 의향도 있다만… 나도 한곳에 진득하게 앉아 있는 스타일이 아닌지라…. ㅎㅎㅎ

암튼… 우레이(Ouray)와 텔류라이드(Telluride)… 꼭 기억하시기 바랍니다.

과속으로 경찰에게 잡혔을 때 빠져나오는 비법!

오늘은 여러분이 미국에서 드라이브하다가 Speed로 Pulled Over 되었을 때 티켓을 안 받고 자연스레 빠져나오는 비법을 하나 공개하려고 한다. 다만 당신은 나이가 제법 들어 보여야 한다. 만일 약간 나이가 아직 젊다면 매우 쇠약하고 아픈 듯한 모습을 보여야 한다. 그리고 내내 공손해야 한다.

경찰이 다가와 "Sir, you were speeding" 하면서 신분증(Driver's License)을 보여 달라고 하면 "I don't have one!"이라고 공손하게 말하라.

그러면 "Why not?"이라고 경찰이 물을 것이다. 그러면 "My license has expired about 5 years ago."라고 대답하라.

경찰이 이번엔 "May I see your vehicle registration paper."라고 물으면 "I don't have one."이라고 대답하라.

그러면 "Why not?"이라고 경찰이 물으면 "Because this is not my car!"

라고 공손하게 대답하라.

그러면 경찰이 "Then whose car is this?"라고 물을 것이다.
그러면 "I don't know, I just stole this car from the guy."라고 대답하라.

그러면 경찰이 "Where is the guy?"라고 물을 것이다.
그러면 "I just killed him and his body is in the trunk!"라고 대답하라.

자, 상황이 이쯤 되면, 이 경찰은 한 발걸음 물러나서 backup을 위해 동료 경찰들을 부를 것이다.
아마도 경찰차가 3-4대는 달려와서 당신 차를 포위할 것이다.

잠시 그네들끼리 무언가 상의가 있은 다음, 그중에서 제일 고참인 듯한 경찰이 다가올 것이다.

힘없이 숨을 헐떡이는 당신을 행해 그는 말할 것이다.
"Excuse sir, I heard you had no driver's license?"

그러면 "Yes, I do have a driver's license!" 하며 다소곳이 지갑에서 운전 면허증을 꺼내 보여 줘라.

약간 의아해하면서 그 경찰은 다시 물을 것이다.
"I heard you had no vehicle registration paper?"

그러면 "Yes, I do have the registration paper!" 하며 컴파트먼트에서 차량등록증을 꺼내 다소곳이 경찰에게 건네라.

더욱 당황해진 경찰이 말할 것이다.
"Could you please step out of the car?"

조심스레… 그러나 몸이 불편한듯… 살살 느리게 차에서 내려 걸어 나가라.

경찰이 말할 것이다.
"Please open the trunk of your car!"

몸이 불편한 듯… 느리게 움직여… 뒤 트렁크를 열어 줘라.
물론 트렁크에는 아무것도 없을 것이다.

정말 의아해하며 경찰이 물을 것이다.

"What's going on sir? …. my colleague cop told me that you had no driver's license, no vehicle registration card, and you stole this car and you even killed the owner?"

드디어 클라이맥스가 왔다. 당신의 마지막 연기가 빛을 발 할 때다!
당신은 약간은 서글픈 표정으로… 다음과 같이… 힘없는 목소리로 말하라.

"So, I guess that liar cop also probably told you that I was speeding?"

그러면 그 경찰은 당신에게 "I'm sorry sir… you are free to leave now." 하며 아까 그 경찰에게 자기 좀 보자고 손짓을 할 것이다.

그러면 당신은 "Thank you, but please be easy on him!" 하며 측은한 표정을 지으며… 살살 차를 몰아… 그곳을 빠져나가라.

한 가지 미리 말해 둔다. 나는 이 이론을 아직 써먹어 보지는 않았다. 그러나 누구든 copy right 걱정 없이 사용할 수 있다.

다만, 유치장에서 나를 부르진 말아 달라. 난 아무런 연관을 맺고 싶지 않다.

Have a very wonderful weekend, folks!

이상.

어떤 놈은 호랑이 타고 마실 가고…

1997년 6월 WBC 세계헤비급 챔피언 타이틀을 놓고 이벤더 홀리필드와 마이크 타이슨과의 세기의 대결이 있었다. 이 경기는 세기의 "난장판"으로 결국 타이슨의 실격패로 끝나고 말았는데, 이 경기에서 화난 황소 타이슨은 약삭빠른 곰 홀리필드의 귀를(두 번이나) 물어뜯어… 링 바닥에 뱉어 버렸다.

짐승 같은 타이슨…. 매너 1도 없는 바베리언…. 주먹 실력이 딸리니까 이빨까지 동원한다… 등등 100% 타이슨 "까기" 기사들이 난무했다. 그런데 그 경기가 있었던 12년후 타이슨은 오프라 윈프리쇼에서 홀리필드에게 용서를 구했고 홀리필드는 흔쾌히 그를 용서(?)했다.

그리고 4년 뒤 타이슨과 홀리필드가 미국 스포츠 업체인 "Foot Locker" 광고에 동반 출연하기까지 했다. 상대 선수의 귀를 물어 뜯은 악동 타이슨…. 그 Label 은 항시 아직도 그를 따라다닌다. 그런데 말입니다~ ㅎㅎㅎ

세상사는 거의 대부분(if not all) 동전의 양면과 같은 사실을 가지고 있다.

타이슨은 왜 홀리필드의 귀를 물어뜯었나에 대해… 관심이나 의문을 가지는 사람은 그리 많지 않은 것 같다. 맨 정신을 가지고 (내가 보기엔 타이슨은 좀 우둔하게 보여도 지극히 정상적인 사람이다) 프로페셔널 경기에서 상대방의 귀를 물어뜯을 때는 무언가(?) 그 이유가 있지 않을까… 정도는 생각해 보아야 하지 않나 싶다.

나는 그런 의문에 가득 차 있었기에, 인터넷 탐정이 되어 이런 저런 Research를 조금 해 보았다.

믿거나 말거나…. Coin의 다른 면이 나왔다. 거두절미하고 얘기해 보자면 (이 말을 다 믿으라는 말은 아니지만 Open mind로 들어 보라).

그 경기 중… 약삭빠른 홀리필드는, 저번 경기에서 자기에게 진 타이슨이 이번 경기에서 설욕의 독을 품고 달려드는데 놀라서(?), 작전을 짜서 타이슨을 괴롭혔는데… 그 작전이란 다음과 같다.

- 타이슨이 펀치를 날리면 피하면서 일단 그를 클린치한다.
- 클린치하는 순간 심판이 안 보게 Head-butting(헤딩)을 기술적으로 한다.
- 그 다음 심판이 힘껏 갈라 놓기 전까지 거머리같이 타이슨의 팔을 잡고 그의 에너지를 빼면서 쉽게 놓아주지 않는다.

그러니까, 이 단순한 타이슨은 매번 연속 펀치를 넣으려 하면 뒤로 피하지 않고 자기에게 달려 들면서 클린치하는 척하면서 교묘하게 헤딩을 해 대는 홀리필드에게 성질이 난 거다.

임팩의 타이밍과 강도조절을 잘 아는 프로 Boxer인 홀리필드는 기막힌 타이밍과 강도로 타이슨의 얼굴, 이마, 턱, 눈, 코등을 마구마구 매번 헤딩으로 박아(?) 버린 것이다.

바보 같은 심판은 기술적으로 헤딩을 하는 홀리필드의 비겁한 반칙을 알 수가 없었다.

또, 타이슨이 다시 Break해서 펀치를 날리고 싶어도, 거머리처럼 팔을 잡고 놓아주질 않으니, 이 단순한 Mr. Tyson이 꼭지가 ㅎㅎㅎ 터진 거다.

그게 그를 흥분하게 만든… 잘 알려지지 않은… 홀리필드의 비겁한 술수라는 얘기다.

이 말을 100% 믿으라는 얘기는 아니다. 그러나 일리는 있지 않은가?

세상사… 100% 한 사람 말만 믿으면 안 된다.
세상사… 100% 보이는 것이 다가 아니다.

아주 옛날… 전라도 시골에 사람들이 모여서 땡볕에 밭을 갈고 있었다.
갑돌이라는 청년이 너무나 일 하기가 싫고 지겨워서 그만 팀을 이탈하여 뒷산으로 몰래 올라갔다.

심심하여 칡이나 캐려고 산속으로 올라가는데, 웬 큰 소나무 밑에… 아니… 큰 칡 줄기가 보이는 것이 아닌가. 옳다구나 하고… 그 칡 줄기를 잡아당겼는데… 아뿔싸… 그게 칡 줄기가 아니고… 나무 밑에서 꿀 같은 낮잠을 즐기고 계시던 호랑이 꼬리였겠다.

호랑이가 어홍 하자~ 갑돌이가 어디서 그런 힘이 났는지 잽싸게 나무 위로 올라가 버렸다.

화가 난 호랑이가 어슬렁어슬렁 나무 밑을 돌고 있는데, 아이고, 갑돌이가 그만 실수를 하여 나무 위에서 떨어져 버린 거다. 그런데 하필이면 떨어진 곳이 호랑이 등어리였다.

호랑이는 깜짝 놀라서 후다닥 달리기 시작했고 갑돌이는 죽어라 하고 호랑이 등에 엎드려서 힘껏 호랑이 등을 잡았다. 호랑이가 미친듯이 산 아래로 내려가는 순간 갑돌이가 저 멀리 밭에서 일하는 친구들이 보이는지라 도와 달라고 크게 고함쳤다. "어이~ 나 좀 살려 주오어어어어~"

산 아래 밭에서 일하던 친구들이 소리나는 쪽으로 고개를 돌려보니… 갑돌이가 호랑이 등에 앉아서 손을 흔들며 뭐라고 뭐라고 고함치는 광경이 들어왔다. 그러자 갑자기 갑돌이 친구인 돌쇠가… 잡고 있던 쟁기를 홱~ 공중으로 집어 던지며 큰 소리로 다음과 같이 소리치며 집으로 가 버렸다.

"어메, 열나는 거… 아, 누구는 이 띠양볕에 열라게 땀 흘리며 쌩고생하는디… 어떤 썩어질 놈은 호랑이 타고 신나게 소리 지르며 읍내 마실 가는가벼~ 어이, 썩을 인생~"

이게 인생사다. 어떤 놈은 지금 호랑이 등에서 생사의 갈림의 발악을 하고 있는데, 어떤 놈은 그것을 호랑이 타고 마실 가는 유유자적 인간으로 보고 있다.

그러니까 내가 본 게, 내가 들은게… 다가 아닐 수 있다. 그저 이놈 저놈 말 다 들어 봐야 한다.
아, 참말이여~ 내가 들었당게…. 그래도 니가 들었지 니가 본 건 아니잔여? 하여간 인간은 뭘 들으면… 왜 그리 조미료를 치고… 이스트를 집어넣어 부풀리고… 새빨갛게 물감을 들이는지 모르겠다.

이번에 들으니까… 송중기와 송혜교가 이혼 신청을 한다고 하니까… 어쩐지 내가 그런 감을 잡았어…. 어쩐지 저번 촬영 때 송혜교가 반지를 안 끼고 왔더라… 그리고 이건 비밀인데… 이번 일은 박보검이하고 관련이 있단다…. ㅎㅎㅎ 등등의 소문이… 일파만파 소셜네크워크에 창궐한다.

참 오지랖이 넓은 대한민국 국민들이다. IT 정보력 세계 1위인 한국인이라서 그런가…. 참 친절하게도 수많은 밤을 세며 시간과 에너지 소비하여 남의 사생활 다 파헤치고 정보를 발견한 다음… 그것도 공짜로 모든 국민들과 공유를… 하려 한다.

워낙 호기심이 많은 민족이라 그런가 보다. 어쨌든… 동전은 두 면이 있음을 기억하자.

한 면만 보고 사람을 쉽게 판단하지 말고, 말 내뱉기 전에 나는 어떤가를 먼저 생각한다면… 조금은 정화된 사회가 되지 않을까 생각해 본다.

이상!

It happens… but life goes on!

　내 주위를 돌아보면… 다들 호숫가 위를 유유자적하게 Cruise하고 있는 백조들 같이 행복한 모습들이다. 미소를 짓고 즐거운 표정으로 "I'm happy!"를 외치고 있는 듯하다.

　그런데 백조들이 지나갈 때 물속을 들여다보면 부단한 헤엄치기 동작이 끊임없이 진행되고 있음을 보게 된다. 겉으론 유유자적이지만 속으론 부단한 노력이다.

　우리 인생이 마냥 Honky Dory~ 콧노래만 부르며 걸어갈 수 있는 인생이던가?

　폴 매카트니가 자주 가던 클럽에서 콩가 연주가인 지인이 자주 지껄이던 "오블라디 오블라다"라는 말을 듣고 영감을 얻어 만든 곡이 명곡 Ob-La-Di, Ob-La-Da이다.

　이게 무슨 뜻인가? 영어로 표현하자면 Life goes on이다.

그렇다 인생은… 즐거우나 슬프나… 성공가도를 달리든 실패의 연속이든… 계속 흘러간다.

The show must go on! 할 때의 뉘앙스와 비슷하다.
무슨 일이 발생해도 쇼는 진행되어야 하는 것과 흡사한 게 우리의 인생이다.

내가 아끼고 좋아하는 능력 있고 용모까지 준수한 후배가 있다. 그의 아내는 이쁘고 똑똑하고 애교까지 겸한 A beautiful couple이었다.

그런데 그들이 수년 전에 제각기 갈 길을 간다고 헤어졌다.
착한 것하고 인생하고는 아무런 상관이 없는 모양이다.

아직도 그 후배는 내가 자주 연락하고 있는 사랑하는 후배다. 아직도 그의 전 와이프는 나에게는 이쁘고 똑똑한 여동생같다. 내 눈에 이쁘고 잘 어울리게 보인다고 그들이 잘 사는 건 아니다.

그런데 지금 보니… 둘 다 다 훨훨~ 날아다닌다. 훨씬 더 행복한 것 같다.
이것을 어떻게 설명해야 하는가? It happens… but life goes on이다.

예전에 LA에서 대학시절 첫 출석 했던 교회에 내가 좋아했던 테너 목소리 좋은 집사님 한 분이 계셨다. 집안에 상냥한 아내와 토끼 같은 딸 둘 그리고 인자하신 장모님까지 여자 넷과 남자 하나가 행복하게 살았다.

남편은 한인타운 북쪽 인근에서 리커스토어를 하였는데 새벽에 나가서 밤 늦게 들어오는 고된 직업이었지만, 가족들을 고생 안 시키고 항상 미소를 지으며 교회에서는 솔선수범하여 헌신하고 신실한 신앙을 가지고 있었던 분이었다.

그런데 어느 날 비보가 날아왔다. 여자 넷을 남겨 두고 가게에 들어온 강도와 맞서다 총에 맞아 세상을 떠난 것이다. 나를 포함해 많은 교인들이 며칠간 찾아가서 위로하고 눈물도 같이 흘리고 기도를 하였던 기억이 선하다.

세월이 지나 그 딸들이 다 명문대학을 나오고 의사와 건축디자이너로 홀어머니를 모시고 자~ 알 살고 있다는 소식이다. 성실하게 살고 신실하게 헌신해도 일어날 일은 일어난다.
It happens… but life goes on이다.

남편 의사 되라고 밤일까지 하며 수년을 고생한 끝에 남편이 의사가 되었고 세리토스에 수영장 딸린 이쁜 집을 사고 아들 딸 낳고 잘 살고 있던 내 친구의 친척 되는 부부가 있었다. 그런데 남편이 간호사랑 눈이 맞아 집도 가구도 재산도 다 버리고 나가 버렸다.

밤낮 술만 먹고 죽는다고 울어대던 그 여자가… 지금은 재혼하여 알콩달콩 자~ 알 살고 있단다.
It happens… but life goes on이다.

모 주에서 단란한 가정을 가지고 있던 유능한 변호사인 집사가 그만 교인 여자랑 눈이 맞아 LA로 야반도주를 했다.

전 가정은 깨어지고 새 가정은 흥했다. 남자는 타 주에서 이민 변호사로서 top 명성을 자랑하며 지금도 왕성하게 활약을 한다고 한다. 거기에다가 목사 안수까지 받아서 교회 담임목사로 열심히 주님을 섬기고 있다고 한다. 이것을 어떻게 설명해야 할지 의문이지만…. It happens… but life goes on이다.

안 그럴 것 같은 사람이 그러고, 절대 나에게는 안 닥칠 것 같은 일들이 나에게 닥친다.
지금 웃고 있는 모습이 진짜 모습이 아닌… 불쌍하고 슬프고 힘들고 고단한 모습이 어쩌면 우리들의 진짜 인생의 모습일 수도 있다.

그것을 커버하려고 우리는 인생의 화장을 하고 때로는 분장까지 하고… 남에게 나의 아픈 모습을 애써 감추고 있다. 저 친구는 너무나 행복하구나, 저 친구는 너무나 복 받았구나… 하는 사람들도… 무언가 어두운 구석이 있다.

말을 하지 않을 뿐이다. 만일… 이 세상이 하나님이 작정하신 Final Destination이라면 이런 일이 있을 수 없다. 이 세상은 나의 〈본향〉이 아니다.

우리는 이 세상의 나그네 길을 걷고 있는 사람들이다. 이 여정이 끝나면 돌아 갈 본향이 있는 사람들이다. 그래서 이래도 좋고… 저래도 상관 없다. 이 모든 것이 궁국적으론 솔로몬이 말한 Vanity~ vanity… vanity~ 부질없는 인생의 과정이기 때문이다.

어릴 때 동네 아이들과 동네 공원에서 장난을 하며 놀던 생각이 난다. 힘센 아이가 약한 아이를 밀치고, 그 아이는 앵 하고 울고… 뜀박질 잘하는 아이가 느린 아이 모자 가지고 도망가면 그 아이는 징징 짜고… 싸우다가 코피가 터지고… 무릎이 까지고… 땅따먹기 하다가 다 뺏기면 모든 게 다 뺏긴 듯 꺼이꺼이 울던 기억….

힘센 아이가… 빠른 아이가… 땅 많이 차지한 아이가… 왕같이 느껴진다. 그러나 저녁이 되어 동네 엄마들이 아이들을 부른다.
개똥아~ 갑식아~

아이들이 하나씩 자기 집으로 돌아간다. 그리고는 손발 씻고 엄마, 아빠랑 맛있는 저녁을 먹는다. 그러나 아까 그 힘센 아이는 고개를 떨구고 공원 구석에 앉아 울고 있다.
돌아갈 집이 없기 때문이다.

해가 뉘엿뉘엿 넘어가지만 그는 갈 곳이 없다. 빼앗기고 넘어지고 울고 짜고…. it happens!
그러나 그건 돌아갈 집이 없는 것에 비하면… 아무 것도 아니다.

우리에게도 반드시 그런 날이 돌아온다. 살다 보면… 너무나 힘든 일이 많다.

취직이 안 되어서 걱정하는 사람들, 암 판정을 받아서 슬픈 사람들, 큰 소송에 휩쓸려 잠 못 자는 사람들, 배우자가 바람피워 죽고 싶은 사람들, 꽈배기처럼 배배 꼬며 괴롭히는 교인 땜에 기도로 울부짖는 목사들, 한 침대에 자면서도 때려 주고 싶은 내 남편, 내 아내들.

It happens. But life goes on!

우리의 소망은 강 건너이다. 아직 가 보진 않았다. 그러나 우리는 잘 알고 있다. 그곳은 눈물도 슬픔도 없는 곳이라는 것을.

미리 자세히 알려 주면… 그곳에만 정신이 팔려 이 세상사 모든 것 다 팽개치고 산으로 올라갈까 봐…. 일부러 하나님이 은근슬쩍 맛보기 preview만 성경책 안에서 보여 주시고… 함구하고 계신다.

그 말은… 우리가 이 세상에 사는 동안… 열심히 성실히 하나님이 허락하신 이 인생 여정을 충실하게 거쳐야 된다는 말이 된다.

마치 무대 위에서 내가 맡은 역할에 충실한 배우들같이… 그 역할이 재벌집 아들이건 거지이건… 대통령이건 거리의 깡패이건… 성실히 최선을 다해 하는 것이 나의 임무이다.

그러나 무대 위에서 갖은 악조건과 상황이 닥친다고 해서 실망하고 포기하고 내려놓는다면, 그처럼 바보가 어디 있겠는가.

우리는 무대 위에서 역할을 잘 마친 다음 돌아갈 집과… 나의 진짜 본분이 있기 때문에… 절대 실망이나 좌절을 할 필요가 없다는 것을 알고 있다.

많은 일들이 벌어지고 우리에게 닥칠 수도 있다. It happens.
그러나 Life goes on… business as usual… show must go on!

본향에 갈 때까지만… 피할 수 있으면 좋고… 아니면… 즐기면 더 좋다.
즐기는 법을 모르면 인생의 선배들에게 배우면 된다.

인류사상 최고의 현인인 솔로몬이 전도서 1장 2절에서 말했다.
"…. 헛되고 헛되며 헛되고 헛되니 모든 것이 헛되도다…." 세상 모든 일들을 헛되이 보고 무시하라는 말이 아니다. 헛된 것에 시간과 노력을 소비하지 말라는 말이다.

Real Deal을 찾으라는 말이다. 그리고 나에게 닥친… 그리고 닥칠… 어려운 일도… 우리가 가야 할 본향의 Reality에 비하면 정말 먼지만큼 〈헛되다〉라는 교훈을 가졌으면 한다.

여정 잘 마칠 때까지… 잘 인내하고 소망이 있는 곳을 생각하며…
즐겁게 달려 가즈아~!

생각이냐 본능이냐?

나는 아침에 일하러 가기 전에 거의 매일 와이프를 일하는 가게까지 데려다준 다음 직장으로 향한다. 얼마 전에 와이프 가게 앞까지 운전하고 가서 파킹을 하고 가져간 와이프 가방과 짐을 들어다 준다고 내렸는데, 기어를 P에다 놓는 것을 그만 깜빡하고 말았다.

내리고 보니까 기어가 아직도 D에 있다는 것을 알았고… 차는 조금씩 앞쪽으로 움직이고 있었다. 바로 앞에는 와이프 가게 뒷문 옆쪽으로 전기 및 전화 Control Box들이 있었고, 만일 그대로 차가 전진한다면 십중팔구 그 컨트롤 통들이 부숴질 것이 분명했다.

만일 부딪친다면 차도 손상될 것이고 건물 Property들도 damage가 갈 텐데 여러모로 위급한 상황이었다. 그 순간 Brake를 잡아야 한다… 는 생각이 나는 동시에 마치 영화 속의 장면같이 짐을 바닥에 내려놓고 번개같이(?) 뛰어가서 차에 오르면서 오른발로 Brake를 밟았다.

부딪치기 일보 직전에 간신히 Stop을 한 다음, 식은땀을 흘리며 생각을 해 보았다.

뛰어가면서 내가 나에게 속으로 한 말이 기억난다.

브레이크를 잡아야 한다…. 브레이크는 맨 오른쪽에 있다…. 타면서 오른발을 뻗쳐서 제일 오른쪽에 있는 브레익 페달을 눌러라!!!

오, 마이~ 생각해 보니 무시무시하다.
맨 오른쪽에 있는 페달은 브레이크 페달이 아니라 가속페달이다.

이 말은 내가 만약 떠오르는 내 생각대로 맨 오른쪽 페달을 눌렀다면, 나는 뉴스에서 많이 보는 차가 건물을 뚫고 들어가는 그런 상황을 실지로 연출하였을 것이라는 소름 끼치는 말이다.

실제로 많은 사람들이(통계에는 노인들이나 초보 운전자들) Gas Pedal을 Brake Pedal인 줄 잘못 알고 힘껏 누르는 바람에 차가 순간 가속을 하여 건물안으로 돌진해 들어간다는 것이다.

일단 겁나는 상황을 넘기고, 살려 주셔서(?) 고맙습니다… 라고 하나님께 감사기도까지 한 다음, 차를 다시 운전해 가면서 생각 해 보았다. 내가 분명히 "오른쪽에 있는 페달을 누르자!"라고 말하고 뛰어들었는데 왜 나는 왼쪽 페달을 눌렀을까? 오른쪽 페달을 누르자고 한 것은 긴급한 상황의 스트레스에서 오는 Wrong Decision이다.

무언가 긴급하게 결정을 내려야 하는데 일 초도 안 되는 순간에 결정을 해야 하는 상황이다 보니까 아마도 잘못된 결정을 내린 것일 것이다. 우리는 어떤 긴급한 상황에 직면하게 되면 이런 잘못된 결정을 가끔 내리기도 한다. 완전한 사람은 없으니까.

그런데 왜 나는 그런 결정을 내리고 그런 Action을 취하려고 뛰어들었는데, 정작 다른 Action을 취했을까 곰곰이 생각해 보았다.

내가 운전을 배운 것은 미국 와서 대학에 들어간 해니까 거의 40년이 되어 간다.
처음 운전면허를 따고 운전할 그때는, 우리가 영어를 배울 때와 대동소이하다.

상황이 닥치면 (예를 들어 길을 물을 때) 일단 한국말로 "우체국이 어디 있습니까?"를 생각해낸 다음, 그것을 영어로 '번역'(?)하는 과정이 따른다. 그다음 그 번역된 영어로 미국 사람에게 물어본다.

미국에서 태어나거나 어릴 적 초등학교 1-2학년 이내에 영어를 접하지 않은 사람들은 100% 이런 Process를 거치게 되어 있다. 절대 좋은 Learning Pattern은 아니지만 불행하게도 외국인들이 거쳐야 되는 Road Visited 이다.

그러다가 미국생활 10년, 20년이 넘어가면, 그동안의 수많은 반복(Repetition)을 통해 내 머리가 그 패턴을 기억하게 되고, 그것이 일종의 본능같이 되어 버린다.

그다음엔 길을 물을 때, 한국말을 영어로 번역하여 물어보는게 아니라, 그냥 생각이 언어화되어 자동적으로 본능적으로 튀어나오게 되는 것이다.

이 정도가 되면 어느 정도 발음만 받쳐 준다면 많은 사람들이… "현지인 같이 영어하네~" 하고 칭찬해 준다.

운전도 마찬가지다.
처음엔… 우회전이다…. 속도를 줄이자…. 그러나 브레이크를 너무 갑자기 세게 잡지 말고 부드럽게… 마치 계란 밟는 듯이 살짝 밟자…. 그리고 풀로 정지하고… 왼쪽, 오른쪽 보고… 차가 없으면 다시 왼쪽을 한번 더 확인하고… 고개를 오른쪽으로 돌려 Turn을 하고… 개스를 밟고… 재빨리 가속해야 한다…. 이런 식으로 모든 Action이 한국말을 영어로 번역하여 실행하듯… 운전하였던 것이… 바로 우리들이다.

그러나 40년이 지난 지금…. 생각은 없다. 절대 생각하고 운전하지 않는다.
아니, 운전하면서 딴 생각을 한다. 그러나 나의 본능은 나를 안전하게 집까지 모셔다 준다.

어떨 땐, 도대체 내가 어떻게 집까지 운전을 하고 왔는지… 운전하고 오는 내내 나는 회사 일만 생각한 것에 놀란 적도 있다. 모든 것이 다 그렇다. 운동도 예외는 없다.

내가 왕초보로 골프를 배울 적에는, 일거수일투족이 생각하고 해야만 하는 것들이었다.

스탠스를 어깨 넓이로 단단히 잘 잡고, 무릎을 살짝 굽히고, 그립을 잘 잡고, TAKE AWAY 하면서 바닥을 쓸듯이 길고 넓게 올리고, 왼팔을 뻗고, 머리는 땅을 쳐다보며 움직이지 말고, 다리 45도, 몸 90도, 팔 180도, 클럽 270도 돌리고, 약간 멈추었다가, 셀로잉 주고, 몸부터 움직이고, 팔 움직이고, 클럽 따라오고, 임팩 때 몸은 멈추듯, 임팩은 채듯, 몸은 뒤로, 팔은 뻗고, 고개는 아직 땅, 팔 그냥 뿌리고, 팔로우 쓰루 끝까지…. 오마이 갓~ 이런 생각을 맨날 하고 치니… 맨날 땅이나 치고 허공이나 치고 오른쪽… 왼쪽… 위… 아래로… 볼이 날아가는 것…. 초보자들은 다 경험했을 것이다.

그런데 서당 개 3년이면 풍월을 읊는다고…. 그럭저럭 골프 10년, 20년 친 사람들… 뻥뻥~ 시원하게 똑바로 잘도 때린다. 힘도 안 주고 가볍게 스윙하고 멋지게 날린다.

고수들에게 물어보면… 한두 가지 잠깐 생각할 뿐… 초보 때의 CHECK LIST 같은 것은 전혀 생각하지도 않는다고 한다. 몸이 다 알아서 해 준다.
그것이 진정한 고수들이다.

그래서 프렉티스 레인지에 나가선 이것저것 생각하며 연습볼을 때리지만, 필드에선 절대 생각하지 말고 내 몸에 맡기라는… 명언이 있다.

Practice Makes Perfect! 이 말은 진리이다.
죽어도 안 될 것 같던 사람들이 세월이 가니까… 그 분야에 고수가 된다.

우리 와이프도 피아노 전공했고 결혼했을 때도 누구 말처럼 손에 물 한 번 안 묻히고 바느질 한 번 안 해 본 사람인데, 본의(?) 아니게 Alteration 을 10년 넘게 하다 보니… 이 분야 전문가 소리를 듣는다…. ㅎㅎㅎ

자동차 사건으로 다시 돌아가 본다. 그때… 내가 초보였으면 아마도 사고가 났을 것이다.
생각한 대로 오른쪽 페달을 밟았을 테고… 일은 커졌을 것이다.

그러나 40년 쌓아온 나의 본능은… 잘못된 결정까지도 Override 하며 올바른 Action으로 일을 깔끔하게 처리해 주었다. 그러니 머리만 믿고 뺀질뺀질 잘난 척하지 말고, 묵묵히 성실히 하던 일… 열심히 하자. 그러다 보면 정상에 오를 수도 있고, 인생의 수많은 위기에서 나를 구해 줄 수도 있다.

떼돈 벌라고, 벼락 부자 될라고 꼼수 쓰고, 일확천금 꿈꾸며 로또에 매달리지 말고, 내가 하는 일 하나님이 주신 거라고 생각하고… 성실하게 감사하며 열심히 일하자.

우리는 모르지만 내가 그런 길을 성실히 감으로 인해, 그간 수많은 위기들이 나도 모르게 비켜 갔을 수도 있다는 것을 생각해 보자.

하나님을 믿는 것도 같은 원리다. 처음엔 메뉴얼 따라 가듯 믿는다.

그러나 성실하게 꾸준히 신앙 생활을 하다 보면 신앙이 나의 본능이 된다. 나의 본능이 된 나의 믿음은 결코 나를 실망시키지 않는다.

비록 내가 Wrong Decision을 하려고 해도, 나의 발을 움직였던 나의 본능같이, 나의 믿음의 본능은 나를 Right Decision을 취하게 해 준다.

세상적으로 보면 본능의 파워이고 신앙적으로 보면 성령님의 인도하심이다.

좋은 본능을 쌓아야 한다. 그 본능을 통해 하나님이 나를 인도하시기도 하고 도우시기도 하기 때문이다.

좋은 본능의 출처는 당연히 성경이다.

그러므로 읽어야 한다.
성실하게 매일매일… 그래서 나의 본능으로 만들어야 한다.
일단 본능이 되면 아무 문제 없다.

이 정석을 거친 분들은 내 말이 무슨 말인지 알 것이다.

나는 네가 필요하다!

　원양에서 활어를 잡아 산 채로 물 탱크에 담은 채 영국과 프랑스 등지로 운반하는 상인들이 있었다. 그런데 이 비지니스 초창기에는 똑딱선 자체가 속도가 느려서 그런지는 몰라도 며칠간 걸려 목적지에 도착할 즈음이면 그 많은 활어들 대부분이 죽어 있었다는 것이다.

　그래서 배 속력도 개선해 보고 운반하는 탱크도 개선해 보는 등 별짓을 다 해 보았지만 죽어 나가는 활어를 어찌할 도리가 없었다. 그런데 한 상인이 운반하는 활어는… 생생했다.

　당연히 다른 상인들이 눈에 불을 켜고 그 비법(?)을 알아 내려고 혈안이 되었다.

　들리는 바에 의하면, 탱크안으로 산소를 주입하는 특수 장비가 있다는 둥, 탱크 안 바닷물 속에 특수 화학물질을 투입한다는 둥, 물고기를 전기 충격으로 계속 기절시킨 다음 목적지에 거의 다 와서 정신을 차리게 한다는 둥… 갖은 학설(?)이 난무했다.

그런데 드디어 그 비법이 밝혀졌는데… 허망하고도 간단한 비법이었다. 다름이 아니라 그 물 탱크 속에 작은 상어 몇 마리를 집어넣는다는 것이다.

That's it!

물 탱크 속의 물고기들이 상어의 등장으로 인해 항시 긴장한 덕분에 목적지에 도착할 때까지 신선함(?)을 유지한다는… 일리 있는 말이다.

이런 얘기도 있다.

양을 사육하는 목자들은 양과 함께 염소를 3분의 1가량 같이 섞어서 키운다는 말이다.
거짓말 같지만 사실이다.

그 이유가 뭘까? 양 떼를 몰고 갈 때 험한 산과 골짜기를 지날 때가 많다.
그런데 그런 곳을 지나야 할 때는 겁이 많은 양들이 지나가지 않으려 한다.

지팡이로 때려도 겁에 질려 조금도 꿈쩍하지 않는다. 그 때 Mr. 염소가 필요하다.
염소는 겁이 없는 동물이다. 오히려 목자보다 앞장서서 용감무쌍하게 골짜기와 비탈길과 바위와 낭떠러지를 오르락내리락한다.

자 그런데, 이 요상한 양들은 겁이 많은 동시에… 따라 하는 습성이 강하다.

그래서 양들은 염소들이 하는 행동을 뭣도 모르고 그냥 따라하게 된다.

그래서 염소가 필요하다. 또한 양들은 고집이 세고 이기적이라 추운 겨울에 들판에서 풀을 뜯어 먹을 때, 서로들 바짝 달라붙으면 추위도 견딜 텐데 남이 잘되는 꼴을 못 보고 끼어드는 동료들에게 쉽사리 자리를 양보하지 않는다.

이때 Mr. 염소가 필요하다. 거침없이 비집고 끼어들어 뒤집어 놓아서 발란스를 유지시켜 준다.

이 세상에 쓸모없이 만들어진 것은 하나도 없다. 때로는 악인도 요긴하게 쓰인다. 사실이다.
우리네 인생사도 마찬가지다. 다 좋은 사람들만 있으면 그 무슨 재미(?)로 살겠는가?

방해하는 사람은 하나도 없고 다 협력꾼들만 있다면, 다 성공해서 다 잘 살고 다 걱정 근심 없고… 이게 무슨 그림과 같은가?

그렇다 물 탱크 속의 물고기와 같은 그림이다.
편안할 것이다. 그러나 쉽게 타락할 것이다.

세상 모든 것을 돌아봐도… 인생사를 돌아봐도… 양이 있으면 음이 있다…. 흑이 있으면 백이 있다. 따뜻하고 밝은 '양'만 있고, 깨끗하고 정의로운 '백'만 있으면 인생이 오블라디 오블라다~ 즐겁고 행복할 것 같을 것이다. 천만에 말씀이다.

훼방꾼들, 방해자들, 다른 쪽에 선 사람들… 밉고 싫지만… 우리는 그들이 필요하다.
같이 공존하는 것이다. 그리고 우리는 우리를 돕는 사람에게만 의지하여 그들의 도움으로만 살아가는 것은 지양해야 한다. 그런 도움은 우리를 도태시키고 만다.

내가 예전에 잘 가던 LA 토렌스에 레돈도 비치가 있다. 식구들과 친구들과 가끔 가서 부두횟집에서 회도 먹고 멍게와 해삼도 먹고, 마지막으로 얼큰한 생선찌개를 먹곤 했다.
그런데 음식을 먹고 있노라면 창 바깥으로 갈매기들이 모여들어 앉아 있다.

음식을 달라고 하는 것이다. 사람들이 주는 음식을 먹고 사는 탓에 몸은 뚱뚱해지고, 그 덕분에 오래 그리고 빨리 날지도 못하고, 그 덕분에 생존 본능도 도태되어 혼자서는 물고기를 잡아먹지도 못할 지경에 이르렀다.

실제로 유럽의 어느 관광지에 사는 갈매기들이 혼자서는 아무것도 못하고 죽어가자, 동물 전문가들의 조언에 따라, 먹이 주는 것을 금지하고,

혼자 물고기 잘 잡아먹는 갈매기들을 타지에서 데려다가 풀어 놓았더니, 세상 환락(?)에 빠졌던 갈매기들이 그것을 보고 다시 정신을 차렸는지 따라 하다가, 결국 예전처럼 기운차게 하늘을 솟아오르고 물고기를 다시 잡아먹기 시작했다는 실화가 있다.

편안한 것만이 만사해결이 아니다. 편안함과 평안함은 근본적으로 다르다.
편안함은 다른 데서 그 해결책을 얻는 것이다. 배고플 때 아버지가 물고기 잡아 주면 그게 "편안함"이다. 평안함은 내 안에서 그 해결책을 찾는 것이다. 물고기 잡는 법을 배워 내가 배고플 때 내가 물고기를 잡아먹는 것은 "평안함"이다.

편안함은 외부에서 도움이 없으면… 외부에서 협력이 없으면 무너진다.
평안함은 그것을 얻는 방법을 내가 체험했기에 내 스스로 생성할 수 있는 것이다.

물질과 명예와 권력을 통해 편안함을 얻기보다는, 내 마음의 자족을 통해 평안함을 얻어야 한다. 그리고 양과 염소의 공존 같이… 물고기와 상어의 상존같이… 우리는 서로를 인정해야 한다.
서로가 서로에게서 배울 수 있어야 한다.

요즘 한국 정치를… 정치 1단인 내가 봐도… Dog 판이다. 내 눈에는 이유가 간단하다.

자기 길만 옳은 길이라고 여기기 때문이다.

상대편만 없으면 대한민국이 평화롭고 세계 최고의 나라가 될 것인데… 라고 탄식하는데… 그게 옳은 생각인가?

여당만 있으면 나라 정치가 잘된다고?
야당만 있으면 나라 정치가 잘된다고?

좌파… 우파… 주사파… 극우… 극좌… 혐일… 반일…친일… 중도… 보수… 신진… 개혁… Oh My Goodness~ 예전에도, 소론, 노론, 동인, 서인, 남인…. 또 뭐가 있었나??

예전에 신약 초기에도… 게바(베드로)파, 바울파, 아볼로파 등으로 나뉘어져 교회 안에서 분파가 있었는데… 하나님의 책망을… 당연히… 들었다. 하여간 한국인은 파벌의 달인들이다.
무인도에 떨어져도 한 달 안에 파벌을 만들 것이다…. ㅎㅎㅎ

머리가 삥 돈다. 그만 얘기하자. 골자는 간단하다.
너는 내가 필요하고 나는 네가 필요하다… 는 것이다.

이상이다.

관용과 기지에 대하여!

〈절영지연〉이라는 고사성어가 있는데 풀이하자면 "갓끈을 끊고 즐기는 연회"라는 뜻이다.

중국 유향이라는 사람이 지은 '동주열국지'에 실려 있는 고사인데 그 내용은 다음과 같다.

중국 춘추시대 초나라의 장왕이 신하들에게 술과 음식을 베풀며 잔치를 벌이고 있었는데, 날이 어두워지고 모두 취기가 올랐을 때 갑자기 바람이 불어 옆에 있던 등불들이 모두 꺼졌다.

그러자 어둠을 틈타 취기에 오른 어느 짓궂은 신하 한 명이 장왕의 후궁 중 한 명의 옷을 끌어당기며 추행을 시도했다.

순간 여인은 기지를 발휘해(?) 어둠 속에서 상대방의 갓끈을 더듬어 쥐고 그것을 끊어 버린 뒤 곧바로 왕에게 고했다. "방금 불이 꺼지자 소첩의 옷자락을 당긴 이가 있어 그의 갓끈을 끊었으니 불을 켜거든 갓끈이 끊어진 자를 찾아내어서 벌하소서."

대단한 기지의 여인이다… 무섭기도 하다. ㅎㅎㅎ 그리고 갓끈이 끊긴 그 신하는 어둠 속에서 얼마나 떨었겠는가.

고모부를 처형한 김정은과도 비교가 안 되는 절대권력을 가지고 있는 그 당시의 왕의 한마디면 그 신하의 목숨은 파리 목숨보다 더 쉽게 사리질 것이기 때문이다.

잠시 후, 장왕은 어둠 속에서 신하들에게 명을 내렸다. "오늘 과인과 술을 마시는 동안 갓끈이 끊어지지 않은 사람은 제대로 즐기지 않은 것으로 간주하겠다."
왕의 말을 듣고 100명이 넘는 신하들은 일제히 어둠 속에서 각자의 갓끈을 끊어 버렸다.
그리하여 다시 불이 밝혀진 뒤에도 잔치는 계속돼 군신 간의 여흥은 유쾌하게 마무리되었다고 한다.

3년후, 초나라와 진나라 사이에 전쟁이 시작되었다.
초나라가 거의 이겨 갈 즈음 어느 날, 장왕이 최전방 순찰을 마치고 궁궐로 돌아가는 산길 행보 중 그만 매복한 진나라 암살자들의 습격을 받았다. 숫자상으로도 당해낼 수 없었던 신하들은 다들 속수무책 당하고만 있었는데, 갑자기 어느 신하가 나타나 자신의 목숨을 돌보지 않고 부상을 당하면서도 끝까지 싸워 장왕을 구출하였다.

고맙고 감탄한 장왕이 궁궐로 돌아와 그 신하를 오게 하여 자초지종을 물어보니, 그 신하가 바로 3년전 갓끈의 주인공이라는 것이다.

그 신하가 말하기를, "신은 오래전에 죽었어야 할 몸입니다. 예전에 연회에서 제가 불이 꺼진 틈을 타 실례를 범했을 때 왕께서 자비와 기지로 저를 죽이지 않고 살리셨습니다. 저는 감히 그 은덕에 보답하기 위해 항상 기회를 기다리고 있었습니다."

〈관용〉과 〈기지〉의 놀라운 힘에 대한 중요성을 일깨우는 고사이다.

그래… 우리도 좀 관용을 베풀며 살자! 일만 달란트 빚을 탕감받은 자가, 자기에게 빚을 못 갚는 백 데나리온 빚진 자를 옥에 가둔 사건을 우리는 성경을 통해 잘 알고 있다.

이런 것에는 계산을 즐거하는(?) 나인지라 한번 계산을 해 본다.
여러분들도 궁금하실 것이다. ㅎㅎㅎ

1달란트는 1데나리온의 6,000배이다. 1데나리온은 그 당시 일꾼의 하루 품삯이었는데, 요즘 미국 시세로 잘 쳐서 $150 정도로 보자. 100데나리온이니까 $150 × 100 = $15,000이 된다. 뭐 꽤 큰 돈이다.

1달란트는 1데나리온의 6,000배이니 $150 × 6,000 = $900,000이다.
그러면 만 달란트는 $900,000 × 10,000 = $9,000,000,000 즉, 90억 불이다. 엄청난 액수이다!

우리나라가 1997년에 100억 불 수출을 했는데 춤추고 장구 치고 길거리에서 축하 잔치 벌리고 야단 났었다. 그런데 그 비슷한 액수를 이 부자가 임금에게 빚지고 있었다는 말이다.

2018년도 말 통계에 의하면 북한의 GDP는 36조 원이라고 한다.
36조 원이면 미국 돈으로 약 300억 불이 조금 넘는 액수인데, 북한 GDP의 약 3분의 1이나 되는 어마어마어마어마한 돈을, 임금에게 콧물 눈물 다 흘리며 애걸복걸하여… 다 탕감받은 그 자가… 자기에게 딸랑 만 오천 불 빚진 자를 돈 안 갚는다고… 감옥에 처넣었다는 얘기다.

이게 인간이다. 이런 자에게 〈관용〉이란 단어는 없을 듯하다.
그런데 나는 관용을 얘기하려는 게 아니라 그 관용을 진짜 멋지게 그리고 진짜 효과적으로 사용할 수 있게 해 주는 〈기지〉를 얘기하려는 것이다.

잘 생각해 보라. 관용은 흉내 낼 수 있다. 내가 이놈의 시끼 보기 싫어도 관용을 베푸는 척할 수 있다. 거짓 관용을 베풀고 칭찬을 들을 수 있다는 얘기다.

그래서 누가 크게 용서하고 관용을 베풀 때… 미안한 얘기지만… 진정한 관용인지 아니면 정치적, 외교적, 전략적 관용인지 구별하기가 어렵다. 그런데 이 〈기지〉는 "척"을 할 수가 없다.

사람 목숨이 경각에 달린 급박한 상황인데, 내가 가짜 기지를 흉내 내어… 발휘한다고?

그러면 사람이 죽고 난 다음⋯ Oooops~로 끝나면 된다는 것인가? 기지는 타고나는 것이다.

산전수전 다 겪은 노장이 그 경험을 바탕으로 발휘할 수 있는 Semi-기지는⋯ 다 그 상황이 어느정도 완만할 때에 통하는 '절반'짜리 기지이다. 급박할 때에는 경험이고 노련이고⋯ 다 소용없다.

번뜩이는 그 무엇이 있어야 하는데, 그것은 90살 먹은 노인네에게 없을 수도 있지만, 10살 먹은 어린애가 갖고 있을 수도 있다. 그게 '기지'이다. 그건 타고 나는 것이다. 리더가 보이는 관용은 누구나 다 흉내 내고 가식할 수가 있다.

대통령에겐 사면권이 있다. 내가 대통령이 되면 진정한 관용을 베풀어 어떤 사람을 사면할 수도 있겠지만, 또한 복합적인 정치적 이유로 형식적인 관용도 베풀 수도 있는 것이다.

그러니까 이 관용이라는 것은 리더에게 필요한 덕목도 되지만, 관용이 있다고 해서 그 사람이 반드시 위대한 사람이라고 말할 수는 없을 것이다.

그러나⋯ 이 기지는 아무나 가지는 것도 아니고 아무나 흉내 낼 수도 없는 것이다. 내가 생각하는 리더(예를 들면 대통령)의 자질 중에 으뜸간다고 생각하는 요소이다. 대통령의 기지에 의해 나라와 나라 문제가 해결되고, 경제가 살아나고, 민생이 수습되기도 한다. 이런 것을 리더쉽이라고 하지, 큰 소리치며 카리스마 있는 척 독재하고 밀고만 나가는 것을 어디 감히 리더쉽이라고 할 수 있겠는가?

　사람들이 왜 옛날부터 ㅎㅎㅎ 배우자의 얼굴보다는 자질을 따지는지 아는가.
　얼굴은 뜯어 고칠 수가 있지만 타고난 자질은 쉽게 바꿀 수가 없기 때문이다.

　관용도 좋다. 너그러움도 좋다. 매사에 웃으며 젠틀하고 인내하고 신사적인 것도 좋다.
　그러나 그런 것들은 얼마든지 상황에 따라 바꿀 수도 흉내 낼 수도 있다.

　급변하는 세계 정세와 우리네 인생사에 지금 필요한 건… 기지라는 리더쉽이다.
　나라를 책임지고 가정을 먹여 살리는 기지 말이다.

　요즘 아내가 불평과 잔소리를 좀 많이 하면 남편이 기지를 발휘하여 생쇼를 하든지 선물 공세를 하든지 설득을 하든지… 해결해야 하는 게 상책이다. 아내 책임이라고 나 몰라라 하면 둘 다 망하는 거다.

　집안이 기울고 돈이 궁하면 남편이 기지를 발휘하여 뭐든지 해서 집안을 다시 살려야 한다.
　뭐 어떻게 되겠지… 하며 방구석에 앉아 있으면 둘 다 망하는 거다.

교회가 부흥이 안 되고 구설수가 많이 생기고 침체되는 양 떼들이 보이면 목사가 기지를 발휘해야 한다. 양 떼들보단 목자가 기지를 발휘하는 게 맞는 그림이다.

하나님이 어떻게 해 주시겠지 하고 앉아 있으면 교인도 목사도 망하는 거다.

예전에 IBM이 쇠퇴해 갈 때, 컴퓨터와는 전혀 관계없는 Nabisco 전 회장인 Lou Gersner를 주주들의 욕까지 들으며 IBM 회장으로 앉혔는데, 이 사람이 기지를 발휘하여 IBM을 완전 회생시켰다. 예전 IBM 중역들이 가지지 못한 기지를 그 사람은 가졌던 것이다.

만일, 우리 거대한 IBM이 뭐 어떻게 되겠어~ 하고 앉아만 있었다면 IBM은 몰락했을 수도 있다.

그 나물에 그 밥 식으로 너무나 천편일률적인 리더쉽을 바라보며… 다람쥐 쳇바퀴 돌듯 또 계속 또 계속 믿고 뽑고 해야 하는지 궁금하다. 뽑히고 나서 화장한 것 드러나면 그땐 또 다시 탄핵·하야시킬 것인가?

정치적인 능력과 화려한 술수 그리고 군침 댕기는 미래의 정책들… 그 어느 누가 흉내 못 내리오.

흉내 못 내는 것을 가진 그 사람을 찾아야 한다. 장왕의 기지와 관용 때문에 한 사람의 평범한 신하가 목숨을 내던지는 충신으로 변화되는 그런 장면이 현실에도 분명히, 가정과 교회와 나라에, 존재할 수 있을 것이다.

인간이 리더를 만들려고 하지 말고 하나님이 내려 주시길 기도하는 게 맞는 원리인 것 같다.

구약과 신약을 다 먹어 봐도, 역사의 리더들은 사람이 만들 수 있는 게 아니고 분명히 하나님이 예비해 주신 것을 알 수 있다. 우리는 편 만들고 리더 만들기에는 혼열을 기울이지만, 정작 가장 쉽고도 가장 정석인 리더의 출현에 대해서는 기도조차 안 하는 것 같다.

요즘은 나라를 위해 기도를 더 열심히 해야 할 것 같다.

이상이다!

We Don't Care!!!

작년 크리스마스 휴가 때 식구들이랑 켄사스 Lawrence라고 하는 작은 도시에 사시는 처삼춘 댁을 방문한 적이 있다. 시골 느낌이 완연한 도시인데 University of Kansa가 그곳에 위치해 있었고, 어디 다녀오다가 그곳에 위치한 카페에서 커피 한잔을 마시기 위해 잠시 들리게 되었다. 화장실에 가고 싶어서 두리번거리는데 내가 알고 있던 Sign이 보이질 않았다.

잠시 정신을 가다듬고(?) 자세히 관찰해 보니, 화장실이 남녀별로 구별되어 있지 않았고 눈에 보이는 싸인은 오직 한 가지 뿐이었는데… 팻말에는 다음과 같은 말이 쓰여져 있었다.

"We Don't Care!"

우리는 Political Correctness를 생각하면서 이런 것들에 대해서 함구를 한다.

요즘 세상이 어떤 세상인데… 남녀 구별을 하냐?

식장에서 동성애자들이 들끓는다.

그들을 이상하게 생각하는 것 자체가… 시대에 뒤떨어진, 구태의연한, Nerdy한, 그리고 고리타분한 인간이라고… 특히 젊은이들은 그렇게 생각한다.

Life Style이 어떤 형태이건 다 인정하고 step in 안 하는 게… Cool~한 사람이라고 여긴다.

Everything and anything goes~

한 가지 확실하게 먼저 얘기해 두고 싶은 것은, 동성애자들이 나쁜 사람들이고 차별을 받아야 한다…라고 우리가 무조건적으로 주장한다고 Straw Man Fallacy 함정을 가지고 자꾸 몰아붙이지 말기를 바란다.

이 주제는 오늘의 주제가 아닌고로 건너뛴다.
다시 화장실 주제로 돌아가 본다. 이거 진짜진짜 문제의 시발점이 된다.

이제는 어떤 Crazy한 남자가… "나의 성향은 여자야…."라며 불쑥 여자 화장실에 들어가도… 궁국적으론 처벌을 할 수 없게 되었다. 어찌 어찌 하여 경찰이 개입되어도, 경찰 조차도 감히(?) 섣불리 행동할 수 없는 것이 바로 현실이다.

짝짝짝! 사탄의 계략이 이제 work 하기 시작하는 것이다.

그가 정말 오랫동안 작전계획을 짜고 물밑 작업을 한 효과가 드디어 이제서야 나타나기 시작하는 것이다. 잘했다, 사탄아! …. 짝짝짝!

그리 큰 문제가 아니라고 생각하는 그 어느 사람들을 위해 잠시 생각을 해 보자.

이것이 비단 화장실에만 국한되는 것이 아니다…. 아시겠소?

내가 원하면 불쑥 여자 locker room에 들어갈 수도 있다는 얘기다.
그리고는 "나의 성 정체성은 여자야~"라고 선언해 버리면… game over!

성인 여자들이야 재빨리 처신을 할 수 있다고 치자.
어린 여자아이들이 가득한 라커룸에 어떤 미X 녀석이 나체 바람으로 활보한다면… 우리들은 무엇을 할 수 있는가?

싸다 싸. We deserve it.

그렇게 life style… 개인 성향… Cool Stuff… Trend… 어쩌고 저쩌고 하더니만… 자업자득이다.
그렇게 그런 비정상을 막을 기회가 수없이 많았었는데도… 그런 걸 인정하고 포용하고 Support하면… 뭔 통 큰 인간인 양 으스대더니만…. 싸다, 싸…. 잘했다.

놀라거나 말거나…. 지금 어느 미X 놈이 어린애들과 성관계하는(Pedophile) 것도 life style이고 my preference라며 그 proposition을 발의하려고 지네들끼리 사람들을 모으고 있는 게… 지금 미국의 현실이다.

197

우리가 그냥 앉아서 강 건너 불 구경한 것이… 부메랑처럼 이제 우리들의 자식들 시대에 돌아오고 있다. 심는 대로 거두는 것이다.

옛날 이스라엘 민족들이 가나안 정복을 하던 구약시대 때는 어떤 부족을 점령하면… 그냥 싸그리… 그 부족을 살육해 버렸다. 그것이 하나님의 Instruction이었다… 모조리 살육하라고.

남자, 여자, 어린애, 가축들 모두를…. 사람들은 살육의 하나님이라고… 그런 하나님 누가 믿을까 손가락질을 했다.

이러한 철저한 악의 근절의 이유를 이해하는 사람은 많지 않다.
여리고 성을 함몰하고 의기양양하던 이스라엘 민족이 그 작은 아이성 전투에서 비참하게 패배를 하였는데, 결국 하나님의 말을 안 듣고 몰래 전리품을 감춘 〈아간〉이라는 지도자 때문이라는 것이 밝혀진 다음, 하나님은 여호수아를 시켜 아간의 모든 가족, 가축, 물품을 산 골짜기로 데리고 가게 한 다음 거기에서 그 모든 것을 자비도 없이 긍휼도 없이 다 묻어 버렸다.

그 골짜기 이름이… 복음 들고 그곳까지 간다는 찬송가 내용에 나오기도 하는… 〈아골〉 골짝이다.

하나님은 악은 그 형체라도 다 없애는 분이시다. 이방인을 용서 안 하고 한두 명 놔 둔다면… 그들이 가지고 있는 이방신 사상이 결국 이스라엘 민족을 감염시키고 몰락시킬 것을 아시기에… 아예… 뿌리까지 뽑아 버리시는 것이다.

우리도 그렇게 했었어야 되는데… 그 기회를 이미 놓쳐 버렸다. 때로는 타협을 허용하지 말아야 한다.

바늘 도둑이 소 도둑 된다는 말이 있다. 맞다.

통 크게 하나둘씩… Cool한 척… 허용하고 인정해 주었더니… 이제는 그것이 주류가 되는 세상이다.

저번에 한국 신문을 보니… 남자 군인 한 명이 성전환수술을 감행한 모양이다.
그리고는 여군으로 근무하게 해 달라고 한 모양이다.

내가 하나님의 모든 자비를 가지고 말한다…. 그저 군대는 옛 군대가 진짜 군대다.
그저 뺑뺑이 돌리고 맞고 굴리고 해야… 정신이 빠짝 들어서 딴 생각 안 하고… 그나마 여차 시 국민들 목숨이나 지킬 수 있지…. 지금의 군대가 군대인지… 캠핑 온 건지… 바람 쐬러 온 건지… 답. 답. 하. 다.

김일성의 말이 맞다. 그가 말하길…. 사람은 등이 따뜻하면 잡생각한다… 고 했다. ㅎㅎㅎ

그 성전환 수술 한 친구가 그런다…. 왜 나의 권리를 인정 안 하냐고. 전봇대로 이빨 쑤시는 소리다.

그러면 그런 당신과 함께 지내야 할 (진짜) 여자 군인들은? 그 사람들 권리는 생각 안 하는가? 그 사람들 기분은? 감정은?

이런 사람들은 항시 그 성소수자 어쩌고를 들이대면서 자기네들 권리와 기분과 감정만을 이해해 달라고 한다. 다른 사람들 감정은? 너만 좋으면 발가벗고 맘대로 여자 화장실 가도 좋은 거냐…. 그곳에 있는 여자들의 기분은 별 상관 없이?

크리스찬 케이크집에 가서 게이 결혼식 때 쓸 케이크를 만들어 달래서 거절했더니 성차별자라며 소송으로 걸고 넘어진다. 성 소수자를 차별 대우한다는 것이다.
제기랄 그러면 모든 사람들이 별별 사람들 성향을 다 만족시키기 위해서 자신의 신념과 헌법이 보장한 권리는 포기하라는 얘기인가?

수많은 Retail Shop에 가 보면, We reserve the right to refuse service to anyone이란 싸인이 보인다. 예전에는 성별, 인종, 국적, 나이, 신체조건, 등등만이 그 예외였으나… 요즘은 Sexual Orientation이 엄연히 들어가 있다.

그래서 대부분 이것이 올무가 된다.

십수 년 전만 해도 여자 화장실에 남자가 들어가면 귀싸대기는 기본에다 콩밥까지 먹는 것도 당연했다. 요즘은? 하등의 문제없이 풀려날 수 있다.
"내 성향이… 내 정체성이 그렇다….".라는데… 뭔 말이 필요하겠는가?

이미 대학들은 크리스찬 모임은 캠퍼스 내에서 허용 안 하고 게이들 모임은 환영한다.
역차별이다. 그게 신세대를 리드하는 포용과 오픈 마인드를 보여 주는 대학의 멋진 모습인가 보다.

한국을 보면 가관이다. LBGT에다가 이제는 Q까지 하나 더 붙였다.
Q는 Queer의 약자이다. 자기들이 보기에도 자기들이 Queer하기는 한 모양이다.
겉보기엔 멀쩡한 청년들이 기괴한 모습으로 삼각팬티 바람으로 서로 끌어안고 행진하는 것이… 그게 Cool하고 미래지향적인지는 나는 모르지만… 세상이 너무나 많이 변해도 변했다.

내가 보기에… 동성애자들을 볼 때… 사실 우리는 평등하게 보아야 하는 게 당연한 얘기이다.
내가 다리가 하나 없건, 눈이 하나 없건, 말이 어눌하든, 게이이든 트랜스든…. 다 평등한 것은 맞다. 그것 때문에 차별을 받고 부당하게 대우를 받으면 당연히 안 된다.

그러나 문제는… 오래전부터 야금야금… 소위 지도자 특히 기독교 지도자들이라고 하는 자들이… 시대가 변하는데 어쩌고저쩌고 헛소리를 하면서 슬금슬금 그들의 정체성을 Normal하게 인정하기 시작한 것이 치명적인 실수였던 것이다.

두 눈 가진 사람이 외눈 가진 부족에 들어가면 두 눈 가진 자들이 비정상이 된다.
이 말은 인간은 자기 Peer에 의해 정상 비정상의 관념이 흔들릴 수 있다는 말이다. 각설하고 이런 면으로 날카로운 저울을 유지하고 있어야 할 기독교계조차 갈팡질팡 혼돈 속에 빠져 있으니… 어찌 세상 윤리를 탓할 수 있겠는가.

이제는 신학교에도 동성애 동아리가 생길 정도이고, 동성애 신부 동성애 목사들이 심심찮게 등장한다. 이런 영적 타락을 해결해 보기 위해 크리스챤 지도자를 정치가(?)로 밀어 주자는 시도가 많이 있었지만, 등장하는 목사들 마다 추태(?)를 보이고 있으니… 중간쯤에서 고치는 것보다는 아예 다 망가진 다음 다 허물고 다시 짓는 게 낫다고… 하나님이… 그 시기를 기다리라고 하시는 건지… 궁금하다. ㅎㅎㅎ

지켜볼 일이다(이 말밖엔 딱히 할 말이 없다)…. We don't care라는 화장실의 싸인이 자꾸 생각난다.

아담과 이브의 원칙

　아담과 이브. 그들은 〈배꼽〉이 없다. 배꼽이 없는 이유는 그들은 어머니의 배 속에서 탯줄을 가지고 태어나지 않았기 때문이다. 아담은 하나님이 흙으로 만드셨고 이브는 하나님이 아담의 갈비뼈로 만드셨다.

　왜 하필 흙으로? 그냥 태초에 온 우주를 만드셨듯이 〈말씀〉으로 만들 수도 있으셨을 텐데 왜 흙으로? 그 이유가 분명하게 있을 것이다. 가만히 생각해 보면 재미난 사실이 하나 있다.

　흙을 어린애들에게 주면, 기껏해야 토닥토닥 집짓기를 해서 모래 집을 만든다.
　흙이 토기장이에게 가면 쓱싹쓱싹하여 그럴듯한 도자기를 만든다.
　흙이 아프리카 어느 부족에게 가면 뚝딱하고 흙집이 만들어진다.
　흙을 소재 공학 전문가들이 연구를 하게 되면 그 속에서 별의별 소재를 골라 내어서 결국 반도체까지 만들어 낸다.

　사람의 능력(?) 차이에 따라 그 생성물도 달라진다. 그러므로 조금 비약을 해 보자면… 피조물과는 천천지 차이가 나는 창조주 하나님이 그 흙을 가지고 생명체를 만드는 건… 누워서 떡 먹기가 아닐까 싶다.

하나님이라고 해서 원칙도 없이 마구잡이로 만들고 없애시지는 않는다. 흙으로 만든 사람을 결국 흙으로 돌아가게 하신다.

들어오면 나가는 것이 있고, 만들어지면 없어지는 것이 있는 게… 결국 인간들이 두뇌를 총동원하여 발견한 Conservation of Energy 열역학 법칙이다. 그래서 아담이 흙에서 왔듯이 결국 우리들도 흙으로 돌아가게 되어 있다.

그러면 이브는 뭔가? 아담의 갈비뼈로 만들었다? 왜 하필이면 갈비뼈인가?
아이로니컬하게도 우리 신체 중에는, 거의 대부분의 뼈들이 재생이 어렵지만, 이 갈비뼈는 재생(Regeneration)이 가능한 소수의 뼈 중에 하나이다.

어떤 이는 아담의 갈비뼈가 분명히 하나 부족하기에(하나를 떼어서 이브에게 주었으니까 ㅎㅎㅎ) 우리 남자들은 갈비뼈가 여자들보다는 하나가 덜 있을 것이라고 요상한 논리를 펼치는 분들도 (물론 농담이겠지만) 있다.

우습게도 재생을 목적으로 뼈를 이용하는 수술은, 영어로 Adam's Operation이라는 용어로, 의사들 사이에서 많이 쓰여진다고도 한다. 우리가 잘 알다시피 남자들의 목의 튀어나온 부분을 Adam's Apple이라고 하니… 옛날에 아담이 그 금단의 사과를 먹었음을 꼭 기억하라고 만든… 말 같기도 하다.

아담의 흔적이 언어를 통해 여기저기 묻어 있는 느낌이다. 어쨌든, 내가 전쟁터에 나가서 손가락 몇 개 잃고 눈알도 잃었다고 내 자식들이 똑같이 손가락이 모자라고 눈알이 없는 채 태어나는 건 아니다.

인간에 관한 모든 정보는 DNA에 기록되어 있다. 요즘은 이론이 아니라 실제로 이 DNA를 이용하여 생물을 복제해낼 수도 있다. 신체의 일부분에서 DNA를 뽑아 복제가 가능하다는 것이다.

이미 소나 개 같은 동물들은 복제 동물들이 버젓이 만들어져 자알~ 살고 있다.
다만 인간은 아직까지 복제를 허용한 나라는 없는 것으로 알고 있다.
Who knows? 그러면 이브를 먼저 만드시고 그 다음에 이브의 갈비뼈로 아담을 만들 수는 없었을까? 가능하지 않다. ㅎㅎㅎ 엥???

사람의 염색체(Chromosome) 숫자는 모두 23쌍이다.
22쌍이 일반 염색체고 마지막 1쌍이 소위 말하는 성 염색체 이다.
이중 성염색체는… 하나님이 고안(?) 하신 기막힌 원칙을 가지고 있다.
여자의 성 염색체는 XX이고 남자는 XY이다.

X 가 수정되면 여자가 되고 Y가 들어가서 수정이 되면 남자가 된다.

XX에서는 Y 즉 남자가 나올 수 가 없다. XY에서는 남자와 여자가 다 나올 수가 있다.

이 말은 아담의 성염색체로는 남자와 여자가 만들어질 수 가 있지만, 이브의 성염색체로는 여자만 만들어질 수 있다는 것이다. 그래서 하나님이 아담을 먼저 만드시고 이브를 만드신 게 아닌가… 하고 상상을 해 보았다.

어떤 이는 여자는 남자를 돕는 역할이라고… 얼떨떨하게 생각하시는 분들도 있는데, 천만에 말씀이다. 돕는다… 라는 Helper를 생각하면 우리가 소위 말하는 〈시다〉를 생각하기도 한다. 그러나… 전쟁터에서 죽어가는 나를 〈돕는〉 사람은 나보다 성한 사람이다.

직장에 들어 가서 나를 〈돕는〉 멘토는 베테랑 경험을 가진 자들이다.

하나님 〈도와 주세요〉 할 때 하나님이 〈시다〉는 아니다… ㅎㅎㅎ

이브 먼저 만들고 아담보고… 너 이브 Help 하라… 고 안하고… 아담 먼저 만들어 놓으시고 이브더러 아담을 Help 하라고 하셨다.

혼자서는 위태 위태하니… 이브 니가 옆에서 잘 살피고 도와 주라는 말이다.

아담이 먼저 만들어졌고… 하나님은 심심한 아담에게… 온갖 동물들의 불러 모아서 이름을 짓게 하셨다. 아마도 이름을 지으면서 공통점을 발견하게 되었을 것이다.

전부 다 암수 쌍쌍들이다. 그런데 나 혼자만… 싱글이다.
그때부터 외로움이 물밀처럼 몰려 들었을 확률도 크다.

모두가 한 성별이라면 그게 그런가 보다 했을 텐데… 모든 동물들이 다 자기 짝이 있는데 자기만 혼자라는 사실이 그를 매우 불편하게 만들었을 것이다. 그것을 모를 리 없으신 하나님이 아담이 혼자 있는 것을 측은하게(?) 느끼시고… 아담을 마취시켜 눕게 하시고 갈비뼈 하나를 꺼내어 쓱싹~ 이브를 만드신 거다.

그게 대 원칙이다. 인간의 기본 기능은… 동물과 다르지 않게 〈번식〉이다. 그 당시엔 아직 〈죄〉가 없었길래…. 대속을 위한 번제도, 속죄를 위한 소제도, 율법준수도, 예배도, 찬양도, 기도도…. 특별나게 해야 할 기능과 임무가… 이 〈번식〉을 빼고는 그다지 없었을 것이다.

번식하고 번창하고… 모든 동물들을 다스리고… 번식하고 번창하는 것이다. 번식·번창하려면… 암·수가 필요하다. 여자와 남자다. 여자와 여자… 남자와 남자가 아무리 붙어 있어도 일은 벌어지지 않는다. 남자와 여자가 원칙적으로 있어야… 일이 만들어 진다. 그게 원칙이다.

원칙을 보려면… 동물들을 보면 된다. 수컷이 수컷을 집적거리는 법은 없다. 싸우면 싸웠지.

원칙대로 사는 게 최선의 방법이다. 이브를 꼬신 사탄의 화신한 뱀의 말을 들어 보면… 지극히 개인적 생각과 왜곡으로 위장되어 있다. 하나님이 만드신 원칙을 그대로 따르는 자가 있는 반면에 그 원칙에 개인적인 생각을 넣어서 왜곡하는 사람들도 많이 있다.

오래전 사람들이 하나님의 율법이 싫어서 자기네들의 법을 만들어 마음대로 자유롭게 행하였듯이, 요즘도 마찬가지다.

하나님의 법? 그걸 내가 왜 따라야 하는데… 하면서 사춘기시절 Chemical reaction이 왕성한 아이들처럼… 반대를 위한 반대를 하는 사람들이 수없이 있다.

뱀이 이브를 꼬셨을 때… 단도직입적으로 대들은 것이 아니라… 그럴 듯한 말과 논리를 가지고 넘어뜨렸듯이… 요즘도 동일한 수법들이 등장하고 있다. 인생은 한 번이라는 YOLO라는 말도 있고, 오블라디 오블라다라는 말도 있고, you can be all you can be라는 말도 있다.

가만히 들어 보면… 어차피 짧은 인생… 한 번의 인생인데… 어디로 가는지 모를 바엔 그냥 인생을 내 꼴리는(?) 대로 마음껏 하고 싶은 것 다 하고… 죽으련다…. 이런 사상에 물들어진 청소년들이 얼마나 많은가? 원칙은 개뿔…. 내가 만드는 게 원칙이라며… 탈원칙주의자들도 허다하다.

예전에는 방방 뛰며 그러면 안 돼~ 하던 자각 있던(?) 리더들이… 대세(?)

에 밀렸는지… 겁이 나는지… 귀찮은지… 그냥 방관하는 사이에… 요상한 원칙이 정상적인 원칙을 누르고 득세하고 있다. 탈원칙한 사람이 Cool하게 보이는 세대이다.

그래… (좋지는 않지만) 다 좋다.
다 좋은데… 그래도 아담과 이브의 원칙만은… 고수해야 한다.
이 원칙은 인간관계에 최초로 주어진 가장 중요한 기본 원칙이기 때문이다.
내 뼈로 만들어진 나의 뼈 중의 뼈 살 중의 살이 얼마나 사랑스러운가?
ㅎㅎㅎ

원칙으로 돌아 가자! 마이크 타이슨이 그랬다.
Everyone has a plan until they get punched in the mouth.

그래. 맞기 전에 원칙으로 돌아가자!
원 투 스트레이트 펀치 맞을 날이 곧 닥칠 것 같은… 느낌이 든다.

아니길 바라지만…. Let's get back to the Principle of God!

모든 게 우연이야~

얼마 전 TV 프로그램을 보니까 마흔이 넘은 여자가 어린애보다 작은 몸으로 살고 있다.

어릴 적부터 몸에 이상이 생겨 얼굴과 오른손 검지만 빼고는 움직일 수가 없다.

다행히 말은 할 수 있지만 뼈만 앙상히 남은 유치원 아이 같은 몸으로 침대에 누워 오직 할 수 있는 것이라곤 노트북을 엄지 손가락으로 움직여 하루 종일 노트북과 보내는 시간이 유일하다.

그 밖의 모든 일은 나이 든 어머니와 아버지가 곁에 있다가 다 해 준다.

음식 먹는 것도 머리 샴푸하는 것도 화장실 가는 것도 욕창 안 걸리게 몸을 좌우로 돌리는 것도… 다 부모의 도움 없이는 불가능하다.

그런데 학교 문턱이라곤 밟아 본 적이 없는 그런 그녀가 노트북을 통해 독학을 하여 초·중·고 검정고시를 패스하고 이제는 사이버 대학에 등록을 하는 장면이 나온다. 대학 공부를 완강히 말리는(공부하는 게 힘드니까) 어머니와 오랫동안 실랑이를 하다가 결국 어머니가 허락을 해서 모 대학에 시각디자인과에 입학을 했다.

  이 프로그램을 보면서 나 자신을 반성하지 않을 수 없었다. 사지가 멀쩡한 것은 물론 원한다면
  펄펄 뛰어다닐 수도 있고 내가 원하는 곳에 내 맘대로 내 발로 걸어서 그리고 차를 운전하고 갈 수도 있다.

  이렇게 감사한 나를 두고 때로는 불평도 하고 귀찮아하고 배은망덕(?) 하게 살기도 한다.
  내가 사지가 멀쩡하게 태어난 것도 얼마나 큰 감사 제목인가.
  이렇게 정상적으로 태어난 것에 대해 누구에게(?) 감사를 해야 하는데, 그럴 필요가 전혀 없다.

  왜냐하면 우리 인간은 그냥 우연히 만들어졌기 때문에 그 논리를 따르자면 감사고 뭐고 간에… 그럴 필요도 없고… 또 그렇게 할 대상도 없다. 그냥 운이 좋으면 잘 태어나고 운이 나쁘면 비정상적으로 태어나는 것인가?

  세상 사람들은 우리 인간이 완성되기 위해 거쳐야 할(진화?) 최초의 생물체가 무한한 시간을 통한 확률상의 우연에 의해 만들어 졌다고 한다. 수백만 년 수천만 년 수억만 년이라는 무한한 시간만 주어 진다면 이 "우연"이라는 사건을 통해 생물체가 탄생할 수 있다는… 증명되지 않은… 그리고 증명될 수 없는 가설을… 굳게 믿으며 살아가고 있는 게 우리 인간들이다.

속세인들이 우리 크리스천을 향해 맹신적 믿음을 가지고 있다고 하는데, 오히려 그들이야 말로 차원이 고도로 다른 진짜 Blind Faith를 가지고 있는 〈만물우연창조교〉의 신자들이 아닐까 생각이 든다.

무한한 시간과 우연이라는 확률의 사건을 통해 아무것도 없는 것에서 우리 인간들이 만들어졌다는, 세상 그 누구도 보지 않았고 세상 그 누구도 증명할 수 없는… 그 Hypothesis를 굳게 믿고 있으니 이것이야 말로 진짜배기 Blind Faith가 아니고 무엇이란 말인가.
그것을 증명하려고 끊임없이 연구하고 연구하여도 생명은 오직 생명에서 올 수밖에 없다는 것을… 표현하기가 싫어서 그렇지… 과학자라면 거의 대부분 다 알고 있다.

만일 생명체가 우연히 만들어졌다면 같은 맥락으로 그 생명체가 우연히 사라질 확률도 비슷비슷해야 한다. 이 모든 것이 우연의 결과물이라면 우연의 결정체인 우리는 매일매일 살아가는 일순간의 모든 과정들에도 천차만별의 우연의 퍼레이드가 진행되어야 마땅할 것이다.

시시콜콜한 것은 제외하고, 예를 들어 엄마가 아이를 낳으면 어떨 때는 귀가 3개, 눈이 한 개, 손가락이 6개, 발이 세 개… 내장이 무언가 하나 우연히 없을 수도 있고, 남자·여자 말고도 우연히 딴 '성별'의 사람이 태어날 수도 있어야 한다. 그런데 확률치고는 진짜 신기한… 거의 100%에 가까운 확률을 우리는 매일매일 보고 느끼면서 살고 있다.

웬만하면 태어난 아이들은 눈이 둘이고, 코가 하나고, 손가락이 10개, 발가락이 10개, 장기 구성도 다 똑같고, 남자 아니면 여자이고, 그 비율도 거의 반반이고, 우연치고는 너무나 정확한 어떤 원칙에 의해서 태어난다는 것을… 우리는 알고 있다.

이렇게 질서정연하게 태어날 수밖에 없는 이유는 우리가 태어나고 만들어지고 성장하게 되는 것… 이 모든 것이 Instruction을 모아 놓은 DNA에 의해 결정되기 때문이다.

그냥 우연히 태아가 이런저런 확률로 자라나고, 아이의 신체와 두뇌가 우연한 확률에 의해 이렇게 저렇게 우연히 개발되고 성장하는 게 아니라… 정확한 타이밍과 원칙과 패턴과 단계가 있음을 그 누구도 부인할 수 없을 것이다. 이러한 원칙도 우연히 만들어진 것이라고?

우연은 우연히 만들어진 것이길래… 수학적으로 보면 제로("0")라는 값을 지니고 있다.

우연으로 연결되는 모든 결과물은… 그것이 어느 숫자이건 우연이라는 "제로"와 곱해지면 역시 우연이라는 제로가 될 뿐이다.

이 말은… 우리가 보는 모든 확실성(모든 사람이 여자 아니면 남자, 모든 사람이 거의 대부분(?) 입으로 밥을 먹고 코로 숨을 쉬고 귀로 듣고 발로 걷고 등등…)들은 우연이라는 가설속에서라면 결코 수천수만 년 획일적으로 동일하게 그 결과가 나타날 수가 없다는 것이다.

믿음으로 혹은 영적으로 얘기하면 아예 비과학적이라고 하니, 나도 이 분야 전문가는 아니지만, 한번 〈과학적〉으로 얘기해 보자. RNA 와 DNA 를 과학계에서는 〈생명의 기원〉이라고 한다. RNA가 먼저고 DNA는 진화되어 나왔다는 과학자도 있고, 둘 다 같이 생겨났다가 따로 나뉘어졌다… 라는 학설도 있다.

DNA는 알다시피 유전정보를 가지고 있다. 우리 인간의 몸은 평균적으로 40-100조 개의 세포로 구성되었다고 하는데, 그 세포 하나하나마다 정확하게 동일한 유전정보가 들어가 있다. 우연치고는 확률적으로 조금(?) 높은 편이 아닌가? ㅎㅎㅎ

그런데 이 DNA는 자기 혼자는 재생(Reproduction)을 하지 못한다. 누군가가 그 〈단백질 합성〉을 맡아서 해 줘야 한다. 그 역할을 형제격인 RNA가 하고 있다.

그런데 RNA는 어떻게 무엇이 재생/합성되어야 하는지 모른다. DNA가 없으면 꽝이다.
이 관계도 우연히 성립되었단 말인가?

복잡해지니까 조금 쉽게 얘기해 보자면, RNA는 공장과 작업자들을 관장하고 있다.
DNA로부터 생명의 설계도를 받아와서 해독하는 mRNA(messenger)라는 전령 RNA가 있고, 그 생성된 아미노산을 리보솜이라는 공장으로 운반하는 역할을 하는 tRNA(transfer)라는 운반책 RNA도 있다.

이들은 각자의 기능을 충실히(?) 수행한다…. 마치 누가 자기에게 어떤 Input이 오면 어떤 action을 취하고 어떤 Output을 만들어야 한다는 것을 (Instruction)을 받아서 잘 숙지하고 있는듯… 아무렇지 않게 덤덤히 불평 없이 그러나 충직하게 자기의 임무를 수행한다.

이런 일련의 행동들도 〈우연〉적으로 벌어진다는 말인가?? ㅎㅎㅎ

조금만 더 나아가… 위 과정을 현상적으로 보면, DNA의 유전 정보를 복사한 가닥이 핵 밖으로 나와 유전 정보를 전달하고, 이 유전 정보에 따라 아미노산들이 다양한 순서로 결합하여 단백질들을 만들게 된다.
이렇게 만들어진 다양한 종류의 단백질들이 우리 같은 생물체의 모양을 만들고 기능을 조절하게 되는 것이다. 법칙이 있고 원칙이 있고 프로세스가 확실하고 정확하게 있다.

만일 이 모든 것들이 우연히 만들어지고, 우연히 그 원칙이 세워지고, 우연히 RNA와 DNA가 그 원칙을 따른다면… 그 〈우연〉은 우연이 절대 아니다.

바닷가 백사장의 모래가 아무리 긴 시간이 흘러도 〈우연〉만 가지고는 모래성을 만들지 못한다. 누군가가… 그 모래에게 인위적인(Artificial) 액션을 가했기에 모래성이 만들어진 것이다.

그렇게 과학과학만 따지는 과학자들이 발견(?)한 열역학 제 2법칙에 따르면 (예를 들면) 식었던 커피는 저절로 뜨거워지지 않는다. ㅎㅎㅎ 다 알고 있는 사실이다. 이게 과학이다.

과학적으로 얘기해서, 커피는 수만 년 수백만 년 있어도, 저절로 뜨거워지는 법은 없다는 것이다.
오히려 열역학 법칙에 의하면 수만 년 수백만 년 놔두면… 그 커피는 분해되어 없어질 거라는 게 과학이다.

이 말은 종이비행기를 큰 언덕에 올려놓고 수천억 년이라는 무한대의 〈확률〉이 보장되는 시간 속에 놓아 둔다고 해서 그 종이비행기가 진짜 하늘을 나는 비행기가 저절로 되지는 않는 다는 얘기다. 비행기를 만들려면… 지능을 가진 외부 간섭이 필요하다는 것이다.

한 걸음 더 나아가… 내 생각엔 우리 인간은 아마도(?) 비행기보다 더 정교하고 높은 단계의 피조물일 것이다…. 비행기도 외부 지능이 없으면 우연의 할배가 와도 탄생 자체가 불가능한데, 인간은 어떻겠는가?

아직도 인간이 우연히 생겨났다고 믿는 것인가? 우연히 단백질이 만들어지고 그 단백질이 진화하여 우리 인간이 되었다고?

단백질이 진화하여 그다음 단계, 그다음 단계로 가는 것 자체도 불가능한 억지투성이인데, 무에서 유인 단백질이 우연히 생긴다는 것은… 정말 소설을 쓰고 있는 것이나 다름없다.

　그 단백질이 만들어지기 전 단계에 RNA와 DNA가 이미 각 종별로(호랑이, 원숭이, 개, 고래) 그 원칙이 정확하게 정해져 있고 그 원칙대로 고래는 고래를 낳고 인간은 인간을 낳게 DNA에 적혀 있고 RNA가 그것을 조립을 하게 되는데… 그런 것도 우연히 생겼고 우연히 따르는 것이라고 라 고라고라고라고라??

　제발 좀 상식적으로 생각하면서 살자.
　만일 〈우연〉하게 인간이 진화하여 만들어진 것이라면, 지금도 여러 변종 형태의 인간들이 보여야 하고, 태어나서 제각기 다른 모습의(다리 3개, 발 4개, 눈 4개, 귀 1개 등등) 모습을 보일 확률이 동일한 모습으로 태어나는 것보다 훨씬 높아야 할 것이다.

　ㅎㅎㅎ 그런데도… 나의 아들은 손가락, 발가락, 장기 숫자도 나와 동일하게 태어났다. 기막힌 확률이다. 말이 길었지만… 그렇게 생각하든 말든… 그건 누구말대로 개인의 〈자유〉다.

　나는 그저 감사할 뿐이다.
　우연히 태어나기에 확률적으로 어떤 모습으로 태어날지 어떤 형태로 태어날지조차 모르는 우연 속의 확률 속의 내가 아닌, 창조주가 세워 놓으신 그 원칙대로 태어나서 그 원칙대로 살아가는 나는 그저 감사할 뿐이다.

TV에서 본 그런 가련한 여자분도 있다. 그러나 그분은 나보다 훨씬 낫다. 내가 그런 상황이라면 어떻게 감히 엄지손가락 하나로… 검정고시를 치르고 대학수업을 받겠는가? 그저 감사할 뿐이다.

코로나 바이러스 한방에 온 세계가 꼼짝 못하고 있다.
미국은 한국 인구 절반이 넘는 3천만 명이 Job을 잃었다.
인간들이 이렇게 나약한 존재하는 걸 우리 인간은 알아야 한다.

"우리는 하나님과 관계없이 우연히 태어나서 진화했고 우리는 온 우주를 다스리고 승리할 것이다…."라고 말하던 그 자신감은 어디로 가고… 코로나 바이러스 안 걸리려고… Stay at Home 명령 지키고 Social Distancing 지키고… 참이나 인간은 위대하다…. ㅎㅎ

조용히 묵상하고 반성하고 인정하고… 도움을 구하자.
그런 마음의 기도를 하나님은 들으신다.

평등과 공평… 우짤 거나?

아주 오래전에 대학을 졸업하고 첫 직장에서 일할 때 나랑 무척 친하게 지냈던 외국인 중에 '미카엘'이라는 러시아에서 이민 온 친구가 있었다.

러시아에서는 미하엘이라고 부른다는데, 나는 미카엘(Michael의 한국식 발음 ㅎㅎㅎ)이라고 불렀고 미국 친구들은 마이클 혹은 마이크라고 불렀다. 머리도 좋고 매너도 좋고 Friendship도 다 좋았다.

이 친구는 〈토론〉을 그렇게 좋아했는데 나 역시 토론에 무척 흥미를 가졌던 시절인지라, 둘이 만나기만 하면 Topic을 정해서 열변을 토하곤 했다. 물론 내가 제일 선호하는 토픽은 종교였고 마이크가 선호하는 토픽은 당연히(?) 정치였다.

그중에서도 마이크는 '평등'이라는 사회주의의(이론상의) 원칙에 대해 항시 입에 침을 튀며 열변을 토하곤 했다. 미국으로 이민 와서 공부하고 살고 있지만, 미국의 빈부차이와 계급과 신분차이는 잘못된 것이라고 흥분해서 말한 적이 한두 번이 아니다.

거의 40여 년이 되어 가는 지금 그가 어디서 어떻게 살고 있는지 모른다. 그리고 이론이 아닌 현실 속에서의 소위 말하는 '평등'의 개념이 얼마만큼 정립되었는지 무척 궁금하다.

프랑스 혁명은 1789년도에 일어났다. 인구 대다수를 차지하던 평민들의 불만이 가중되어 마침내 흉작이 일어난 1789년에 봉기하게 되었다고 한다.

구체제 하에서는 인구의 2% 정도밖에 안 되는 로마 카톨릭 성직자들과 귀족들과 정치가들을 포함한 고위 계급층들만이 면세 등의 혜택을 누리면서 주요 권력과 부와 명예를 독점하였는데, 미국의 독립전쟁으로 자유의식이 한창 고취된 가운데, 드디어 평민들이 들고 일어나 자유주의 혁명을 일으킨 것이다.

이들이 외친 구호 가운데 égalité(에깔리떼)라는 구호가 있다.
영어로 표기하자면 Equality 즉 '평등'이 된다.

우리가 자주 혼동하는 말 중에 '공평'과 '평등'이 있다. 위에서 말했듯이 평등은 Equality다.
'공평'은 Equality라는 단어의 뿌리에서 나왔다고 해서인지 'Equity'라고도 하는데, 알아듣기 쉽게 'Fairness'라고 표현하면 된다.

평등과 공평에 대해 여러 Definition과 설명들이 구구한데, 나는 간단하게 다음과 같이 생각한다. 좀… 4차원적인 접근이라도 이해하면서 들었으면 한다.

나는 컴퓨터 로직을 모델로 들고 싶다. 아주 간단히 얘기해서 컴퓨터는 Input이 있고 Processing이 있고, Output이 있다. 무언가가 들어가는 것(Input)이 있으면, CPU가 처리를 하여, 무언가를 내보내는 Output이 있다.

지금은 그 기능과 스케일이 상상할 수 없을 정도로 다르지만 그 원칙(Input/Processing/Output)은 변하지 않는다. 내가 40여 년 전 컴퓨터 공부를 시작할 때 첫 강의 시간에 교수가 칠판에다 써 놓고 첫 강의 시간 전체를 그 concept에 대해 설명하였던… 중요한 개념이다.

Input… Processing… Output.

나는 평등을 Input 쪽으로 본다. 그리고 공평을 Output 쪽으로 본다.

설명을 해 보자. 같은 사양의 PC가 있다고 하자.
한 PC에는 사과를 분석하라고 Apple이라는 Input을 주고, 한 PC에는 Orange라는 Input을 준다면… 아마도 Output은 달라질 것이다.
그러므로 평등하게 진행을 하려면 '같은' Input이 주어져야 한다는 말이다.

평등은 모두에게 똑같은 'chance'를 주는 것이다. 부자나 가난한 사람이나, 운동선수나, 장애자나, 여자나 남자나, 노인이나 아이나… 똑같은 Chance를 주는 것이다.

직장을 구하는데 미국인에게만 기회를 주고 동양인에게 기회를 안 준다면 이건 '평등'이 아니다. 건장한 청년에게만 인터뷰 연락을 하고 나이 든 시니어에게는 면접 기회조차 안 주는 것은 '평등'이 아니다.

그래서 회사의 HR(인사과)에서 특히 민감하게 주장하고 지키려는 것 중에 하나가 'Equal Opportunity Employer'라는 원칙이다.

평등은 Input 쪽이다…. 아예 무엇을 시작하기 전에 같은 '기회'를 주는 것이다.
공평은… 그러면 무엇인가? 공평은 Output 쪽을 말하는 것이다.

똑같은 Input이라는 정보가 PC에 주어졌다고 하자.
PC의 성능과 프로그램에 따라 그 결과(Output)는 얼마든지 달라질 수가 있다? 없다? …. 당연히 있다. 이것이 '공평'이다.

회사에 똑같은 기회를 받아 두 사람이 취직을 하였다. 평등하게 취직을 하게 된 것이다.
그런데 날이 갈수록 그 둘의 업무 방식에 차이가 난다. PC로 말하자면 그들의 Processing에 차이가 난다는 말이다. 그 이유는 다양할 것이다.

업무를 수행하기 위해 때론 오버타임도 하고 때론 Proactive하게 Aggressive하게 접근하는 A가… 아무래도 결과가 더 나을 수 있다. 혹은, 타고난 머리가 좋고 기획력과 추진력이 좋은 A가 어쩌면 더 좋은 결과를 보일 확률이 클 것이다.

시간이 흐르고 매니저가 업무성적에 기반하여 A에게 월급을 올려준다. Output 쪽이 달라졌다. 똑같은 Input을 주었는데, A와 B의 능력과 방법과 스타일에 따라 그 결과(Output)가 달라지고… 그에 따라 대우가 달라진 것이다.

이것은 '공평'이다. Fairness다. 이 개념만 이해한다면… 너도 나도 나보다 나은 사람들, 나보다 더 성공한 사람들과 똑 같이 대우받으려는 생각은 차마 못 할 것이다.

재벌집 자식들이 포르쉐 타고 다니는 게 아니꼬운가?
나보다 실력 있고 성격도 좋고 멋진 그 녀석이 이쁜 부인 만나 결혼하는 게 아니꼬운가?
이것은 아주 쉽게 얘기해서, 우리 반에서 그녀석이 인기 있다고 그녀석을 미워하는 심리와 비슷하다.

코미디언 김 모 씨가 있다. 미안하다만 개인적으로 별로 선호 인물은 아니다.

그러나 그가 한번 강연을 나가면 수천만 원까지 받는다고 열을 내며 인터넷을 악플로 도배하는 하루 수업에 기껏(?) 수십만 원(이것도 많은 것 아닌가?) 받는 학원 강사도 있다.

223

학원강사가 김씨가 하는 같은 장소에 나가서 같은 주제의 강연을 한다면 청중들이 벌떼같이 모이겠는가? 주최 측에서 수천만 원 계속 주겠는가? 여기에 '평등'을 Push하지 말라.

'공평'의 관점에서 봐야 한다…. 공평은 말했지만 Output과 연결되어 있다.

평등은 이미 하나님이 미리 정해 주셨다. No doubt about it!

그러나 공평은… 선택하는 Entity의 입장에서 보아야 한다.

그 Entity가 사람이 될 수도 있고, 회사가 될 수도 있고, Demand라는 자유경제 원리가 될 수도 있다.

성경에, 포도원 일꾼을 구했는데 일찍 나와서 8시간 꼬박 일한 사람이 있다. 그런데 거의 마지막 시간에 나와서 한두 시간 일한 사람도 있다.

주인은… 놀랍게도… 똑같은 임금을 지급했다. 일찍 나온 사람의 뚜껑이 열렸다.

"우씨~ 나는 일찍 나와서 8시간 꼬박 땀 흘렸는데… 기껏 2시간 일한 저 친구랑 같은 임금을 받아야 합니까?" 주인의 결론은 간단하다.

"일 시작하기 전에 내가 분명히 오늘 임금은 $100이라고 했죠?

그러면 $100 받아 가지고 가면 되지 않습니까? 뭐가 문제입니까?"

이해하기가 쉽진 않다. 여기에 공평의 complexity가 보일 수도 있다. 만일 나 혼자 일했다면 나는 아무런 complain을 하지 않았을 것이다.

그런데 문제는… 옆에 있는 사람 때문이다.

우리는 항시 우리 주위 사람들 때문에 필요치 않은 〈문제〉를 스스로 만든다. 남이 무엇을 하건, 남이 사업을 잘해 때 돈을 벌었든 말든, 남이 이번에 승진하고 연봉도 뛰었든 말든, 남의 아들이 구글에 초봉 15만 불 받고 취직을 하였든 말든, 남이 코로나 바이러스 EIDL/PUA/PPP 몇천 불 몇만 불 받았든 말든… 왜 그리도 민감하게 부산하게 심란해야만 하는가?
남들이 다 가만히 앉아서 이 모든 것들이 저절로 굴러들어오게 기다리고 있었던 것은 아니다.

유유히 호수를 떠 가니까 백조가 우아하고 부럽던가?
물속에서 두 발이 끊임없이 움직이는 것은… 못 본 것이다.

열심히 성실히 노력하든지… 아니면… 입을 다물고 있든지. 혼자 그냥 절간이나 무인도 가서 살든지, 아니면 주위 사람들과 잘 어울리며 내 인생에 Focus하든지 내가 바라는 '평등'을 쟁취(?)하고 싶다면, 당신의 능력을 보여 주세요~

Where is the beef?
내 가족에게, 이웃에게, 회사에게, 사회에, 나라에 공헌하는 것은 하나도 없으면서 똑같이 평등하게 대우받을 것을 생각한다면…

꿈 깨세요!!!

파바로티가 지킨 선

세상의 여러 분야를 보면 다양한 백그라운드의 사람들이 있다.

어떤 사람은 대학과 대학원을 거쳐 삐까번쩍한 박사학위를 가지고 톱 포지션에서 두각을 나타내는 사람이 있고 어떤 사람은 대학의 문턱도 가보지 않았지만 전문 분야에서 맹활약을 하는 사람이 있다.

세계 테너계를 주름잡는(at least 주름잡았던) 소위 말하는 Three Tenors가 있다.

루치아노 파바로티, 플라시도 도밍고 그리고 호세 카레라스다. 한 명, 한 명, 한 명 말 그대로 세계 최정상 테너임에 틀림없다. 그런데 도밍고와 카레라스는 음악원에서 음악을 전공했다.

즉, 학위가 있다는 말이다.

반면에 파바로티는 음악을 '전공'하지는 않았다. 고등학교 학력이 공식적으론 마지막이다.

물론 파바로티는 어릴 적부터 합창단 생활을 하였고 성악에 전념하기로 결심한 다음부턴 몇 명의 전문가로부터 개인사사를 받는 등 음악 공부를 한 것이 사실이다.

조금 재미난 사실은… 음악을 전공한 도밍고나 카레라스는 성악 이외에도 다른 음악활동 특히 지휘자로서의 경력 등이 대단하다. 또한 대학에서 교수로서 활약도 하고 있다.

그런데 파바로티는 지휘를 하지 않는다. '못' 한다라고 내가 얘기하면 혼날까 봐 그냥 '안' 한다… 라고 말하지만… 실상은 못 한다는 게 맞을지도 모른다.

오해하지 말아야 할 것은 일반적으로 〈성악〉 실력은 파바로티가 제일 낫다… 고 평가된다. 물론 내 생각은 조금 다르지만서도… ㅎㅎㅎ(참고로 나는 도밍고 - 파바로티 - 카레라스 순이다…. This is my preference!)

알다시피 '실력'은 학위증에서 나오는 것이 아니다. 실력은 종합적인 개인 〈능력〉에서 기인한다. 그렇다고 전공 학위가 중요하지 않다는 말은… 전혀… 아니다.

여러 분야가 그렇지만… 교계를 한번 살펴본다. 목사들 중에는 정식으로 대학 대학원 과정을 철저하게 거치며 신학의 지식과 영성의 깊이를 쌓은 목사들이 있는가 하면… 말하면 창피하지만… 그 누구도 알지도… 또한 알아주지도 않는… 사이비 학원(?)을 나와서 안수받고 (혹은 받았다고 하며) 목회하는 분들도… 있다. 그런데… 이런 분들이… 목회를 의외로 잘하고 있는 경우도 제법 있다.

내가 조금 전… 실력은 개인〈능력〉이라고 했다. 조금 모자라는 신학 지식과 아직도 정립되지 않은 영성은… 얼마든지 인간적인 역량과 재주(?)로 '카~ 바~' 할 수가 있다.
(그래선 안 되겠지만… 가능하다는 말이다)
따져보면 목회도〈경영〉이다.
정주영회장도 무학벌로 그냥그냥 몸으로 비비고 손발로 뛰면서 배우고… 뚝심과 번뜩이는 아이디어로 밀고 나가다 보니까… 박사학위 두서너 개 가진 엘리트 전문인들 보다 더 깊은 통찰력과 전문성을 가지게 된 것일 수도 있다.

그러므로 일단… 우리는 학위가 있든 없든… 그것 때문에 사람을 판단하고 바라보고 기회의 문을 조절해서는 안 될 것이다.

교회를 살펴보면, 신학공부도 안 한 평신도들이 엄청난(?) 성경지식을 가지고(가진 듯) 성경공부를 인도하고 영적 리더쉽을 발휘하는 경우를 많이 보게 된다.
당연히 평신도들이 깊은 신학지식과 영성을 가질 수 없다는 말이 아니다.
당연히 신학을 공부한 목사들의 성경지식과 영성면에서 평신도들 보다〈반드시〉100% 뛰어나다고는… 말할 수 없다.

그러나… 학위의〈의미〉는 명백하다.

파바로티를 보라! 파바로티는 솔직한 거다. ㅎㅎㅎ

그냥 나도 해 보자 하며 지휘를 Try 해도 아마도 잘할 것이다.
그간 닦은 음악기량도 있고 웬만한 오페라나 클래식 곡들은 다 거친 것들일 테니… 지휘자로서도 별 문제가 없을 것이다.

예전에 코미디언 김현철이 진짜로 오케스트라를 지휘하는 것을 보았다. 나의 눈을 의심할 정도로 기막히게 지휘를 한다.

어설픈 박자 젓기나 쓰잘데없이 폼으로(?) 올려지는 왼손의 시그널이 아니라 진짜 적재적소에 강약과 템포와 느낌을 요구하고 있다.
그… 그렇다고… 김현철씨를… 보스톤 심포니 오케스트라 지휘자로 쓸 수는 없지 않은가…. ㅎㅎㅎ 물론 부르지도 않겠지만. Perform하는 것하고 Teach하는 것은 또 다른 영역이다.
전공학위는 모든 것의 척도가 될 수는 없지만… 〈검증〉이라는 중요한 과정이 포함되어 있다.

〈부활〉이라는 그룹의 주옥 같은 곡들을 거의 다 작곡한 김태원은 작곡이론이나 채보 등의 이론적인 지식은 없다고… 밝힌 바 있다. 서당 개 삼 년에 풍월을 읊는다고… 그가 기본적인 음악이론이야 모르겠는가.

그러나 그는 작곡할 때 화성학 등의 음악이론을 이용해 작곡하지는 않는 듯하다.

좋은 선율이 떠오르면 선율을 흥얼거리며 기타를 가지고 이런 저런 코드를 치면서 좋은 progression을 만들어 낸다(이것도 천재적 기량이다만). 어쨌든 주옥 같은 곡들이 탄생했다.

자, 그런데 이분이… 대학에서 음악을 가르칠 수 있는가?
음악이론을… 화성학을… 가르칠 수 있는가 말이다.

내가 좋아하는 가수 임재범. 그만큼 매력적인 음색의 가수가 없다고 할 정도로 음악성과 개성이 뛰어나다. 그가 작곡한 곡들도 수두룩하다.
그런데 그가 작곡할 때 오선지를 사용하는 것은 아니다.

그는 일단 Key를 정하고 드럼 비트를 Set하고 기본(키보드…)으로 코드를 진행하면… 아무런 의미가 없는 영어 단어를 babble하듯 머릿속에서 생기는 선율에 입혀… 기막히게… 뱉어내는데… 아예 그 자체가 완성된 곡같이 들린다. 이렇게 임재범이 표현한 선율을 채보할 줄 아는 Partner가 악보로 옮기든지 아니면 프로듀서가 시퀀스 프로그램에 입력해 두고 나중에 악보로 옮기는 방식을 취한다고 한다.

예전에 이런 그의 방식때문에 그 유명한 곡들(그중 하나는 "고해")이 임재범이 작곡한 것이 아니라 딴 사람이 작곡했다는 scandal이 돌았던 이유가 된다.

유명한 나훈아나 남진이 음악을 전공했는가? CCM 작곡가들이 음악을 전공했는가?

유명한 경배와 찬양 인도자들이 음악을 전공했는가? 전공한 사람은 드물다.

그러나 Perform하는 데는 아무런 문제나 지장이 없다.
다만… 그 영역을 잘 알고 잘 지킨다면 말이다.

파바로티처럼 자기 스스로 선을 그을 줄 알아야 한다. 어떤 영역은 이제 그 전문학위 과정을 거친 사람들의 몫이라는 것도 인정해 주어야 한다.

매혹적인 처세술과 하나님도 속일 연기력(?)으로 정상까지만 올라가면… 그때는 내 추종자들이 내 제자들이 내 부하들이 진을 치고 있으니… 만사 형통~ 이라는 사고방식이 언제나 없어질지… 걱정이 된다.

진료는 의사에게, 약은 약사에게… 맞는 말 아닌가? 자기 영역이 있다.

요즘 교회를 보면 걱정이 앞선다. 내가 아는 어떤 집사는… 교회에서 구역을 편성할 때 어느 구역에 구역원으로 배정을 받았는데… 자기는 구역원을 가르치는 리더(구역장)가 아니면 참석하지 않겠다고 했다.

그 사람 내가 잘 안다. 과거에 네비게이터 출신이다. 성경공부 훈련을 받았을 것이다.
그런데 그게 단번에 구역장으로 평신도들을 가르치는 자격과 인정이 되어야 한단 말인가?

그 사람의 포인트는 다음과 같다. 성경지식에 해박하고 다년간 제자훈련의 경력이 있는 내가 어찌 평신도의 성경공부를 듣고 있어야 하는가….

교만이다. 답이 없다. 그런데 의외로 그런 사람들이 많다.
어떤 리더는 목사가 내어준 공과공부 교재를 무시하고 자기가 개인적으로 교재를 다시 만들어 구역공과를 대신하는 사람도 있다.

정히… 그렇게 나서서… 자신이 리더가 되어서… 인정받고… 해 보고 싶으면… 정식과정을 거치라고 말 하고 싶다. 여기서 중요한 포인트는… Performance보다는 오히려 Verification이라는 말이다.

누구나 배우고 세월이 흐르면 Performance, 즉 실력발휘를 할 수 있다. 서당 개 삼 년이면 풍월을 읊는다. 우리가 정말 원하는 것은… 그리고 그렇게 원칙으로 삼아야 하는 것은 Verification 즉 〈검증〉이다.

아, 새로 온 저 친구 음악 실력 끝내줘요…. 아, 저 장로 성경지식 신학자 이상이에요….
아, 저 권사님 손만 대면 환자가 나아요…. 여기에 현혹되어 담임목사가 새로 온 친구를 검증도 없이 성가대 지휘자로 임명했다.
장로에게 매주일 성경공부를 인도하게 했다. 권사에게 금요철야예배 때 안수세션을 아예 만들어 주었다.

그랬더니 일 년도 채 안 가서, 성가대 지휘자 청년이 대원 중 유부녀와 눈이 맞아 타 주로 도망을 갔다. 성도 여러 명이 담임목사 설교 맘에 안 든다고 장로와 함께 교회를 나가 버렸다. 권사가 철야예배 때마다 이상한 흰 한복을 입고 나와서 별 희한한 춤을 추면서 아예 그 철야예배를 난장판으로 만들어 버렸다. 실화들이다. ㅎㅎㅎ

세번째 그 권사는 내가 LA 있을 때 실제로 가서 보기까지 했다.
그러므로 나는 겸손으로 자기 영역과 분수를 잘 지키고, 다른 사람은 나를 성급히 믿지 말고 검증을 거쳐야 한다.

파바로티처럼 자기 분야에서 자기의 최선을 다하고 욕심부리지 말고 분명한 자신만의 선을 긋고 살아야 한다. 내 실력이 뛰어나다고 사람들이 인정해 준다고… 내가 모든 것을 다할 수 있는 모든 것의 권위자는 아니다.

내가 가야 할 딱 거기까지의 선이 있기 마련이다. 그것만 안 넘으면 되는데… 조금 만 더… 조금만 더 가지고 인정받고 싶은 그놈의 욕망 때문에 하루 아침에 와그르르 무너지는 경우가 수두룩하다.

선을 안 넘는 것도 중요하지만 길게 질질 안 끄는 것도 중요하다.
그냥 놓아 버리면 되는데… 영원한 미련으로 줄기차게 잡고 있는 그 모습은 더욱 추악하다.
선 잘 지키고 Cool하게 놓는 우리 착한… 사람들이 됩시다!

미국 속의 한국인

예전에 지인이랑 자식들에 관해 대화를 나누다가 그분이 다음과 같이 불만을 토로한 적이 있다.

타 주에서 결혼해서 잘 사는 아들놈이 하나 있는데 이 녀석이 가끔 안부 문자(texting)를 보내오는데 기분이 좀 얼떨떨하다는 얘기다. "아니, 왜요?"라고 물었더니…. 아니, 이놈이 첫 마디에 "'How are you guys doing~' 혹은 'Are you guys doing OK?'라고 문자를 보내잖아요…."라고 대답을 해서 크게 웃은 적이 있다.

걸리는 Word는 "Guy"였을 것이다. Guy라면 일반적으로 한국사람들이 이해하기는… 너희, 녀석, 놈, X끼… 등으로 나이도 비슷한 친한 친구 사이에서 자주 쓰이는 단어로만 생각하고 있었는데, 아들놈이 부모에게 감히(!!!) Guys라는 말을 쓴 것에 대해… 마음속으로 갈등을 느낀 듯 보였다.

미국 특유의 문화적인 측면에서 본다면 사실 이 Guy라는 말은 꽤 친밀하고 다정함이 포함되어 있는 말이다. Word 그대로 혹은 문법 그대로 따져 본다면, 여자친구들에겐 Guys 대신에 Gals(Girls)라고 해야 하지만 젊은 애들은 남녀차이 없이 그냥 Guys라고 한다.

어린애들에게도… Hello Guys라고 말을 하는데… 한 걸음 더 나아가 아장아장 걷는 갓난애들에게 "Hello big guys."라고 농담조로 얘기도 하니…. 이럴 땐 그 단어의 원의보다는… 분위적으로 해석을 하고 받아들여야 할 것이다.

유교사상에 익숙한 우리 한국인들에게 또 하나의 예를 들자면 다음의 표현도 무척 마음속에 갈등(?)을 유발하리라 믿는다.

부모들이 어디 가서 찍은 사진을 딸에게 보여 주었다. 그러자 그 딸이 사진을 보면서 하는 말이 You guys are so cute!!

Cute라는 말은 일반적으로 "귀엽다."라는 말로… 한국인들은 이해한다. 그러니 그것을 듣는 한국 부모의 마음이… 쪼금… 찝찝한 거다. ㅎㅎㅎ 놈의 시끼… 부모들 보고 귀엽다니…. ㅎㅎㅎ

한국인 가정에선 드문 경우지만 가끔 미국 가정에선 다 큰 아들이 자기 아빠를 부를 때 "Hey John, Hey George~"라고 이름을 부르는 경우도 있다. 개인적으로 들은 적도 있다.

미국 생활을 오래 한 나도 듣기가 별로 안 좋다…. ㅎㅎ

Man, buddy라는 말도 Guy와 함께 자주 쓰인다.

"Let's go, guys." 대신에 "Let's go, man! Let's go, buddy!"라는 표현도 많이 쓰고 있다.

주로 친한 사이에서만 쓰는 것으로 생각할 수도 있지만, 전혀 모르는 사람에게도 미국 사람들은 거리낌 없이 사용한다.

예를 들면, 스토어에서 줄을 서서 자기 차례를 기다리고 있는데, 점원이 "Over here, buddy!"라고 손짓을 하는 경우가 많다. 특히 이 Buddy라는 말은 Man이라는 말보다는 더 '보수적'인 Cowboy 시절의 냄새가 물씬 난다. 서부영화를 보면 Man, Man 하는 대신 Buddy라는 말을 많이 사용한다.

스토어에서 물건을 하나 집어들고 살까 말까 생각하는데 나이도 어린 점원 녀석이… "Do you like it, man?" 한다고… 기분 나빠할 이유가 없다. 의사 표현 수단이라고 생각하면 된다.

상대방의 물음에… "Yeah, I like it, man!" 하고 응답해 주면 자연스럽다…. ㅎㅎㅎ

그러면 "Yes, I do!" 할 때보다 더 동질감을 느낀다.

미국 교회에 가 보면 성도들이 목사에게 "Hey John….", "Hey, Robert." 는 물론 "Your sermon was awesome, man!" 혹은 "I like your message today, buddy!"라고 말하면서

툭툭 목사의 어깨를 쳐 주고 나가기도 한다. 나도 상대방도… No Problem이다.

그걸 굳이 문법적으로 따지고 문맥적으로 판단하고 문화와 정서적으로 파고들 이유가 없다.

그런데 만일 이런 Casual한 표현을 우리가 한국교회에서 사용한다면 과연 나이 든 사람이나 목사님들이 어떻게 받아들일까… 라는 질문을 할 수 있다.

철 모르는(?) 미국 태생 2세들을 제외한다면… 용감하게(?) 목사님의 어깨를 툭툭 치며… "You preached well today, buddy!"라고 할 사람은 거의(?) 없을 것이다. ㅎㅎㅎ

말 한마디 한마디 씹어가며(?) 듣고 새기는 우리 한민족에겐… ㅎㅎㅎ 감히 용납될 수 없는 표현일 것이다.

미국에 온 지 얼마 안 된 사람들이 조금 오해하는 미국인들이 하는 행동 중에 하나는… 이리 오라고 하면서 둘째손가락을 까딱까딱하는 행동이다. 이것을 순수한 한국 문화적인 측면에서 본다면 기분이 좀 나쁘다. 더욱이 나보다 나이가 어린 친구가 "Come Here~" 하면서 손가락을 까딱까딱 한다면… 매우 모욕적으로도 느낄 수도 있다.

그러나 큰 의미는 없다. 지네들끼리도 자주 그런다. 스토어에서 내 차례가 되면 카운터에서 일하는 점원들이 지쳐서 말을 하기 싫은지 나에게 손가락으로 오라고~ 까딱까딱한다.

미국 문화에선 별로 이상한 행동이 아니다.

반대의 경우도 있다. ㅎㅎㅎ

예전에 LA에서 교회 여집사님 한 분이 리커스토어를 하셨는데, 거스름 돈 동전을 손님들에게 건네줄 때 동전을 카운터에 놓는다. (되도록 손님이 잘 보도록 그렇게 하라고 가르친다고 한다)… 여기까지는 좋다…. 그런데 하필이면 그 가운데 손가락을 펴서 10 cents, 11 cents…. 그렇게 카운트했다고 한다. 당연히 많은 손님들이 인상을 찌푸리며 나가더라고… 했다.

그 집사님이 다른 의도로 그렇게 한 것은 당연히 아니다. 그러나 미국 사회에선… 이 Finger를 잘 다루어야 한다. 그러니 미국인들이 손가락 까딱까딱하는 것에 큰 비중을 두어 생각할 필요가 없다는 것이다. 어쨌든 미국에 온 이상 미국 스타일로 사는 것도 과히 나쁘지 않다.

가끔 와이프가 나에게 얘기하곤 한다. 당신은 한국 나가 살라면 조심해야 돼!

그 이유는… 나이에 맞게 처신(?)하지 않고… 지 멋대로 하고 다닌다는 게 가장 큰 이유다.

요즘은 좀 달라졌지만 얼마 전까지만 해도 나이에 안 맞게(?) 머리도 길게 기르고 수염에다 구렛나루에다… 청바지나 반바지에다… 탱크탑에다… 빵모자(Beanie)에다… 맞다… 내가 생각해 봐도 한국에서 이러고 돌아다니면… 귀싸대기 안 맞으면 다행이고…. 아마 힐끗힐끗 쳐다볼 것이다.(설마 내가 한국 나가서 그러고 돌아다니겠느냐만은…. ㅎㅎㅎ)

그런데 정말 감사한 것은… 내가 미국에서 산다는 것이다.
나는 미국 체질인가 보다. ㅎㅎㅎ You don't bother me, I don't bother you.

미국에선… 노동자가 먹는 음식이나 대통령이 먹는 음식이나… 별 차이가 없다.
부자가 골프장에 간다고 융단 깔아 주며 "다른" 대접 하는 것도 아니고 부자나 노동자나 나나… 같은 골프장, 같은 원칙 같은 게임이다.

누가 3만 불짜리 시계를 끼고 다니던, 카지오 20불짜리를 차고 다니던, 나같이 안 차고 다니던… 주위를 위식할 필요가 없어서 좋다. 꼬장꼬장한 마음을 버리고 "그럴 수도 있지~"라는 마음만 가진다면… 미국처럼 살기 좋은데도 없다.

이왕 미국에 왔으니… 한국에서의 사고방식을 버리고 이번 참에 미국적으로 한번 변화(?)를 가져 보는 것도 어떨까 말 하고 싶다.

이 넓은 땅 덩어리에 와서도 매일매일 한국말로 우리 한국인하고만 교제하고 한국 교회만 출석하고 한국 식당에만 가서 먹고 집에 돌아와서 한국 드라마 보다가… 한국말로 "잘 자~" 하고 마치는… daily routine이 우리 미국 생활의 쳇바퀴라면… 조금… 손해 보는 삶이 아닐까 생각이 든다는 것이다.

뭐… 매일매일 그러라는 말은 아니고… 가끔… 가끔은… 미국에 사는 미국인처럼… 멋지게 미국 식당에도 가고… 미국 교회도 가서 영어 찬송도 불러보고, 골프장에 한국인 4-some으로 맨날 같이 치지 말고 때로는 미국인 팀과 농담도 하면서 라운딩도 해 보고… 미국을 활용해 보자는 얘기다.

말은 이렇게 하지만… 그래도 나 역시 육개장이 햄버거보다 좋고 한국 찬송이 미국 찬송보다 은혜롭고(?) 영어보다 한국말이 더 정갈스럽다…. ㅎㅎㅎ

알아서들 하시라! OK, Guys?
(듣기 거북하지 않죠? ㅎㅎㅎ)

너희가 한국문화를 아느뇨?

예전에 한국에서 갓 이민 온 (아이가 하나 있는) 어떤 여자가 병원에 입원하여 두 번째 아이를 낳았다. 한국에서는 애를 낳고 나니 간호원들이 몸을 따뜻하게 하라고 담요도 가져다주고, 식사 때에는 따뜻한 미역국도 끓여 주고, 며칠간은 찬물 사용하지 말라고 샤워도 금지하고, 당분간 몸을 움직이지 말라고 하였는데….

아, 이놈의 미국 병원에선 빨리 일어나서 찬물로 샤워를 하라고 하고, 빨리 일어나서 돌아다니라 하고, 게다가 음식도 국물 없는 샌드위치를 가져다주길래… 이런 미개한(?) 것들이 있나… 하며 화를 냈다는 웃지 못할 에피소드가 있다.

역시 갓 이민 오신 할아버지 한 분이 무료하여 LA 한인타운 근처 공원 벤치에 앉아 계셨다.
마침 두서너 살 먹은 듯한 사내아이 하나가 걸어오길래 미국애를 가까이서는 처음 보는 할아버지가 하도 신기하고 이쁘기도 하여 "아~ 이놈… 귀엽게 생겼네… 어디 꼬추 한번 만져 보자~"며 그만… 덥석… 그 아이의 거시기를 만졌겠다.

기겁한 아이의 엄마가 911을 부르고 그 할아버지는 현장에서 체포되었다.
나중에 그 당시 한인으로선 미국 경찰 최고위직까지 올라갔던 Paul Kim인가(확실치 않음) 하는 분이 문화적 배경을 설명하여 간신히… 간신히… 풀려난 사건(?)이 있다. 이게 먼가?
이게 문화적 차이인가?

미국에선 아이가 옆에 있던 없던 부부가 껴안고 뽀뽀도 하고 수시로 I Love You를 남발(?)한다. 이 장면을 TV를 통해 유심히 보고 있던 어떤 중년 아주머니께서… '그래… 내가 실천을 해 봐야겠다…. 껴안고 뽀뽀하는 것은 좀 남사스럽지만… 서방에게 I Love You라는 말은 오늘 저녁 꼭 해 봐야겠다….'라고 결심을 했다.

저녁 무렵… 서방님이 돌아왔다. 저녁을 차려 상을 두고 둘이 앉았다. 잠시 분위기를 보던 아지매가 드디어 결심을 한 듯… 조그마한 목소리로 (시선은 떨군 채) 말했다.
"아이… 라 뷰~"

순간 기묘한 정적이 흐른다. 잠시 후 서방님이 숟가락을 살며시 내려놓더니만 나지막한 음성으로 말한다. "니… 어디 아프나?"

그렇다…. 니 문화가 순식간에 내 문화가 될 순수 없다. 착각은 하지 말자.

피를 통해 전해지고 수천수백 년… 그렇게 살았던 나의 문화가… 지식적으로 배우고 피부를 통해 느낀다고… 단기간 내에 지식적이 아닌 본능적으로 변할 수 있는 것은 아니다.

내가 미국 생활 40년이 넘었기에, 알 거 모를 거 다 안다고… 미국 사람들이 하듯, TV에서 보듯… 아침에 출근하며 내 아내의 손을 붙잡고… "Honey, I love you." 하며 쪼옥! 하고 뽀뽀를 〈자연스레〉 하며 갈 수는 없다고… 시도바울의 이름을 빌어 (주님의 이름까지 빌릴 필요는 없으니까~) 솔직하게 고백한다.

그 대신 우리는… 거시기가 있다. 슬쩍 눈이 마주칠 때… 고개를 약간 끄덕이면… 그게 I Love You가 아니고 뭐란 말이냐? ㅎㅎㅎ

NBA 농구를 봐라. 이리저리 상대방의 수비를 뚫으려 드리블을 하다가 순간… 저쪽 Weak Side에 우리 팀 슈터가 나랑 눈을 〈잠깐〉 맞추는 순간… 나는 Shoot도 아니고 Pass도 아닌… 소위 말하는 Ally Oop을 날린다.

그 친구가 순식간에 뛰어 놀라 공중에서 내 공을 잡아채서 골을 넣는다. 이게 Ally Oop이다…. 나와 나의 와이프가 눈이 마주치는 순간 교감하는 그것이 바로 한국식 Ally Oop이다…. 그게 한국식 I Love You다.

내 말은… 진짜로 출근할 때 "I Love You." 하는 게 뭐 나쁘다거나 (ㅎㅎㅎ) 가능하지 않다는… 그런 말이 아니라… 나는 나 나름대로 몸에 배어

온 나의 문화가 있다는 것이다.

그것을 괜히 표면적으로 강요하거나 미화시키려 한다면… 어디 그게 본심이 되겠는가…. 가식이며 보기 좋은 모습일 뿐이다. 어쨌든… 문화의 차이는 반드시 있고, 특히 동양과 서양의 문화 차이는 확실히 있음을 부정할 사람은 없을 것이다.

조금만 더 다가가 보자. 동양 서양의 비교는 너무 광범위하니까 한국과 미국으로 축소하여 비교를 해 본다. 문화라는 영역 자체도 역시 광범위하니까 문화의 중추적 역할을 하고 있는 언어를 비교해 보는 것이 가장 이해하기 빠를 수 있다.

미국의 언어 속에 나타난 문화적 특성은… 영어는 일단 그 〈의도〉를 맨 앞부분에 명확히 들어낸다. 한국어는 정반대다. 그 정도로 문화 차이가 있다.

예를 들어 본다.
Who was the man who interrupted me during our conference call on the subject of cost savings?

그렇다…. 첫 부분에… 단박에… 명확하게… WHO 가 나온다.
이 사람의 의도는 어떤 녀석(Who)이 미팅 중에 나를 집적거렸냐는 것이다.

어떤 녀석인지(Who) 알고 싶다는 말이다.

이것을 한국말로 번역하자면 대충 다음과 같이 될 것이다.
"거, 어제 비용절감에 대하여 우리가 컨퍼런스를 할 때… 내말을 잘라 버리고 딴지 건 놈이 누구지?" 〈딴지 건 놈(Who)〉이… 맨… 맨… 맨… 뒤에 나온다.

한국말은 일단… 인내를 가지고 끝까지 다 들어 봐야… 그 〈의도〉가 무엇인지… 핵심이 무엇인지… 알게 된다. 그때까지의 모든 말들은… ㅎㅎㅎ… 꾸미는 말이다…. 설명하는 말이다.

한 가지만 더 예를 들어 본다.
I don't know what you're talking about even though you explained to me for the last 30 minutes or so with such a wonderful analysis work with Powerpoint presentation.

결론이 처음에 나와 있다. "모르겠다."는 것이다.

그런데 이것을 한국말로 바꾸어 보면…
"거, 뭐냐… 거 당신이 파워포인트 자료들을 이용해서 진짜 허벌라게 끝내주는 분석 작업을 통해 거의 30여 분간 나에게 설명을 했지만서도… 나 당신이 뭔 말 하는지… 모르겠소!"
〈모르겠소〉가 맨 마지막에 나왔다. 재미 삼아 비교를 해 본 것이지만…

단적으로 문화의 차이가 있을 수밖에 없음을 알게 될 것이다.

 일반적으로 모두가 공감하는… 우리가 미국을 본받아… 바꾸고 고쳐야 할 것(문화)이 분명이 있을 것이다. 그러나… 조금 거시기해도… 우리 한국만이 가진… 우리의 귀중한 (생각하기에 따라) 우리만의 문화와 스타일과 방식이 있을 것이다. 이것 마저 시대가 변한다고 따라서 변해야 한다고… 말할 수 있을까?

 세상을 돌아다녀 봐도… 한국 여자들만 소유하고 있는 〈애교〉가 있다. 미국 여자들에게 애교를 가르쳐 해 보게 하라…. 3초 내에 구역질이 날 것이다. ㅎㅎㅎ

 동료들과 식사를 하러 가서… 갑자기 한 친구가 불쑥 일어나… 오늘은 내가 쏜다 하며… 전원 음식값을 다 지불하는 것을 미국인들이 쉽게 이해할 수가 없다. 진짜로 10 cent까지 쪼개서 Dutch Pay로 계산하는 그들이다.

 따라 하라고 하는 것은 아니지만, ㅎㅎㅎ 전철에서 빈자리가 생기면 자기 가방을 밀어서 던져 일단 자리를 선점하는 한국의 아줌마들의 적극성…. 굳이 배울 것은 아니지만… 그것도 우리 문화의 일부임에는 틀림없다.

 되도록 남의 일에 끼기를 꺼려하는 미국인들과는 달리… (내가 예전에 한국 출장 가서 버스 타고 가면서 많이 본 거지만) 길거리에서 곤경당한 사람들 주위로 우르르 모여서 도와주려는 사람들 (구경이 목적일 수도 있지만)… 어쨌든 이 또한 한국인의 특유 성향이다.

요즘 내 주위에서 은퇴를 한 사람이건 곧 은퇴를 할 사람이건… 한국으로 돌아가서 거기서 살다가 여생을 마치고 싶어하는 사람들이 꽤 많이 있다. 왜 그런가?

미국이 그렇게 좋고, 미국 문화가 그렇게 좋다면… 여생을 미국에서 마감해야 할 것인데… 왜 굳이 한국으로 향하는가? 그것은… 나의 겉 행동은 이제 미국인을 닮아 마국인들 같이 살아가지만, 나의 속 마음은 한국의 거리가 한국의 친구들이 한국의 음식이 한국의 스타일이… 즉 한국의 문화가… 역시나 편하게 느껴지기 때문이 아닐까 싶다.

특이한 것은, 나이 든 사람들만 이런 경향을 보이는 것이 아니라, 요즘은 젊은이들도 한국에서의 삶을 꽤 동경하고 있다는 사실이다.

문화 + 한국의 국제적 위상 때문인가 보다. 한국이 그만큼 좋다는 결론이기에… 기분이 좋다.
한국 만세! 한국 문화 만세!

습관… 습관… 습관!!!

1970년도 후반에 미국 시카고로 유학을 왔다.

누님 댁에 머물면서 며칠이 안 되어 난생 처음 교회에 나가게 되었고 어느 날 교회 청년들과 어울려 커피숍에서 밤 늦게 신나게 얘기를 나누다가 헤어지게 되었다.

그 당시 나는 운전면허증을 아직 따지 못한 때여서 교회 친구가 내가 사는 아파트까지 Ride를 주게 되었다. 새벽 2-3시 쯤 되어서인지 거리에는 차가 거의 보이지 않았다.

이 친구는 아주 어려서 미국에 온 거의 2세권에 가까운 친구였는데 차를 매우 빨리 몰았다.

젊은 시절이어서 그런지 나는 그게 그리 나쁘지 않았다.

그런데 내가 관찰한 것 중에 하나는… 그는 아무도 없는 4차선에 빨간불이 켜지면 어김없이 정지하고 파란불이 켜지기를 기다리는 것이었다. 당연한 것이지만… 운전 경험도 없고 도로교통법이 먼지도 모르던 그 당시의 나에게는 조금 신기한(?) 광경이었다.

새벽 2시에… 이쪽 저쪽 앞쪽 뒷쪽을 둘러보아도 아무 차도 사람도 없는데… 굳이 정지를 하고 파란불을 기다려야 하나? 차나 사람이 있어야… 이런 법 저런 법 지키지…. 도로 위에 차도 사람도 없는데… 그냥 가면 되지, 라고 생각하였던 것이다.

그렇게 생각하였던 내가 세월이 흐른 다음 LA 쪽에서 직장을 다니고 있을 때였는데, 한국에서 친척 형님이 오셔서 밤 늦게 공항에서 픽업을 하여 옥스나드라고 하는 LA 북서쪽에 위치한 숙소로 Ride를 준 적이 있었다.

숙소 인근에 왔을 때 작은 거리였는데 빨간불이 켜졌다. 시카고 때와 같이 좌우 앞뒤… 사람도 차도 없었다. 파란불을 기다리고 있는데 '차도 사람도 없는데 왜 안 가냐.'며 의아하게 친척 형이 나에게 물어왔다.

사실 내가 빨간불에 정차한 것은 도로교통법을 따지면서… "빨간불에는 Stop! 하는 것이 법이다…."라고 생각하여 정지한 것은 솔직히 아니다. 그냥… 나도 모르게 빨간불에는 스톱을 했을 뿐이다. 습관이다.

예전에 내가 아는 John이라는 후배가 있었다. 이 녀석은 여자들은 물론 어른들에게도 인기가 대단했다. 뭐 그리 인물이 출중한 것도 아니고 키가 크고 근사한 체격을 갖춘 것도 사근사근 얘기하는 것도 밥값을 대신

내어 주는 것도 아니다.

그런데 이 친구에겐 한 가지 버릇(습관이겠지)이 있다. 차를 타거나 차에서 내리거나 할 때 남녀노소를 불문하고 뛰어가서 차문을 열어 주고 닫아 준다. 미국 사람들은 이런 사람을 Gentleman이라고 칭한다.

이게 사실 하루 아침에 배워지는것은 아니다. 억지로 하는 사람도 있는데, 그들은 사람들이 보는 앞에서는 제법 성실하게 한다. 그러나 상대편과 단 둘이 있을 때에도 철저하게 하는 것은… 아니다.

나름대로 알아봤더니 John은 그 아버지께서도 그러신단다.
아버지께서도 나이가 지긋하신데도 꼭 부인을 위해 차 문을 열어 주고 동승자를 위해서도 차 문을 열어 주신단다. John이 어렸을 때 아버지가 그렇게 하는 것이 Gentleman의 예의라고 가르치고 시켰다는 것이다. 성인이 된 John에겐 이미 습관이 되어 버린 것이다.

좋은 습관은 좋은 인격을 형성한다. 치밀하고 명석한 두뇌 놀림보다도 때로는 습관이 더 강력하고 더 효과적이고 더 빨리 작동한다.

옛말에 세 살 버릇 여든까지 간다는 말이 있다. 지당한 말씀이다.
습관화가 되면 전혀 힘들거나 부담스럽지 않다.
그래서 어릴 때 좋은 습관이 들어야 하고 교육이 필요한 것이다.

요즘 한국의 위상이 세계를 흔들고 있다. 세계 10위인 경제력도, 세계 6위인 군사력도, 동양 1위인 문화력도 그렇지만… 한국인의 윤리성도 새롭게 조명되고 있다.

하도 믿기 어려운(좋은) 소문들이 퍼지니까 어느 나라에서는 2014년에 조사단을 한국에 보내서 몰래 실험까지 했다. 양심테스트라고 한다.

지하철 칸의 출입구 바로 옆에 가져가기 편하게(?) 물건을 담은 종이가방을 100개 준비해 여기 저기에 놓아 두었다. 종이가방에는 포장된 선물과 GPS가 들어 있었다.

사람들이 이 종이가방을 발견하고 어떻게 하는지를 카메라로 관찰했고 종이가방의 최종 위치를 파악하기 위해 GPS까지 장착해 뒀던 것이다.

그런데 안타깝게도 남아 있는 종이가방은 10개가 조금 넘는 숫자뿐이었다고 한다.
나머지는 다 없어진 것이다.

실험자들은… "경제 군사 문화 선진국 한국도 별 수 없구나…."라고 결론을 내리며 GPS로 최종 종이가방 위치나 파악하자며… 확인해 보았는데 놀라운 사실이 드러난 것이다.

81개의 종이가방이 모두 한곳에 모여 있었는데, 그곳은 바로 '지하철

유실물센터'였다고 에포크타임스 한글판 기사가 전했다.

물론 몇 개의 가방들은 누군가가 가져간 것이겠지만, 선진국이라고 하는 미국이나 유럽의 나라에서 이런 실험이 진행됐었다면 거의 100% 눈 깜짝 할 사이에 다 없어졌을 거라고 실험단들은 얘기했다고 전해진다.

한국의 스타벅스를 비롯한 카페에선 탁자위에 랩탑이나 휴대폰을 두고 잠깐 자리를 비우면… 사람들이 〈눈독〉을 들인다고 한다.

그런데 그 눈독이… 물건에 대한 눈독이 아니라…. 저 자리를 내가 차지해야 하는데… 하는 〈자리〉에 대한 눈독이라는…. 외국인이 올린… 제법 황당한… 유튜브 동영상도 있다.

어느 한국의 아파트 빌딩에선 택배기사가 수많은 배달품들을 일층에 쌓아 놓으면 주인들이 내려와서 자기 것을 가져가는데 아직 찾아가지 않은 배달품들은 하루가 지나도 없어지지 않는다고 신기하다고 외국인 유튜버가 올린 동영상도 있다.

우리나라가 1970년도 1980년도에도 이랬는가? 아니다.
1980년 중반에 나는 한국에 잠깐 나갔었는데, 제주가는 비행기에서 내 좌석에 어떤 분이 앉아 있는 것을 보고 제 자리니 비켜 주십사고 했지만 막무가내로 딴 데 가서 앉으라는… 황당한 말을 들은 기억이 있을 정도로… 우리나라 역시 하루 아침에 Level up이 된 것은 아니다.

그러나 분명한 것은… 우리 민족은 성실하고 근면하고 정의를 사랑하는 민족이다.

그런 민족 중에서… 소수의 선각자들의 깨달음이 모든 분야에서의 '교육'을 통하여 어린 우리들에게 '습관'으로 변하게 만든 것이다. 좋은 한국인의 습관이 이제 열매를 맺고 있는 셈이다.

순간 순간의 옳고 그름이나 맞냐 틀리냐의 두뇌 판단이 아닌, 습관에 의한 윤리적 선행들이 한국인의 특성으로 나타나고 있다는 반가운 소식이다.

예전에 의도나 목적도 모르고… 그저 식목일에는 나무를 심고… 기회만 되면 여기저기 나무를 심은 덕에… 한국은 세계에서도 최상위급 푸른 나무와 숲을 자랑하는 나라가 되었다.

한 친구가 한국에서 콜로라도 덴버가 산꼭대기에 있고 살기 좋은 곳이라는 말을 듣고 관광 왔다가… 왜 이리 나무가 한국보다도 없냐며 나에게 물어보던 우스운 기억도 난다.

외국에 관광 가서 이제 우리 한국인들은 습관적으로 에티켓을 지킨다. 한국에서도 100만 명이 모여 목 아프게 열나게 성토를 하고 헤어지는 마당에도 다들 주위의 휴지를 집어들고 나가는 게 우리 한국인들이다. 쓰레기 분리수거하는 나라가 세계에 몇이나 되겠는가?

얼마전 제주공항에 어느 나라 사람들이 관광 왔다가 떠나면서 아무 생각 없이 버린 휴지들이 산더미같이 쌓인 사진을 보았다. 우리에겐 이제… 그런 그림은 먼 옛날 그림이다.

좋은 습관이 만들어 놓은 좋은 열매들이다.

그래서 수십 년 걸리는 이 좋은 습관들을 우리는 우리 자녀들에게 사명감을 가지고 가르쳐야 한다. 지식은 필요에 따라 자신이 스스로 배울 수 있다.

그러나 습관은 스스로 가지기가 어렵다.

그래서 부모들이… 나라의 선각자들이… 교회의 리더들이… 사명감을 가지고… 좋은 습관들을 가르쳐야 한다. 습관은 훈련이 필요하고 때로는 강권도 필요하다.

우리가 때로는 기도할 때… "강권하시더라도 XX를 주님품으로 불러주십시오…."라고 기도하는 것과 같은 맥락이다.

나는 수십 년간 지켜온 습관이 하나 있다. 다들 그러겠지만, 아침에 일어나서 10여 분 그리고 잠자기 전에 10여 분은 항상 기도를 하는 게 나의 습관이다.

이게 습관이 되니까 그냥 본능적으로 하게 되고 전혀 부담을 느끼지 않는다.

장로가 하루에 겨우 20분 기도하냐며… 질책하실 분들도 있지만… 미니멈(Minimum)이란 얘기다…. ㅎㅎㅎ 더욱이 그런 습관의 좋은 점을 말하려는 것이다.

오늘부터라도 좋은 습관 하나씩 만들어 보았으면 어떨까 싶다.

Let's do it!

길이 있는 곳에 뜻이 있다!

〈뜻이 있는 곳에 길이 있다〉가 맞는가?
〈길이 있는 곳에 뜻이 있다〉가 맞는가?

어렸을 때는 당연히 뜻이 있는 곳에 길이 있다고 믿었다.
그래서 청운의 꿈을 품고 내 길을 만들려고 애를 썼다.

나이를 들어 뒤를 돌아보니
길이 있는 곳에 뜻이 있다는 말도… 맞는 것 같다.

불의나 악의 영역만 아니라면 세상 그 어느 길도 가지 못할 길이 없다고 생각된다.
어느 길을 가든 나름대로의 뜻과 의미와 가치가 있을 것이다.

어느 길을 가든 그 길을 내가 개척하는 것 같지만 결국은 하나님이 이미 닦아 놓으신 길을 갈 뿐이다.

우리는 그 길을 마치 우리가 새롭게 만든 길처럼 보무당당하게 행진을 하는데 세상사의 섭리의 손길이 우리를 그 길로 가게 하였던 것이 아니었던가.

수많은 길과 길이 교차하는 것이 인생사다.
내가 내 의지대로 나의 길을 개척하는 것 같지만
우리는 겸손해질 필요가 있다.

인생사란
우리가 마치 온라인 게임을 할 때, 광활한 광야를 이리저리 달려가면 없었던 길이 실시간으로 생기듯이… 게임 기획자가 이미 만들어 놓은 그러나 보이지 않았던 그런 길들이 수없이 깔려 있다가 우리의 선택에 따라 그때그때마다 활성화되는 것과 유사하다고 생각할 수 있다.

아들이 아빠에게 묻는다. 아빠, 나 가수 하면 안돼?
가수? 이놈아, 가수 해서 밥이라도 먹고 살겠냐?
남자는 기술이 있어야 해…. 공대 나와서 삼성에 취직해서 엘리트로 살아야지!

딸이 묻는다. 아빠… 나 격투기 선수가 되고 싶어.
우리 딸! 정신차려…. 그거 남자들이나 하는 거지…. 그냥 정상적으로 대학 나와서 좋은 남편 만나서 행복하게 살아야지?

아빠… 나 암벽 타는 선수 되고 싶어. 이놈아… 그 위험한 짓을 왜 땀 뻘뻘 흘리며 사서 하냐? 암벽 타지 말고 주식 트랜드나 잘 타서 돈 버는 선수나 돼라!

친구여, 나 이 직업 관두고 다시 딴 공부 하려고 해.
아, 이 친구 왜 그래…. 좋은 직장에서 돈 잘 벌고 있는데 왜 또 처음부터 시작하려고?

담임 목사님, 죄송합니다… 저는 오늘부로 사임하고 타지에 가서 교회를 개척하려 합니다.
아, 이 목사 왜 그러나…. 이 대형교회에서 조금만 더 있으면 큰 위치에 올라갈 사람이.

여보… 나 의사 관두고 아프리카로 선교사 파송 나가려 해.
당신 미쳤어? 왜 성한 직업 관두고 생고생하러 가?

위에 열거한 사례들은 아마도 우리의 전형적인 관점에선 쉽게 이해될 수 없는 선택일 것이다.
그런데 상기 사례들은 실지로 내 지인들에게 벌어졌던 사건들이었고… 그 사람들은 새 길을 선택했고… 수년 후 그들은 그들이 택해 걸어간 그 길에 분명한 뜻이 있었음을 체험한 사람들이 되었다.

도전정신과 의지와 용기가 없는 나 같은 사람은… 안전하고 잘 닦여진

길만을 선호할 것이다. (이게 잘못된 건 아니다)

　내 마음속에 꿈이 있어도 이것저것 따지고 때와 시기를 보고 상황을 보다가… 버스를 놓쳐 버리는 짓(?)을 수없이 하고 살아왔다.

　나는 그런 그릇밖에는 안 되지만 내 주위에는 과감하게 결단하고 미련 없이 새로운 경험을 위해 떠나는 사람들이 있다.

　무모하게 보인다. 지금까지 쌓아온 그 위치(?)가 분명히 와르르르 무너질 것으로 보인다.
　뜻을 세우고 길을 개척해 놓았으면 그 길에 머물러서 달콤한 열매와 향기로운 꽃 향기를 만끽해도 되거늘…. 이 사람들은… 또 모르는 길에 발을 내디딘다.

　바보 같은데… 그렇지가 않다.
　인간은 태어나는 것하고 죽는 것은… 자기 마음대로 할 수 없다.
　그런데 그것만 제외하고는… 자기 마음대로 다 할 수 있다.

　하나님도 허용하신 자유인가? ㅎㅎㅎ
　자유를 준다고 해서 모두가 그 자유를 다 누리고 만끽하는 것은 아니다.
　어떤 사람은 조그마한 자유에 만족하고 어떤 사람은 자유를 Extend 하여 Full Capacity를 가지려 한다.

둘 다 다 맞다. 지금의 자유에 만족하든 또 다른 자유를 향해 나아가든… 그것은 개인의 선택이다. 결국 어떤 길을 가든… 무엇을 하든… 궁극적으론 우린… 동일하게 인생의 끝맺음에 도달하게 되어 있다.

인생의 길이 끝나고… 우리가 어디로 가게 될 것인지 확실히 알 수만 있다면… 어떤 과정을 택하여… 풍파를 거쳤던 평안하게 살았던… 그것들은 일장춘몽의 흔적에 지나지 않게 될 것이다.

바다 이편에서 저편까지 안전하게 우리를 데려다준다는 보장이 있는 배라면, 잔잔한 바다 위에서 무료하게(?) 선탠만 반나절 하다가 목적지에 도착하는 것보다는… 풍랑도 맛보고 낚시도 해 보고 상어도 보면서 목적지에 도달하는 것도… 가히 나쁠 건 없지 않을까 싶다.

얼마 전 〈싱 어게인〉이란 오디션 프로그램에서 최종 우승자가 된 이승윤이란 사람이 있는데… 알고 봤더니 유명한 이재철 목사의 아들이란다. 목사 아들이?… 라고 생각하는 사람이 많은 모양이다. 왜 목사 아들이면 가수가 되면 안 되는가?

개인적으로도 존경하는 이재철 목사는 아들이 넷이다.
변호사 아들도 있고, 유튜버 아들도 있고, 독일에서 미술을 공부하는 아들도 있고, 이번에 〈싱 어게인〉에서 우승 먹은 가수 아들도 있다. 아버지 따라 목사가 되는 아들도 장하지만… 자기의 분야에서 인정받고 활약하는 아들도 장하다.

교회 안에서만 활동해야 하나님의 진정한 자녀들이라고 생뚱맞은 얘 길랑 제발 하지 말자.

교회만 위한 하나님이 아니다. 이 세상 모든 사람들을 위한 하나님이다.

하나님의 은총의 비는 교회에만 내리는 게 아니라 온 세상을 적신다.

노래하며 하나님께 감사하면 그게 더 멋있다.
암벽 타며 하나님께 감사하면 그것도 멋있다.
링 위에서 싸우며 하나님 생각해도 멋있다.

하나님을 교회 안에만 가두어 두는 교만은 버려야 한다.
이재철 목사는 다음과 같이 말 했다고 한다
아이들을 목사의 아들로 키우지 않았다.
아이들에게 단 한 번도 '너 목사 아들이 왜 그래?'라고 말한 적 없다.
목사의 아들이기 때문에 어떤 것에 구속을 받지 말고 본인답게 살라고 가르쳤다고 한다.

본인답게 사는 것… 이게 키 포인트다. 원하는 목표를 향해 뜻을 세우고 길을 개척하는 것도 좋고… 이런 저런 길을 가다가 뜻을 발견하는 하는 것도 좋다.

어차피 인생은 무대이다.
무대 위에서 쫌생이처럼 웅크리고 있는다면 it's a waste of your life.

결국은 연기처럼 사라질 인생인데… vanity oh vanity…라고 탄식한 솔로몬의 지혜를 가져 보자. 그래서 나는 길이 있는 곳에 뜻이 있다고… 자신 있게 외치고 싶다!

Where there's a way, there's a will!

절씨스, 에스터 그리고 멘토!

아주 오래전… 미국 유학 초기 시절 이야기다.

World History 시간에, 머리는 2대 8로 반듯하게 빗질을 하고, 잠수부 고글 같은 두꺼운 안경을 쓰고, 콧수염, 턱수염, 구렛나루의 부피가 얼굴보다 더 컸다고 기억되는, 이제는 그분의 이름도 생각이 안 나는, 어느 노교수가, 세계 역사 속의 위대한 왕들의 리스트를 칠판에 써 내려가며 그중 한 명의 이름을 말했다.

"절씨스~" 앵?
나름 어느 정도 세계 역사를 훑고 있다고 생각했던 나는 처음 들어보는 '절씨스'라는 왕의 이름에 고개를 갸우뚱하지 않을 수 없었다. '절씨스'라? 물론 우리가 한국에서 배운 세계사에 나오는 위대한 사람들의 이름은 본토 발음이 아니다.

그러자 교수가… '절씨스 더 그레이트'라고 거든다. 음… 절씨스 대왕이란 뜻인데… 대체 절씨스가 누군고? 이 Mr. 절씨스는 우리가 자신 있게 발음하는 '크세르크세스' 대왕의 미국식 발음이다. 그렇다… 우리는 크세르크세스로 알고 있다.

오늘은 영어 공부하는 게 목적이 아닌고로 일단 넘어간다. 이 "영웅들의 지배자"라는 뜻을 가진 크세르크세스는 고대 페르시아 대왕이다. 얼마나 강하고 능력 있는 마초맨이었던지 그는 인도에서 중동을 거쳐 북아프리카와 이집트까지 페르시아의 영토를 확장했다.

이 사람을 모르는 사람은 아마도 세계사에 흥미가 없었거나… 세계사 시간에 꾸벅꾸벅 졸기만 했거나… 영화조차 즐겨 보지 않았던 사람이었을 수도 있다.

오래전에 상영된 〈300〉이란 영화를 기억할 것이다. 여기에 이분이 나왔다.

목숨을 건 300명의 정예 스파르탄 병사에게 Focus가 있었기 때문에… 영화 말미경에 나오는 키가 장대만 하고 무섭게 생긴 이 크세르크세스 대왕에 대해서 아마도 우리는 신경을 안 썼을 수도 있다.

역사에 의하면 이 크세르크세스는 친히 대군을 이끌고 그리스를 침공했다고 한다. 다르다넬스 해협을 건너 마케도니아 왕국을 지나 테르모필레의 협곡에서 최초로 그리스 병사들과 전투가 벌어졌다. 이것이 스파르타의 정예병 300명과의 유명한 〈테르모필레〉 전투이다.

영화에서는 비까비까 버티는 장면으로 나왔지만, 상대가 되지 않았던 전투였다. 이 전투에서 승리한 크세르크세스는 아티카와 아테네까지 기침없이 정복했으나 테미스토클레스가 이끄는 그리스 해군에게 살라미스 해전에서 패했고 크세르크세스는 페르시아로 후퇴했다는 역사 기록이 있다.

이것이 그 유명한 페르시아 전쟁인 것이다.

자, 그런데… 이렇게 유명한 절씨스 대왕…. 우리의 친숙한 한국어 발음으로 크세르크세스 대왕은 도대체 누구인가를 생각하면…. 제법 흥미로운 스토리가 나온다.

성경을 보면… 이 대왕이 등장한다. 진짜?

성경에는 이 크세르크세스 대왕이 〈아하수에로〉로 나온다.

아하수에로? 어디서 많이 듣던 이름이다.

그렇다… 우리가 잘 알고 있는… 그리고 존경하는… 이스라엘 민족의 위대한 영웅인 〈에스터〉 왕비와 관계가 있다. 둘이 같은 침실을 썼다…. ㅎㅎㅎ

에스터는 누구인가라고 갸우뚱하시는 분들은… 성경을 좀 읽으서야 한다…. ㅎㅎㅎ

성경에 의하면, 이렇게 제국들을 제압하고 영토를 확장하며 승승장구하던 아하수에로 왕은 어느 날 이 위세를 자랑하려고 잔치를 180일 동안 벌이게 되는데… 이것이 시청률 1위를 자랑할 (만일 방영된다면) 드라마의 시작이 된다.

에스터는 바벨론 제국에 포로 신분으로 잡혀와 삼촌의 도움을 받으며 자라게 된다. 바벨론 제국의 식민지로 통치를 받으며 하루하루 어렵게 살다가 에스터가 분별력을 가질 즈엔 부모님이 모두 돌아가셔서 삼촌인 모르드개가 친딸처럼 키웠다고 성경이 말하고 있다.

훗날 왕비에 간택될 정도로 모르드개가 에스터를 철저하게 교육을 시켜 몸도 마음도 (그리고 민족관 애국심 등등?) 아름답게 성장하게 되었던 것 같다.

모든 드라마에 선과 악이 있고 Plot이 있고 반전이 있듯이… 이 페르시아에는 제2인자라고 하는 술수와 정치에 노련한 악인 〈하만〉이라는 자가 있었는데… 이 사람은 이스라엘 민족과 철천지 대원수인 아말렉의 후손이다.

그가 모르드개의 신분을 파악하고(사실 하만이 거리에 등장을 하면 모든 사람이 고개를 숙이고 절을 했는데… 이 모르드개만은 꼿꼿이 목을 폈다고 하니… 찍힐 만도 하겠다)… 그의 가족들은 물론 모든 포로로 와 있는 유대인들을 학살할 흉계를 꾸미게 된다.

이 사실을 알게 된 모르드개와 유대인들은 대성통곡을 하며 금식과 기도를 하게된다.

모르드개는 에스더를 찾아가 사실을 모두 말하고 네가 왕 앞에 나가서 유대인이 처한 현실을 고하고 선처를 구하도록 해달라고 부탁하지만 허락 없이 왕 앞에 나서면 죽임을 당한다는 것을 잘 알고 있는 에스터는 난감했다.

왕명이 없는 한, 왕후라 할지라도 왕에게 나아가는 것은 곧 죽음을 의미했는데 에스더는 이때 결국 "죽으면 죽으리라."하고 비장한 각오로 삼일 동안 금식한 후 아하수에로에게 나아가 임박한 죽음으로부터 민족을 구하게 된다… 는 역사의 한 기록이다.

죽으면 죽으리라…. 이 얼마나 간단한 것 같지만 어려운 말인가.

소설로 드라마로 성경으로 이야기를 들을 땐… 뭐 "나도 죽으면 죽을 수도 있을 거다…."라고 생각하지만 과연 그 상황이 나에게 닥치면 나의 마음이 어떨지는 그때 가 봐야 알 것이다.

한 여자의 결단이 한 민족을 구한 셈이다.

자, 그런데 나는 우리의 포커스를 담대한 결단을 보여 준 〈에스터〉가 아닌 혜안을 가지고 결단을 위해 준비한 〈모르드개〉로 옮기고 싶다. 내 생각이지만 모르드개는 어느 순간부터… 자신과 가족과 그리고 민족을 위한 간절한 염원이 자신 안에서 싹트는 것을 자각했을 것으로 보인다.

이대로 우리가 이국 땅에서 생명만 부지할 수 있다고… 이 포로생활에 만족하며 살아야 하는가…? 하는 의문을 가졌을 것이다. 원대한 염원을 가지고 그는 하나하나 계획을 실천하였을 것이다.

분명히 에스터에겐 어렸을 때부터 기회가 생기는 대로 민족의식과 애국심을 넣어 주었을 것이고, 죽으면 죽으리라 하는 결단이 즉흥적이 아닌 기로의 순간에 본능적으로 나올 수 있도록… 에스터의 신념이 되게… 긴 세월 여러 방법으로 훈련시켰을 것으로 생각된다.
에스터가 왕비가 되었지만 그것이 민족의 앞날을 보장해 줄 수는 없었다.

누군가가 에스터의 마음속에 숨겨진 결단의 문을 열 수 있도록 올바른 판단과 지혜를 가지고 적시에… 그에게 멘토링 해 줄 사람이 필요했는데 모르드개가 그 역할을 한 것이다.

맞는 말이다. 영웅은 저절로 생기는 것이 아니다. 그리고 소설처럼 자기 스스로를 영웅이라고 인식하고 그 영웅의 길을 가는 영웅은 거의 드물 것이다.

영웅도 만들어 지는 것이다. 멘토가 필요하다. 코치하고 선수하고 시합을 하면 당연히 선수가 이긴다. 그러나 선수들의 모든 전략은 코치가 짜고 승부에 대한 결단은 코치가 내린다.

능력 있는 코치가 있으면 오합지졸이 난공불락의 선수들이 될 수도 있다.

선수들이 승리하면 우리는 그 선수들을 영웅시하고 그들에 포커스한다.

그러나 멀찌감치 뒷편에서 그들의 승리를 지켜보고 있는 코치는… 그 승리 속에 비록 자신이 감추어지지만… 진정으로 기뻐할 것이다. 왜냐하면 그의 목적은 자신의 부각이나 스포트라이트 받는 것이 아닌 바로 궁극적인 승리에 있기 때문인 것이다.

우리가 진짜로 필요한 사람은… 진정한 멘토들이다. 멘토들은 본능적 그리고 기능적으로 자신의 부각이 아니라 멘토링의 결과에 관심이 있는 사람들이다.

이런 멘토들이 많게 된다면… 자신의 부각과 득세와 공치사를 추구하는 사람들은 줄어들 것이고 훌륭한 일꾼들과 좋은 결과들로 가득 차게 될 것이다.

미국 회사에 들어가면 심심찮게 듣는 것이 "Train the Trainer!"라는 구호이다.

훈련을 담당할 사람들을 먼저 훈련시키라는 말이다. 훈련을 담당하는 사람들부터 올바르게 훈련받게 하자는 말이다. 멘토(Mentor)들의 질을 높이면 맨티(Mentee)들의 결과(Performance)가 향상된다는 연구결과도 있다.

예전에 IBM에서 매니저 교육받을 때 첫 클라스에서 우리들의 멘토인

강사가 한 말이다.

나라도 정치도 회사도 교회도 그리고 가정도… 진정한 멘토가 필요하다. 우리 가정엔 엄마, 아빠만 있는가 아니면 멘토도 있는가? 우리 교회엔 목사 장로 집사들만 있는가 아니면 멘토도 있는가?

진정한 멘토가 없다면 진화론자들처럼 Pure chance 즉 우연의 확률만을 기대하며… 마냥 좋은 결과를 기다리는 격이 될 것이다.

기다리지 말고 멘토가 되고 멘토를 생성하자.
그래야 우리 후손들에게서 선한 결과를 기대할 수 있을 것이다.

Let's train the trainer!

인생의 에너지 불변 법칙

어느 동창회 모임에 친구들이 모였다.

변호사로 제법 이름이 알려진 친구를 향해 어느 친구가 말한다.
"야~ 너는 좋겠다. 이런 저런 소송 들어와도 걱정 없이 니가 해결할 수 있고."
그러자 곁에 있던 친구가 한마디 내뱉는다.
"야~ 별 걱정 다 한다. 니가 못 하면 변호사 고용하면 되지."

이번엔 한 친구가 말한다. "야~ 너는 좋겠다. 마누라가 요리사 출신이라 맨날 맛있는 음식만 먹을 수 있어서." 곁에 있던 또 다른 친구가 한마디 또 내뱉는다.
"뭘 걱정이냐… 쌔고 쌘 게 주위의 맛집들인데."

이번엔 미국에서 공부하고 주류사회에서 크게 활약한다는 교포친구를 향해 한 친구가 말한다.
"너는 좋겠다. 영어가 유창해서 미국 사회에서 어울리고 사는데 불편이 없으니."

그러자 미국에서 청과물 사업으로 크게 성공한 친구가 내 뱉는다.

"뭔 불편. 나는 영어 몰라도 지금까지 한인타운에서 돈만 잘 벌고 불편 없이 잘 살고 있구만."

다들 나름대로 자기 방식대로 자기만의 만족을 가지며 살고 있다. 이가 없으면 잇몸으로 산다는 속담이 있다. 방법만 다르지 비슷한 결과를 가질 수 있다는 말이다.

우리들은 환경과 조건이 달라도 다양한 방법과 선택을 통해 개인 만족을 추구할 수 있는 "인생" 시스템이 있다.

이가 없으면 잇몸이 있고, 돈이 없으면 건강이 있고, 전문 지식이 없으면 활용할 인맥이 있고, 자식이 어려선 속을 썩였는데 부모가 늙으니 철이 들어선지 부모를 모시고, 초혼에 실패해서 인생 절망인가 했더니 재혼하여 훨훨 날아가는 사람도 있고, 30분 늦어 비행기 놓쳤는데 그 비행기가 추락한 사건도 있다.

인생은 득과 실 그리고 불행과 행운이 조화롭게 믹스되어 있는 시스템이다.

나는 이것을 〈인생의 열역학 제1의 법칙〉이라고 부르고 싶다. ㅎㅎㅎ

내가 만지고 보고 듣고 맛본 것 이외에는 믿지를 못한다니…. 과학,

과학 하는 그 과학의 제일 선봉에 있는 열역학 제1법칙에 비유해 보고자 한다.

열역학 제1의 법칙(The first law of thermodynamics)은 한마디로 에너지는 다른 것으로 전환될 수 있지만 파괴될 수는 없다는 것이다.

예를 들어 내가 나무를 태우면 그 나무는 열과 빛을 내면서 곧 없어질 것이다. 그러나 그 에너지는 없어진 게 아니라 하늘로 올라가 구름층에 흡수되었다가 비가 되어 땅으로 떨어져 흡수되고 다시 식물의 뿌리를 타고 잎으로 올라가 과일을 만드는데 이용된다.

그 과일은 다시 사람에게 섭취되어 몸 속에서 체온으로 바뀐다.
에너지는 물질로 물질은 다시 에너지로 우주 안에서 돌고 도는 것이다.

인생의 열역학 제1의 법칙이 모든 사람에게 100% 똑같은 환경과 조건을 제공하지는 않는다.
그러나 결과를 향한 방법과 선택은… 다재 다양하게 그리고 동일하게 제공된다.

마치 타 버린 나무가 다양한 에너지로 존재하듯 우리 인생사는 없는 듯한 나의 능력 그리고 나의 방법들이 인생의 다양한 Source를 통해 존재하고 우리들에게 제공되고 있다고 생각한다.

이가 아니면 잇몸이라는 인생 섭리가 모든 사람에게 동일하게 존재한다는 말이다. 그러므로 궁극적인 결과는 개인별로 동일하게 느껴질 수 있다.

모든 인생이 결국은 죽는다는 그 결과만 동일한 게 아니라 인생의 과정 역시⋯ 방법과 선택을 통해 같은 결과를 향해 나아가게 된다는 것이다. 모든 사람이 부자가 될 수 없고 모든 사람이 능력맨이 될 수는 없다. 그러나 개인별로 가지는 궁극적인 인생만족도는 비슷할 것이다.

그러기에 연봉 백만 불 이상 버는 미국의 사업가 보다 방글라데시 산촌에 사는 사람의 행복수치가 높을 수도 있다는 말이다.

행복도는⋯ 내가 얼마를 더 가질 수 있는가에서 나오는 것이 아니라 내가 이미 가진 것에 대한 나의 마음 상태를 말하는 것이다.

옛말에 부잣집 저녁상에선 싸움소리가 나오고 나무꾼 저녁상에선 웃음소리가 나온다는 말이 있다. 내 눈에 보이는 많은 양적인 만족이 아니라 내 마음에 쌓인 깊은 질적인 만족이 진정한 행복지수이다.

그리고 당연히 우리의 창조주이시며 인생의 열역학 제1법칙의 창조자이신 하나님은⋯ 우리의 모자라는 능력과 조건과 환경을 대신할 다양한 방법과 선택들을 〈인생의 섭리〉라는 형태로 우리에게 제공하고 계신다.

그런 방법과 선택을 통하여 "모든 것이 합력하여 선을 이룬다"는 섭리가 실현되는 것이다.

선이라는 결과를 위해… "모든 것"… 즉 모든 방법과 선택이 제공된다는 말이다.

그러니… 나는 왜 이렇게 돈 버는 능력이 없을까…. 나는 왜 이렇게 머리가 나쁠까…. 나는 왜 이렇게 말주변이 없을까…. 나는 왜 이렇게 체력이 약할까… 라는 불평을 해서는 안 될 것이다.

인생의 에너지 불변의 법칙… 그것을 알아야 한다. 돈 버는 능력의 그 능력은… 다른 형태의 능력으로 존재하고 있음을 알아야 한다. 다른 능력을 잡으면 된다.

이런 형태의 에너지건 저런 형태의 에너지건… 불변인 것처럼, 이런 능력이건 저런 능력이건 하나님은 우리에게 적절한 능력을… 달란트를 주셨다.

없는 능력은 다른 능력으로 합력하여 선을 이룰 수 있다. 인생사가 바로 그런 것이다.

자빠져서 코피가 났는데 눈앞에 금덩이리가 있을 수도 있는 게 인생이다. 인생은 진짜 공평하다.

금고에 금덩어리 가득한 부잣집은 경비원 고용하고도 밤에 불안해서 잠을 못 이룬다.

그러나 탈탈 털어서 먼지밖에 안 나오는 집은 이불 걷어차고 쿨쿨 꿀잠을 잔다.

다 공평하다. 궁국적인 공평은⋯ 빈손으로 공평하게 왔다가 빈손으로 공평하게 가는 것이다.

사는 과정도 같은 원리이다. 공평하게 살다가 공평하게 가는 것이다. 서울 가는 길이 수십 가지이듯 인생 사는 방법도 여러가지일 것이다.

남들과 동일하게 사는 것이 공평한 것이라고 생각한다면 우리 모두는 로보트들이요 우리의 인생은 로보트의 행렬에 불과 할 것이다.

받은 능력에 감사하고 없는 능력은 다른 능력으로 합력하고 나의 선택에 만족하고 나의 방법에 성실하게 인생을 살다 보면⋯ 인생의 열역학 제1의 법칙처럼⋯ 나에게 하나님이 내려 주신 인생만족도는 항상 존재하고 있었음을 알게 될 것이다.

그 인생의 에너지 불변법칙을 위하여⋯ 오늘도 화이팅!!!

제발 좀 리액션 좀 하고 살자!

 지난 주 토요일 아침에 잠깐 볼일이 생겼다. 약속 장소에 가기 위해 차를 타고 Freeway 입구에서 파란 신호등을 기다리고 있는데 바로 앞쪽 Curb 옆에 누군가가 앉아 있는 게 보였다.

 많아야 40대 초반으로 보이는 홈레스 남자의 손에 든 카드보드 위에는 다음과 같은 메시지가 적혀 있었다. "Wife Died, No Job, Any Help Appreciated"

 순간 머릿속으로 많은 생각이 스치고 지나가는데, 손은 나도 모르게 지갑에 가 있다.
 원래 캐쉬를 가지고 다니지 않는데… 슬쩍 보니 마침 1불짜리 지폐들이 몇 개 보인다.
 1불짜리들을 다 집어 들고 손짓을 했다.

 시무룩하게 앉아 있던 그 남자가 순식간에 얼굴색이 환하게 변하면서 벌떡 일어나 나에게로 뛰어온다. 나 자신도 무척 당황했다.

내가 지금껏 저렇게 반갑게 고마운 표정을 지으며 큰 선물 받는 어린아이처럼 나를 향하여 달려오는 사람을 내 주위에서 본 적이 있었던가?

없다!

우리의 감사의 표현은 단순한 Thank You!다. 포커페이스를 유지하며 공손하게 그러나 사무적으로 Thank You! 하면 된다.

주는 사람도 받는 사람도 그 정도 선에서 감정교환이 끝난다.

아이들이 어릴 땐… 아빠들이 퇴근하면서 동네 근처에서 이것저것 사 가지고 들어간다.

그게 뭐 비싼 물건들도 아니고 기막힌 먹거리도 아니다.
그리고 아이들이 뭐 딱히 그것을 사 가지고 오라는 말도 하지 않았다.

그래도 아빠들이 그것을 사 가지고 짜짠~ 하고 들어 가는 이유는 단 한 가지다.
코 질질 흘리는 아들의… 뒤뚱뒤뚱거리는 딸의… 그 귀한 Reaction을 즐기고 싶기 때문일 것이다.

"얘들아~ 아빠가 이거 사 왔다~" 그 한마디에 이놈들이 깡충깡충 뛰면서… 그 잘난 몇 푼 안 되는 선물과 햄버거를 잡아채어 쏜살같이 소파로 달려가 먹기 시작한다.

얼굴엔 함박 같은 웃음을 띄운 채.

그 모습을 보는 아빠는… 직장에서 쌓인 모든 스트레스가 이미 사라져 버린 듯한 느낌이 들 것이다. 옆에서 그 모습을 보고 있는 아내의 마음은 더 행복할 것으로 생각된다.

그런데 언제부턴가 우리는 그 리액션이 점점 줄어들더니… 이제는 거의 없어져 버렸다.

여보… 여기 맛있는 빵 사 왔어!
응… 거기 식탁에 놔둬.

얘들아… 아빠가 떡볶이 사 왔다.
알았어, 아빠! 게임 끝나고 먹을게!

서로서로 주고받는 감정이 메말라 가고 리액션이 사라져 간다.

내가 기쁘게 주면 상대방이 반갑게 감사하고, 그 리액션에 내가 기쁘고 행복해하면, 그 모습을 보는 상대방도 더 기뻐지고… 이런 게 심플한 행복의 체인이었는데.

나에게서 그 잘난 지폐 몇 장 받은 그 남자의 이름은 Jake다.

그 1분도 안 되는 사이에 꽤 많은 대화와 생각들이 오고 갔다.

돈을 받아든 그 남자가 God Bless You! 하며 고개를 연신 숙이며 돌아간다.

이상하게도 지금까지 내가 적선한 홈레스들은 거의 대부분 감사의 표현을 God Bless you!라고 한다. 진정한 마음속의 감사의 표현이라고 생각된다.

그런데 약 5초 후… 그 남자가 다시 뛰어온다. 그가 내미는 손에서 100불짜리 지폐 한 장이 보인다.

아… 아마도 내가 급하게 집어 주느라고 1불짜리를 준다는 게 백 불짜리 지폐 한 장이 덤으로(?) 따라간 모양이다. 바보 그냥 가만히 모른 체하고 가지고 있지. ㅎㅎㅎ

오, 땡큐~ 하며 손을 내밀어 그 지폐를 집으려는 순간… 이 백 불이 내게는 지난 주부터 있었다. 필요가 없었기에 내 지갑에 그대로 남아 있었던 것이다.

그런데 이 백 불은 아마도 이 친구에겐 무척 큰 의미가 될 것이다. 잠시 떨리는 ㅎㅎㅎ 손에 기운을 넣어… 손사래를 치며
"You can have it… it's my small gift… God bless you!" 했다.

당연히 그의 눈가가 붉어지는 것을(착각?) 목격했다.

그의 마음도 착잡하리라. 그의 용모와 복장을 볼 때 그가 Homeless가 된 것이 그리 오래전 일은 아닌 듯 싶다.

상상과 추측을 해 보니… 아마도 그는 괜찮은 직장을 가지고 있었을 것으로… 그런데 그의 아내가 어떤 사고로? 병으로? 남편만 남겨두고 세상을 떠났을 것으로… 그리고는 그 트라우마와 심리변화 때문에… 직장을 관두었던지 잃었던지… 했을 것으로… 그러다가 결국은 홈레스가 되었을 것이다… 라고 그냥 추축을 해 본다.

내가 만일 홈레스가 되었다면…. 나는 생존을 위한 용기고 뭐고… 그냥 굶어 죽었을지도 모른다. 생명에 대한 책임이 빈약한 나였을 것이다.

"What is your name, brother?" 뜻밖의 질문이었을 것이다.
"My name is Jake, Jake Parker."(라고 하는 것 같다… 지나가는 차 소리 땜에…)

내 생각이지만 그는 나에게서 100불 받은 것보다… 내가 그에게 관심을 보이고 같은 인간으로서… 같은 형제로서… 대화를 건넨 것에 더 감동을 받았지 않았을까…. 개인적으로 생각해 본다.

나 역시… 내가 그에게 잘못 건네준 그 백 불을 그가 나에게 다시 돌려주려 했다는 그 〈선한 마음〉보다도… 놀라며 깊게 감사하는 그 마음의

〈리액션〉에 더 감동받은 것이 사실이다.

가족을 봐도 그렇다. 똑같은 상황인데도 아들 녀석은 소가 닭 쳐다보듯 별 리액션이 없다. 그런데 딸 아이는 별로 큰 사건은 아니지만 방방 뛰며… 기뻐한다.

같은 자식이지만 딸 아이에게 더 관심이 가게 되는 게 본능이다.

친구 간에도 마찬가지다.
같이 골프를 치다가 초보인 내가 어찌어찌하여 버디 퍼팅을 성공시켰을 때, 어떤 친구는 자기 클럽만 재빨리 주워 들고 한마디 말도 하지 않은 채 총총걸음으로 자기 카트로 걸어간다.

그런데 어떤 친구는… 세상 난리 난 것같이… "야~ 너 새벽에 일어나서 퍼팅 연습했냐? 퍼팅 솜씨가 프로 같다…. 그림같은 퍼팅이다…." 등등… 비록 과장된 칭찬이란 걸 나도 알지만… 호들갑 떠는 그 친구가 더 고맙고 정겨운 법이다.

제발 좀 리액션을 보이자. 마음 속을 감추는 건 그럴 때 하는 게 아니다.

악명 놓은 영국 탑 가수 중에 〈오아시스〉라는 그룹이 있다.
음악성과 평판은 최상위 급이지만 인성이 더럽다고 소문난 그룹인가 보다.

이 그룹이 일본에 공연을 몇 번 갔었는데… 갈 때마다… 이제 죽으면 죽었지 일본 공연은 더 이상 안 간다… 라고 결심을 했다고 한다.

그 이유는… 공연 내내… 일본 청중들이 마치 클래식 공연장에 온 것 같이 점잖게 매너 있게(?) 소리도 안 지르고 일어나 댄스 난동도 안 부리고… 곡이 끝나면 가볍게 박수 짝짝 치고… 관람을 하더라는 것이다.

이게 상대방 기운을 쫙쫙 빼는 행위가 아니겠는가… 라는 것이다.
오아시스 정도의 그룹이라면 돈은 벌을 만큼 번 가수들이다.

그들이 원하는 건 아마도 다른데 있었을 것이다. 이 그룹이… 마지 못해 그냥 일정 메꾸기 위해 일본 공연 끝나고 한국에서 공연을 한번 했다고 한다.

난리가 났다고 한다. 관중의 난리 말고 오아시스 그룹 내의 난리다.

세상에… 공연 내내… 터지는 함성… 쏟아져 나오는 박수… 여기 저기서 일어나서 춤추는 남녀들… 그리고 환장할 것이… 모든 연주 곡들을 한국 청중들이 같이 떼창으로 부르더라는 것이다.

얼마나 관심을 가지고 좋아해서 듣고 부르고 했으면… 그 전곡을 떼창으로 같이 불렀단 말이냐… 는 것이다.

이런 한국인 특유의 리액션 때문에… 한국 공연은 세계 정상급 가수들이 최고로 선호하는 공연장소로 공공연하게 알려져 있다.

영화, 하이텍기기, 바이오, 서비스 등이 글로벌 시장에서 한국을 Test Bed/Market로 삼은 이유는 간단명료하다.

한국 소비자들은 리액션에 인색하지 않다.
좋으면 좋고 싫으면 체면, 겸손 다 집어치우고 싫다고 한다…. 그것이 우리가 필요한 Feedback이다… 라고 글로벌 기업들이 얘기를 하고 있다.

맞는 얘기다. 인간은 감정의 동물이다. 우리는 좀 더 우리의 감정에 그리고 감정표현인 리액션에 적극적이고 솔직해질 필요가 있다.

교회라고 점잔 떨지 말고… 특송한 성도가 잘 했으면 박수도 치고 와와~ 칭찬도 해 주자.
불의가 눈에 보이면 눈치 보며 덕스럽게(?) 꿀 먹은 벙어리가 되지 말고… 매너를 갖추어 한마디 하자. 상대방도 뭐가 잘못되었는지 뭐를 잘 했는지… 리액션을 통한 피드백을 받아야지 알 것이 아닌가.

보통 중용이라면 이것 저것 흑백논리로 나가지 않고… 중간 정도를 유지하는 것으로 착각을 하는 사람들이 많다. 이 비겁한 행동이 결국 미지근한 결과를 생성하게 된다.

좌로나 우로나 치우치지 말라고 하니까…. 이 편도 아니고 저 편도 아니고… 신도 아니고 그렇다고 익도 아니고… 양도 아니고 엄소도 아니고… 물에 물 탄 듯 술에 술 탄 듯…. 그것이 덕인 양… 그렇게 사는 사람들이 많다.

성경의 좌로나 우로나 치우치지 말라는 것은… 어떤 기준점에서(성경의 가르침) 조금이라도 벗어나거나 양보하지 말라는 의미이다. 무조건 가운데 서라는 말이 아니다.

각설하고… 이제부터라도 조금씩 우리의 리액션을 확대해 보는 것이 어떨까 싶다.
속으로만 생각하지 말고 상대방에게 우리의 마음을 그리고 우리의 리액션을 적극적으로 표현해 보자.

이 조그마한 행동이 spark가 되어 big Fire를 만들 수도 있지 않을까 싶다.

아까 말한 Jake가 100불 거금이 들어와 좋았기보다는 자기를 향한 나의 리액션에 더 큰 감명을 받았듯이(I think)… Jake 와 다름없는 우리 모두들도… 상대방의 리액션이 정말 그리운… 세상에 살고 있지 않을까 생각해 본다.

할리우드 리액션… Let's Do It!

가시리 가시리 잇고!

아주 오래전 내가 한국 대전에서 고등학교 다닐 때 시조와 한자를 가르치셨던 선생님이 있다.

불행하게도 이제는 스승의 이름조차 기억 못 하는 불충(?)제자지만 가끔 머릿속에 떠오르는 시조 한 수가 있다.

어느 날인가 결근한 어떤 선생님을 대신하여 이 선생님이 우리 반에 들어오셨다.

결근한 선생님 때문에 혹시 자습 내지는 뺑뺑이(?)의 기회가 있을까 싶어 속으로 조마조마하던 차에 이 선생님이 불쑥 대리학습을 위해 들어오시니 우리들의 마음이 얼마나 무너졌겠는가?

그리고 무슨 수업이 귀에 들어오겠는가? 그걸 다 알고 계신듯 선생님께서는 다들 책을 덮으라고 하시고 구수한 옛날 얘기를 시작하셨다. 한눈팔던 친구들조차 똘망똘망 눈망울을 굴리며 모두들 선생님의 이야기에 빠져들었다.

무슨 스토리를 (아마도 고려시대 사랑 이야기?) 들려주셨는지는 기억에 없다.

그러나 얘기하시던 중 고개를 떨구시고 교단 위를 뒷짐을 지고 느릿느릿 걸으시며 감정을 잔뜩 집어넣어 읊으시는 시조 한수에 우리 모두는… 그때 표현으로 〈뿅〉 갔던 것이다.

그때 읊으시던 그 시조의 이름은 〈가시리〉라는 시였다.
사실 이 작자미상의 〈가시리〉라는 시조는 일명 〈귀호곡〉이라고도 불리는 고려가요이다.

이 가요는 한민족의 보편적 정서인 이별의 정한을 잘 표현한 노래이다.
사랑하는 사람과의 이별을 안타까워하며 부른 이 노래는 정인의 애절한 심정을 간곡하게 표현하였다.

그날 이후 그 선생님(이름은 까먹었지만)의 별명이 생겼다. 우리는 선생님을 〈가시리 선생님〉이라고 불렀다. 나는 아직도 그분을 가시리 선생님이라고 기억한다.

그 유명한 가시리를 살펴보면 원가사는 다음과 같다.

> 가시리 가시리 잇고 나난 버리고 가시리 잇고 날러는 어찌 살
> 라 하고 나난 버리고 가시리 잇고
> 잡사와 두어리마나는 선하면 아니 올세라 설온 님 보내옵나니

가시는 듯 돌아 오소서

조금 현대식 표현으로 해석을 해 보자면…

가시렵니까 가시렵니까 나를 버리고 가시렵니까 날더러 어찌 살라고
버리고 가시렵니까 붙잡아 두고 싶지만 서운하면 아니 올까 두렵습니다.
서러운 임 보내 드리니 가시자마자 곧 돌아오십시오

사춘기는 기본이고 마음이 흙같이 거칠었고 생각이 과격하고 주의집중이 불가능하였던 우리들이었지만(다들 그런 건 아니지만) 왠지 우리 대다수가 이 시조를 듣고… 그 해설을 듣고… 마음에 감동이 생긴 건 사실이다.

내가 아는 한 친구는 자기는 나중에 시인이 되겠다며 그 당시 선생님 중에 시인도 하시고 국어를 가르치시던(이분 이름은 기억한다) '조남익' 선생님을 찾아가 앞날의 진로를 위해 자문까지 받은 친구도 있다. 그 친구 결국 대학을 국어국문학과로 갔는데… 성공했는지는 모르겠다. ㅎㅎㅎ

이토록 선생님의 역할은 학문을 닦는 것 이외에도 인격형성과 장래에 대한 소망을 키우는데 있어서 매우 중요한 역할을 한다.

체육 선생님이셨던 박창렬 선생님이 있었다. 체육 선생님이시니 당연히 유도 등 무예를 하신 분이었다. 그 당시 우리 사이에서 떠돌던 소문(?) 중 하나는, 이 박 선생님께서 대전 중동거리에서 깡패 서너 명에게 희롱당하던 젊은 여자를 보호하던 중 그들과 벌어진 싸움 이야기이다.

거의 전설급의 소문이 전교에 다 퍼졌다. 입에 8기통 터보를 장착한 오지랖 친구의 해설을 빌리자면…. 시내 한복판에서 싸움이 붙었는데… 깡패 중 땅딸하고 사납게 생긴 한 명이 덤벼드는 것을 그대로 허리치기로 하늘로 3메타 정도 띠워서 도로위에 패대기쳤단다.

그러자 두 번째 깡패가 마치 무협영화에서나 나올 법한 폼으로 발과 손을 휙휙 허공에 날리며 독수리 타법으로 박 선생님을 공격하더라는 것이다.

이에 박선생님은 씨익 하고 웃더니만 달려드는 그 남자를 3단 돌려차기 (3단 돌려차기는 또 무엇인가?)로 도로 저편으로 내팽개쳤다는 얘기다.

잔뜩 화가 난 깡패 두목이 웃통을 벗는데 온몸이 강철같이 단단 우람하고 근육이 울뚝불뚝 장난이 아니더란 얘기다.

달려들어 박 선생님의 멱살을 잡고 마구 휘두르는데, 박 선생님은 침착하게 다시 한번 씨익~(이게 학생들 사이에서 영웅적으로 퍼진 키 포인트다) 웃으시더니만… 뒤로 살짝 빠지면서 Naked Choke를 걸자… 그 깡패 두목… 깨갱 소리를 내며 Tap을 하더라는 것이다.

꿇어앉은 그들을 향해 일갈을 하신 박선생님께서는 그들을 일으키시어(홈… 꼭 김정은 씨 얘기하는 것 같다 ㅎㅎㅎ) 앞으로는 절대 약한 여자들 희롱하지 말라며 다독거린 다음 돌려보냈다는… 얘기다.

하지만 그 싸움 광경을 실제로 본 학생은 없었다. 실제 상황에 잔뜩 조미료를 뿌렸는지 아니면 그 누구의 상상 속에서 그 뉴스가 태동했는지는 나도 모른다.

그러나 중요한 것은 그날 이후 박 선생님은 180도 달라짐 학생들의 자기를 향한 태도에 심히 놀라면서도 그것을 즐겼다는 후문이다.

박 선생님이 체육시간에 늘 하시던 말씀이 기억난다. 남자는 남자다워야 한다.
남자가 꾀죄죄하게 집에나 틀어박혀 나약하게 살면 안된다.
남자는 터프하게 자라고 용감하게 나라를 위해 가족을 위해 자신을 희생할 줄 알아야 한다.

나의 친한 친구가 이 말에 감화를 받아(내 개인적 추정이다)… 갑자기 합기도 도장에 등록을 하고 복싱도 배우고 하더니만 그 친구 결국 나라를 위해 큰 힘이(?) 되고자 육군사관학교에 갔다.

나도 그 당시… 공대를 지망하기 위해 이과에 있었는데… 선생님 중 불어를 가르치시는 신선생님의 그 통통거리는(불어 발음시) 콧소리와 깔끔하게 파리 신사처럼 차리고 다니시는 그분을 동경하여 문과들이 택하는 〈불어〉를 독어 대신 택한 경험이 있다.

방송부를 만드시고 운영하셨던 선생님(이름 까먹음… 아마도 음악 선생님?)의 영향으로 나는 결국 미국에서 방송계통의 사역도 하게 되었다.

이 역시 스승에게 영향을 안 받았다고 말할 수 없는 엄연한 사실이다.

전혀 남의 말에 귀를 기울이거나 영향을 받을 것 같지 않은 우리 학생들이…. 결국 한쪽 귀로는 선생님의 말과 신념과 사상으로부터 상당한 영향을 받고 있었다는 말이 된다.
스승의 귀한 역할을 엿볼 수 있는 대목들이다.

한 가지 더 얘기를 하고 끝내야겠다.
내가 개인적으로 좋아했던 영어 선생님…. 이동주 선생님.

장난기가 출중한 나에게 한마디 부정적인 말씀도 안 하시고… 너는 나중에 크게 되겠다고(말도 안 되는) 칭찬에 격려를 아끼지 않으신 이동주 선생님.

그분은 특히(영·한) 통역·번역 일도 하시고 교편이 끝나면 통·번역가로 활동하고 싶으시다는 말씀도 하신 적이 있다. 그분의 말이 기억난다.

한국말이 영어로 번역하기 쉬운 것 같아도 사실은 세계에서 제일 어려운 언어 중에 하나라고.

그때는 전혀 이해를 못했다. 그러다가 문득 〈가시리〉 시조를 생각해 보니… 그 말이 맞는 것 같다고 공감하게 되었다.

다음을 그 상황과 분위기와 느낌을 보존한 채 우리들은 영어로 완벽한 번역을 할 수 있겠는가.

가시리 가시리 잇고 나난 버리고 가시리 잇고
날러는 어찌 살라 하고 나난 버리고 가시리 잇고
잡사와 두어리마나는 선하면 아니 올세라
설온 님 보내옵나니 가시는 듯 돌아 오소서

난감하다. 차라리 다음은 번역하기가 쉬울것이다.

갈 거예요 나를 버리고?
나는 어떻게 살라고 나를 버리고 가세요
붙잡고 싶지만 화내시면 안 돌아오실까 봐
서러운 당신을 보내니 빨리 돌아오세요!

그런데 '가시리 가시리 잇고'… 이 한마디만이라도 제대로 감정을 유지한 채 번역을 할 수 있냐고. Are you really going… 이라고 촌스럽게 번역할 거냐고.

조금 옛체 섞어가며 Are thou really leaving? 한다고 달리질 것도 없다.

대답이 없다. 난감하다.
그게 한글의 미스테리이다. 처음 배우기는 쉬운데 파고 들수록 어려운 언어이다.

이런 한글을 우리들은… 누워서 떡 먹듯이 재잘재잘댄다… 그것도 막힘도 거리낌도 없이. ㅎㅎㅎ

우리를 낳아 주신 부모님께 감사할 대목 중 하나이다.

이스라엘 민족을 하나님이 역사의 한 민족으로 선택하셔서 그들을 통해 우리에게 구약·신약 시대의 메시지를 전해 주셨듯이… 혹시 요즘 진짜 방방 뜨는 한글(과 한류)를 통해 후세대에 어떤 귀한 메시지가 생겨날지는… ㅎㅎㅎ 두고 볼 일이다.

나난 이만 가시리 잇고…!

대체 믿음이 무엇이길래…

어느 탐험가가 어둑어둑해진 아프리카 정글을 지나가다가 그만 〈늪〉에 빠지고 말았다.

처음에는 두 다리만 빠졌기에 별로 큰 걱정을 안하고 몸을 이리저리 움직이며 늪을 빠져나가려고 했다.

그러다가 나중에는 가슴까지 늪에 빠지게 되고 이제는 두 손과 머리만 가까스로 늪 위로 올린 채 죽을 힘을 다해 그냥 고함을 치기 시작했다. 사람 살려!(이 한국말도 가만히 생각해 보면 참 재미있다… '사람'을 살려~)

이미 어두워진 정글 속 주위에 사람이 있을 리 없다. 있다고 해도 수많은 정글 속 동물들을 피해서 기꺼이 뛰어와 그를 구해 줄 것이라는 보장은 없다.

목까지 빠져 들어가는데 갑자기 발자국 소리가 들리며 그 누군가가 나타났다.

구원자가 온 것이다! 살려 주세요, 제발!

갑자기 자기 앞에 무엇이 툭~ 떨어진다. 쳐다보니 튼튼한 밧줄이다.
죽을 힘을 다해 두 팔을 뻗어 그 밧줄을 잡았다.

그러자 저쪽에서 밧줄을 잡아당기기 시작했다.
수렁에 빠져 있던 그 사람의 몸은 깊은 죽음의 늪에서 빠져나오기 시작했다.

얼마 후 그 사람은 안전한 땅으로 빠져나왔다. 자… 이제는 감사를 해야 할 차례다.
그 사람은 그 〈밧줄〉에 감사를 해야 하는가 아니면 그 밧줄을 던진 〈사람〉에게 감사를 해야 하는가?

바보 같은 질문처럼 들리지만… 우리는 때로는 우리 눈으로 볼 수 있는 Object에는 감사를 표하지만 정작 보이지는 않지만 실제적인 Source가 되는 것은 무시하는 속성이 있다.

내가 정말 배고픈데 짜장면을 배달한 택배기사에게 감사해야 하는가 아니면 그 짜장면을 시켜 주신 어머께 감사해야 하는가?

아프간 카불이 점령당하고 철책 너머로 있는 수송기를 타기 위해 가까스로 입구까지 와서 미국 시민권을 보여 주니 미군이 게이트를 열어 준다. 미군이 감사의 대상인가 아니면 그 누구든지 미국 시민권을 가진 자들은 들여보내라고 명령을 내린 주둔군 사령관이 감사의 대상인가… 아니면 미국 대통령인가… 아니면 미국이라는 그 나라 자체인가?

배달기사에게도 감사하고 문을 열어 준 미군에게도 감사를 해야 할 것이다.

그러나… 그런 감사의 제목들을 가능케 한 사람이야말로… 정말로 진정한 감사의 대상임에 틀림없다.

신약성경에베소서 2장 8절을 보면… "…. 너희가 그 은혜를 인하여 믿음으로 말미암아 구원을 얻었나니…."라는 말이 나온다. 여기서 '인하여'는 근원적 원인을 말함이고 '말미암아'는 실제적 방법을 말하고 있다.

영어로 보면 더 Clear해진다.
"…. we are saved by grace through faith in Christ Jesus…."

여기서 분명히 'by'라는 원인과 'through'라는 방법이 설명된다.

우리가 구원을 얻는 것은 〈믿음〉이라는 방법을 통해서 가능하지만, 그 모든 것의 근본 원인은 〈은혜〉라는 말이다. 다시 말하자면 내가 구원 얻은 것은 근본적으로 하나님의 〈은혜〉라는 말이다. 〈믿음〉 때문에 구원을 얻었다고 단정한다면 작은 하나는 가지고 큰 하나는 놓치고 있는 것이다.

내가 무엇을 해서 (믿음을 쌓아서…) 구원을 얻는 것이 아니라는 말이다. 나는 가만히 있는데 하나님이(은혜를 주시어) 나를 구원해 주셨다는 말이다.

정글에서 구원받은 탐험가를 생각하면 더욱 쉬워진다. 탐험가가 구조된 것이 그 밧줄 때문이라고 생각한다면 그 사람은 지독한 근시안이다. 밧줄은 수단이다.
밧줄을 던진 사람을 보아야 한다.

짜장면을 누가 시켜 주었는가를 봐야 한다.
미국 시민권자에게 철책문을 열어 주라고 한 사람이 누군가를 봐야 한다.

그러나 오묘한 것은 수단 혹은 방법이라고 할 수 있는 이 〈믿음〉의 실체이다.
우리가 잘 알듯이… 이 믿음이야 말로 나를 구원자에게 나아가게 하는 유일한 방법이다.

수렁에 빠진 탐험가가 만일 그 밧줄을 잡지 않았다면 그는 결코 구원자를 만날 수 없었을 것이다. 밧줄이 나와 구원자를 연결시켜 주는 유일한 수단이다.

그러면 도대체 믿음은 무엇인가? 믿음은 머리로 쌓는 지식 축척이 아니다.
믿음은 마음으로 하는 결단이다.

신학공부를 평생해도 그것은 내 머리 속에 신학이라는 학문적 〈지식〉

을 쌓는 일일 뿐…. 어느 순간 내가 마음으로 〈결단〉하지 않는다면… 결코 영적세계를 알 수 있는 그 〈믿음〉을 소유하는 것은 불가능하다.

그러면 결단은 무엇인가? 우리가 깊게 생각을 안 해 보았을 수도 있겠지만, 결단 없이는 믿음도 불가능하다.

불이 나서 시커먼 연기로 휩싸인 건물 위에 한 아이가 서 있다. 가만이 있으면 결국 타 죽을 것이다. 연기 때문에 보이지 않는 밑에서 어떤 사람이 소리친다. 뛰어내려……. 여기 솜 이불 두껍게 깔아 놨으니까… 빨리!

아이는 결단을 내려야 한다. 만일 그 아이가 자신이 가진 지식에 의존해야 한다면, 그는 그가 지금까지 쌓아온 모든 지식을 총동원하여 논리적인 확률적인 결정을 해야 한다.

그 아이가 얼마나 살았기에 (우리 인간이 얼마나 살았기에….) 생사를 가르는 결정에 이르는 충분한 지식자료가 있단 말인가? 결국은 결단이다.

가만히 들어 보니 고함치는 사람의 목소리는 바로 자기 아빠의 목소리가 아닌가.

결단을 한다. 결단을 하는 순간 믿음이 생긴다. 믿음이 생기면 액션이 가능해진다.
결국 그 아이는 건물 아래로 뛰어내린다.

생사 갈림길에선 지식도 소용없다. 결국 결단이 나의 운명을 좌우할 뿐이다.

그래서 우리 인생은 결단의 연속이다. 인생의 모든 순간이 결단을 요구하고 그 결단의 연속이 결국 인생을 선이 된다. 결단을 잘하면 그 인생의 선이 올바른 방향으로 가게 될 것이고, 지식과 아집으로 내 맘대로 마구잡이 골라잡기를 한다면 그 결과는 뻔할 것이다.

자연인에서 크리스찬이 되는 것도 결단이다. 귀중한 결단이다.

하나님의 은혜는 결단의 결과물인 믿음을 통해 우리에게 제공된다.
믿음을 가지니 영안이 트이고, 영안이 트이니 하늘나라가 보인다.

믿지 않는 자들이 들으면 껄껄 웃을 말이다. 웃긴다고 할 것이다. 사실 웃긴다. 나도 믿기 전엔 깔깔 웃었으니까… 아무런 지식으로도 이해가 안 되는 게 믿음이다.

믿음이 없이는 하나님을 기쁘시게 할 수 없다. 하나님을 기쁘시게 한다는 말은 내가 믿음을 소유하여 진정한 하나님과의 교제 속에 들어오면 하나님이 기뻐하신다… 라는 말이다.

하나님은 조금 재미있게 인생을 만드셨다.

누구나 다 쉽게 (그 쉬운) 믿음을 얻게 된다면… 차라리 모든 인간을 로보트화하는 게 더 효과적일 것이다. 그러면 문제도 이슈도 반항도 모순도 없을 거니까.

그러나 하나님이 약간의 TWIST를 넣어 두셨다.

그 믿음을 가지면… 예전엔 몰랐던 진리도 알게 되고, 영적세계도 이해하게 되고, 궁국적으론 하나님도 알게 되는데… 그 쉬운 믿음인데도… 인간들의 마음속에 자유의지를 넣어 두셔서… 결국 선택할 수 있는 자유를 주셨다.

내 자식에게… "너, 아빠 사랑한다고 말해…!" 윽박질러 듣는 I Love You가 진정한 그들의 마음이 아니라는 것을 나는 안다. 그들이 스스로 생각하고 결정하여 아빠에게 I Love You 할 때의 그 기분을 나는 이해한다…. 당연히 하나님도 아비 마음이실 테니… 같은 기분을 느끼고 싶어 하시지 않으실까? ㅎㅎㅎ

기독교는 강요의 종교가 아니다. 그러나 결단이 필요하다.

이미 문은 열려 있다. 두드리면 안에서 열 것이다. 그러면 들어오면 된다. 그러나 노크를 안 하면 결코 문이 열리지 않는다.

그 문을 Open할 그 믿음은… 나 개인의 결단에서만 나올 수 있다.

불행하게도 그 믿음은 내가 남에게 줄 수 없다. 믿음 후의 일들도 내가 보여 줄 수 없다.

그건 개개인의 몫이다.

모든 게 환하게 밝혀지는 건 우리가 죽은 후이다. 그런데 나는 죽어 보지도 죽어서 다시 돌아올 능력도 없는 자이기에… 증거를 대라고 하는 그들에게 아무것도 보여 줄 게 없다.

믿음만 있으면 이렇게 Clear하게 알 수 있는데 말이다.

그놈의 믿음… 까 보일 수도 없고 뒤집어 보일 수도 없고… 결국 죽어 봐야 아는데…

루비콘강을 걸은 다음… 후회해 봐야 무슨 소용인가. 그래서 우리들이 기를 쓰고 전도를 하는 것이다. 그놈의 믿음 좀 가져 보라고….

하나님이 왜 인간을 이렇게 청개구리같이 만드셔서 어렵게 하시는지는 모르겠지만 그래도 죽기까지… 계속해야 할 게… 전도가 아니겠는가.

그놈의 믿음 좀 가져 보라고. 협조 좀 부탁한다…. 이 인간들아!

너희가 캐디를 알아?

내가 골프를 배우면서 조금 의아하게 생각했던 것 중 하나는 한국 골프장에서 흔히 (아니 당연히…) 보는 〈캐디〉에 관한 것이었다.

나는 캐디라는 직업이, 선수가 시합에만 집중할 수 있도록 18홀을 도는 동안 선수를 동반하여 그들을 돕고 조언하는 기능이기에, 당연히 PGA 같은 프로 Competition에서만 존재하는 직업인 줄 알았다.

그런데 한국 골프장 풍경을 보니 무조건 캐디가 따라붙는 것이다.
이것이 처음엔 무척 생소하고 낯설어 보였다.

골프를 칠 정도면 중풍이 있거나 쩔뚝거리거나 장애가 있는 것도 아닐 텐데, 멀쩡한 두 팔 두 다리 놔두고 왜 자기보다 힘없고 가냘픈 여자들을 꼭 동반해서 이것저것 일(?)을 시키느냐는 생각이었다.

초창기엔 골프라는 것이 일종의 신분의 차이를 간접적으로 나타내기를 원했던 스포츠이기에 돈 생색내는 사장님들이나 자기과시하는 정치인들이나 차별화를 원하는 Celebrity들이 마치 양반집에 허드렛일하는 머슴들을 두듯 그런 맥락으로 캐디를 동반했던 흔적도 보이는 건 사실이다. 그런데 지금이 그런 세상이 아닌데도 여전히 캐디가 따라붙고 있다.

우스운 얘기지만 지인한테 들은 얘기이다. 한국에서 온 분과 골프를 쳤다고 한다.
그런데 그린에서 퍼팅을 끝내고 다음 홀로 향하는데 다들 자기 공을 줍고 가는데 유독 이 한국 분만은 홀컵 속의 공을 줍지 않고 가더라는 얘기다.

처음엔 잊어버렸나 보다 하고 자기가 주워서 그분에게 전해 주었는데 고맙다고 하면서도 다음 홀에서도 똑같은 행동을 무의식적으로 하더라는 얘기다.

나중에 알고 봤더니… 이 사람이 한국 골프 경력이 근 30년인데… 한국에선 캐디가 일일이 볼을 주워서 다 관리를 해 준다면서… 미안해 어쩔 줄을 모르더라는 것이다.

볼을 줍는 역할만이 아니다. 카트도 몰아야지… 어떤 클럽을 쓸지 4명의 클럽을 다 골라 줘야지… 거리가 얼마인지 알려 줘야지… 바람이 불고 경사가 어떻고 해저드가 어디 있고 등등등등… 이건 뭐 두 살배기 어린애 보살피듯… 다 봐 줘야 하는 직업이 캐디다.

골퍼는 그저 주는 클럽을 받아서 치면 된다. 볼이든 클럽이든 나머지는

다 캐디가 처리해 준다.

숨만 쉬고… 멈춘 카트에서 내려… 잠깐 걸어가… 건네준 볼을… 건네준 클럽으로…건네준 지시대로… 치고 다시 카트로 돌아오면 된다.

물론 과장된 묘사이다. 그리고 요즘 특히 젊은이들은 노땅 꼰대들과는 달리 자기들이 알아서 잘한다… 고 들었다. 그러나 한국 골프장에서 캐디의 역할이 무척 큰 것은 사실이다.

이 캐디 제도(?)가 한국에만 있는 것인가? 미국이나 영국에는 일반 캐디가 있는 골프장은 없다. 그러나 지금도 캐디와 동반하여 일반 골퍼가 골프를 칠 수 있는 나라들이 꽤 많이 있다.

필리핀과 태국을 비롯한 동남아시아와 남아공이나 케냐 같은 아프리카에서는 아직도 가능하다.
한술 더 떠 태국이나 베트남 같은 나라에선 골퍼 한 명당 캐디 한 명이 배정되어 카트 뒤에 캐디들이 마치 소방차 뒤에 소방대원들이 매달려 타고 가듯, 카트 뒤에 타고 가는 모습도 볼 수 있다.

그런데. 가만히 생각해 보니… 특히 한국은 이 캐디 제도가 필요할지도 모른다는 생각이 문득 든다. 어쩌면 캐디들이 없다면 한국 골프장 풍경은 무척 흥미롭고 무척 모험적이고 무척 긴장감이 들지도 모르기 때문이다.

한국인은 세계에서 원톱을 자랑하는 다혈질 무인내 민족이다. 한국 골프장이 그런 대로 티타임 운영과 게임 Flow가 잘 관리되는 이유가 바로 이 캐디라는 숨은 공로자(?)들에 있기 때문이다.

미국에서 골프를 치면서 항시 느끼는 것은 미국인들은 정말 참으로 진실로… 인내심이 강하다는 것이다. 앞에서 치는 그룹들이 매번 슬라이스 나고 혹이 나서 덤불에 들어간 공을 5분이상 찾고 있어도 티박스에서 묵묵히 바라보고만 있다.

앞 그룹이 노인들이어서 티박스에 올라가는데 5분이 걸려도 '그저 바라만 보~ 고 있네…'라는 노래 가사처럼 그저 바라만 보고 있다. 초보자 아줌마들이 티박스에서 멀리건을 너덧 개 치고 러프에서도 장작패기를 수없이 해도… 그저 바라만 보고 있다.

그래도 그래도 저엉 안 되면… 소리 지르는 것이 아니라… 마셜에게 살짝 연락을 하여… 조용히(?) 매너 있게 일을 처리하려 한다.

한국 같았으면?? 그리고 캐디가 없었다면?? 아마도… 서부의 사나이들 같이… 황야의 무법자들같이… 골프장은 난장판이 되었을 수도 있다.

자판기에 동전을 넣고 컵이 나오면 가만히 기다리면 되는데… 도… 기어이 손을 집어넣고 커피가 '빨리' 나오기를 기다리는 민족이 한민족이다. 빨아 먹는 캔디도 어금니로 아그작 깨물어 먹어야 하고, 주문한 음식이 조금 늦게 나오면 기어이 한마디 해 줘야 하는 게 우리들이다.

'싫은 건 싫다….'를 0.5초 만에 말하는 민족이기에 한국은 세계의 거의 모든 Product의 Test Bed가 된 것같이 필드에서도 그렇게 행동한다면… 푸른 필드의 평화는 없어졌을 수도 있다.

캐디들은 특수공작원들이다. 서로서로 연락하며 앞뒤 상황도 보지만 그 이전에 모든 상황을 꿰뚫고 있어야 한다. 조금 지체되는 듯 싶으면 다가가… 은근히… 골퍼들을 움직이게 만든다.
미리미리 거리를 재고 상황에 맞는 클럽을 미리미리 대령하고 퍼뜩퍼뜩 움직이게 한다.

앞에서 미적미적 거리면 그쪽 캐디에게 연락할 수도 있겠지만 그쪽 캐디도 이미 대책을 마련하고 임무수행 중일 가능성이 크다. 그들은 보이지 않는 필드의 경찰들이다.

요즘의 캐디들은 예전 초창기의 허세 부리고 과시하고 차별화의 목적으로 만들어진 그런 기능이 아닌… 골퍼들에게 정보를 제공하고 필드의 Flow를 매니지하는 요원들이다.

물론 나는 한국에서 골프를 치더라도 캐디 있는 골프장은 마다할 것이다.
내가 일단 불편하고… 그들의 기능이 필요할 정도의 사회적 신분이나 능력적 결핍이 있는 사람이 아니기 때문이다.

그러나… 한국에서의 그들의 필요성은… 인정한다…. and we know WHY!

앞 그룹에서 치는 골프 초보들은 그들 나름대로의 항변이 있다. 너희들도 110돌이 초보 시절이 있지 않았냐. 우리가 뭐 슬라이스와 훅을 일부러 내려고 해서 내냐?

그리고 볼이 덤불에 떨어지면 그 아까운 볼을 그냥 포기하라고? 초보자들이라고 뭐 싸구려 볼만 쓰는 줄 아냐? 우리도 한 개에 2-3불이 넘는 볼도 쓴다.

개구리 올챙이 적 생각 좀 하고… 인내를 좀 가져라.

뒷 그룹들도 할 말이 당연히 있다. 초보자면 좀 연습 좀 하고 나와라. 하다 못해 Par 3 코스라도 몇 번 돈 다음에 나오면 안 되냐? 필드가 뭐 연습장이냐? 우리도 똑같은 돈 내고 치는 사람들이다. 너희들 때문에 리듬이 자꾸 끊기니 이게 골프 치는 거냐?

볼이 덤불에 떨어져 2-3분 안에 못 찾으면 그냥 포기하고 빨리 움직여라. 그깟 공 하나에 땜에 뒤에 있는 사람들 다 기다리게 만들지 말고. 이런 갈등을 해소할 해결사 역할이 결국 캐디의 몫이다.

미국에서야 언어 문제인지 체면 문제인지 열등감 때문인지 우리 한국인들이 앞뒤 미국인들을 무시하고 제 마음대로 독불장군식으로 골프를 칠 수가 없다.(뭐 간혹 이런 거 다 무시하고 자유롭게(?) 치는 우리의 아줌마 그룹들도 있긴 하다만…)

그러나 한국에서는 충분히 혼잡과 갈등 요소들이 생길 수 있다.

뒤쪽에서 "야, 좀 빨리 가자~" 한마디 외치면 앞 그룹 사람들이 "알겠다~"라고 순순히 움직일 수도 물론 있겠지만… "내 돈 내고 내가 치는데 니가 왜 간섭이냐…"로 시작하게 되면 골치 아픈 상황으로 번질 가능성이 커진다.

그래서 캐디들이 눈을 부릅뜨고 옆에 있는지도 모른다. 밀고 당기는 기술을 적절히 사용하고 골퍼들의 마음을 살살 움직일 수만 있다면 골프 일정을 매우 매끄럽게 진행할 수가 있기 때문이다.

그러니… 이제라도 캐디에 대한 생각을 긍정적인 방향으로 바꾸어 보고 싶다. 불같은 성질의 한민족을 푸른 초원 위에서 살살 다루는 우리의 캐디 님들… 존경합니다.

화이팅!

Hey Dad or Hey Gap?

나는 장모님을 부를 때 '어머님'이라고 부른다.
장인어른 살아 계실 적에는 '장인어른'을 '아버님'이라고 불렀다.

그래서 예전에는 나의 가족 상황을 잘 모르는 사람들이 장모님과 장인어른을 나의 어머니와 아버지로 착각한 적도 있다.

이제 내가 나이가 들어 그 반열(?)에 올랐다. 큰 아들은 한국인 며느리와 결혼했고 작은 아들은 미국인 며느리와 결혼했다. 막내 딸은 아직 결혼이 뭔지 모르는 듯하다.

작은 아들이 먼저 장가를 갔는데, 며느리가 맨 처음에는 나를 부를 때 "Gap"이라고 불렀는데, 그때의 나의 심정은 밤늦게 막차를 놓친 사람의 심정과 같았다.

막차는 뒤돌아보지 않고 제 갈 길로 가고… 나와의 거리는 점점 멀어져만 가고… 무슨 트로트 노래 가사 같다. 거리감이 느껴지더라는 얘기다.

놀랄 분들은 놀란다. 왜냐하면 많은 사람들이… 나는 거의(?) 미국화되었다고 생각하고 있기 때문이다. 사실… 대부분의 사고방식이나… 차리고 다니는 모습… 등등만 본다면 내가 미국화되었다는 말이 맞다.

예전에 한국 출장 나갔을 때… 이곳 생각하고 같이 간 미국동료랑(이 나이에) 반바지에 탱크톱 입고 전철 탔는데 사람들이 힐긋힐긋 쳐다보는 것을… '내 얼굴에 뭐 묻었나…?' 의아해 생각했던 적도 있었듯이…. 나의 행동거지가 미국화된 것은 사실이다.

그런데… 며느리로부터 'Gap'이라는 호칭을 들으니… 어디에 숨어 있었는지는 모르지만 나의 '한국인' 본능이 튀어나와… 나의 심기를 건드리고 만 것이다.

그렇다고 단도직입적으로 "애야~ 나를 부를 땐 아버님~" 이라는 한국말이 어려우면 'Dad'라고 불러 줄래…? 이렇게 낯간지럽게 말할 수는 없지 않은가? '뭐, 미국이니 어쩌겠나….'라고 자위하며 지냈는데….

어느 날… 첫 손주놈 생일인가…. 아들집에 갔는데… 뒤뜰에 있는 나에게 며느리가 다가오더니만… "Hey Dad!"라고 청천벽력 같은 호칭을 붙여 주시지를 않는가? 순간 머리털이 불쑥 올라가며… 떠난 막차가 아닌 내 앞으로 다가와 문을 열어 주는 고마운 버스로 변하고 말았다.

이게… 이 호칭이… 이토록… 인간의 마음을 간사스럽게 변화시킬 수 있단 말인가?

왜… 어찌하여… 며느리가 나를 Dad라고 부르게 되었는지는… 별로 중요하지 않다. ㅎㅎㅎ

중요한 건… Dad라는 말을 들은 내가 심히 기뻐했다는… 그 사실이다.

이상한 것은… '내가 미국에 사는데 더군다나 미국 며느리인데 무슨 Dad라는 호칭을 들으려고 하나…?'라고 하겠지만… 아니다… 실제로 들어보면… 그 느낌이 전혀 다르다.

말 한마디에 천 냥 빚을 갚는다고 하듯이… 그 사건(?) 뒤로… 아마도 며느리는 왜 시아버지가 예전보다 더 자기에게 잘 해 주는지… 에 대해 의아하게 생각할 수도 있을 것이다.
(예전에 못 해 준 게 아니다… 말은 똑바로 하자)

참 이상하다. 아버님~ 하는 것하고 Dap~ 하는 것하고 이렇게 차이가 날 줄이야.

큰아들은 한국인 며느리와 결혼했다. 며느리는 머리가 좋은지 변호사로 취직하고 얼마 후에 Partner 자리까지 올라갈 정도로 머리가 좋은 모양이다. 싹싹하고 다정하지만… 미국에서 태어나서… 뭐 미국인이나 마찬가지다.

그런데… 저번에 추수감사절에 모였을 때 나를 어떻게 부르는가… 하고 신경을 써서 살펴보았는데… 오 마이 갓… "Dad"라고 했다.

만일 한국인 며느리가 나를 "Gap"이라고 불렀다면… 떠나가는 막차가 아니라… 운행이 중지된 버스였을 것이라고 생각한다. 미국인 며느리가 내 이름을 부른다면… '뭐 미국 애니까 그럴 수도 있다….'라고 그냥 생각할 수도 있겠지만 한국인 며느리가 아무리 미국에서 태어났어도 시아버지 이름을 부르며 호칭한다면… 이상 오묘한 감정이 들었을 것이라고 생각한다.

내가 거의 일 년에 한두 번 정도 보는 닥터가 있다. 거의 20여 년 넘게 단골(?)이다.
나이가 거의 60대 후반인 그분의 이름은 Richard Hazen이다.
나 나름대로는 존경의 의미로 Dr. Hazen이라고 호칭했는데… 언젠가 Physical을 하는데 나보고… 'You can just call me Richard."라고 한다.

아마도 20년 넘게 알고 지내는데… Dr.라는 호칭에 좀 거리감을 느끼고 있었던 모양이다.
"Hey, Richard~"라고 부른 다음부턴… 진짜로 더욱 더 가까워진 느낌이다.

그래서 '미국 며느리가 시아버지에게 더 가까워지고 싶어 이름을 마구마구 부르는가….'라고 생각도 해 보지만 ㅎㅎㅎ… 아니다… 며느리에겐

"아버님~" 소리를 들어야 친근감이 느껴진다.

또 한 가지 특이한 것은… 우리 둘째 아들이(미국인) 장인을 부를 때 과연 어떻게 부르느냐는 것이다. 혹시 이 녀석이 그래도 한국인이기에 Dad라고 부를까 아니면… 미국화되어 Don이라고 부를까 무척 궁금했는데… 우리 아들은 장인을 부를 때… 확실하게 'Hey Don!'이라고 불렀다.

Don이라고 부르니까 사돈영감은 장단을 맞춰서… Hey Paul, what's up? 한다.
그러면서 서로 대화를 하는 것을 보니까… 뭐 그런대로 자연스러워 보이긴 한다.

내가 괜히 민감한 것인가 생각도 든다. 그래서 나는 이런 현상이 한국인들에게만 국한된 감정인가 하여 확인도 해 볼 겸 직장에서 장가간 아들 딸들을 가진 동료 몇 명에게 넌지시 물어보았다. 대부분 (Dad로 안 불리고 이름으로 불리는 것에 대해) "It's OK." 하는데… "다" OK라고 말한 건 아니다.

그중 한두 명은… Dad로 불리기를 원하는 듯하다. 깊은 이유까지는 물어보지 않았지만… 내가 가지고 있는 생각과 비슷한 이유가 아닐까 생각해 본다. 어쨌든 내 생각은… 서로가 거리감이 있을 땐 (가족관계가 아닌) 이름 부르는 것이 당연하다.

두 남녀가 생판 모를 때 연애를 시작하면… "갑돌 씨….", "갑순 씨…." 라고 이름을 불러 준다.

그러다가 어느 정도 가까워지고 감정이 생기면… '자기'나 '오빠'를 비롯한 갖가지 남사스런 명칭을 쓰기 시작한다. (미국인들도 마찬가지다…. Honey, Sweetie, Darling, Sugar, Baby… 등등)

그러다가 결혼을 하고 나면 가족이 되었다고 호칭이 바뀐다. '여보'와 '당신'이 나오고 '우리 신랑', '우리 각시'도 나오고… '개똥이 엄마'와 '언년이 아빠'도 나오고… 도통 이름은 사라진다.

가까울수록 이름을 안 부른다는 이론이 맞는지는 몰라도… 존칭 애칭이 엄연히 있는 우리 한국 사람들에겐… 이 호칭이 큰 의미가 될 수 있는 것 같다.

나는 같은 Father라는 말이라도… '아빠'보다는 '아버지'라는 단어가 왠지 마음에 든다. ㅎㅎㅎ 10살도 안 된 아들이 나에게 '아빠' 하면 별 생각이 안 들다가도 (너무 흔하게 불리니까?) 그 녀석이 나에게 '아버지' 하면 묘한 감정이 들 것 같다.

역으로 50살 다 되어 가는 아들이 '아버지'라고 안 부르고 나에게 '아빠' 한다면 그것 또한 묘한 느낌일 거라는 생각이 든다. 어쨌든… 호칭… 중요하고 귀한 것이다.

돈도 안 드는데 불러서 좋고 들어서 좋은 호칭을 사용하자. '하나님~' 하고 부르는 것 보단 '아버지'라고 부르면 더 가까워지는 것 같지 않은가?

내가 잘 아는 어떤 목사님은… '아버지~'라고 하지 않고 '아바지~'라고 하는 걸 몇 번 들었는데… 나는 그 말에서 깊은 정감을 느꼈다. ㅎㅎㅎ

마치 골프에서 멋진 샷을 날리면… 기름기 나는 발음으로 "Nice!" 하는 것 보단 투박스런 시골 냄새 풍기며 외치는 "나이수우~"라는 말을 듣는 게 더 정감을 느끼듯이 말이다.

그런 정감을… (미국) 며느리에게서 (미국) 사위에게서 느껴 보기를 원하는 것이…. 그리도 큰 죄라는 말입니까??

이상!

이리 봐도 감사 저리 봐도 감사!

원래 나는 북적거리는 것을 좋아하지 않는다. 인파로 가득 차 복잡한 도시의 거리보다는 한적한 시골길이 좋다. 왁자지껄 시끄러운 음악과 사람들의 대화 소리로 가득 찬 레스토랑보다는 릴렉스하며 상대방과 조용한 대화가 가능한 레스토랑이 좋다.

넓은 부지에 웅장한 성전과 수천 명 되는 성도들이 예배 끝난 다음 파킹장으로 인산인해로 "와아~" 하고 몰려나오는 대형 교회보다는 떨어진 낙엽을 빗자루로 쓸며 백 명도 안 되는 교인끼리 서로 서로 눈인사하는 아담한 교회가 좋다.

명절 때 친척들이 다 모여 온 정신이 혼미해지는 가족모임보다 오붓하게 한두 가정 모여 편안하게 담소를 나누는 것이 좋다. 얼마 전까지는 말이다.

어제 추수감사절에 뉴욕에 있던 큰아들 부부와 덴버 다운타운에 사는 둘째아들 부부와 손자손녀 그리고 우리 부부와 막내딸… 이렇게 9명이 우리 집에 모였다.

왁자지껄(두 아들과 두 며느리 그리고 딸)… 난장판(손자·손녀)… 정신혼미(우리 부부)가 교차되는 경험을 했다. 오랜만에 다 모인 두 아들 부부와 막내딸까지 합류하니… 온 집안이 떠들썩하고 보너스로 하늘과 땅을 들썩이는 손자(6살)과 손녀(3살)의 기괴한 행각까지 보고 느끼며 하루를 보냈다.

저녁을 잘 먹고 디저트도 먹고 커피를 마시며 두 아들과 두 며느리 그리고 딸은 건너편 다이닝룸에서 열띤 대화를 나누며 때론 깔깔 웃어대며 때론 박수를 치며 즐거운 시간을 보내고 있었다.

6살 박이 홀덴이와 3살짜리 쉘비는… 리빙룸을 통과해 프론트 입구를 거쳐 훼밀리룸과 다이닝룸을 지나서 부엌을 통하는 장거리(?) 구간을 장장 56번(내가 실제로 세어 보았다)… 돌고 돌았다.

내가 보기엔 그게 뭐 그리 재미있나 싶은데 그게 재미있는 모양이다…. 깔깔거리며 둘이서 뱅뱅뱅뱅 56바퀴를 Forrest Gump같이 돌고 돌고 돌았다. 와이프와 나는 리빙룸 온돌(온수메트다)에 앉아… 커피를 마시며 그 와중에도 한국 예능 프로(국민가수?)를 보고 있었다.

한쪽 귀와 한쪽 눈으론 TV를 듣고 또 보고 있지만 다른 한쪽 귀와 한쪽 눈으론… 사방에서 들려오는 그리고 보이는 상황들을 듣고 보고 있었던 것이다.

왁자지껄… 와당탕…. 사람 사는 소리다. 갑자기… 감사한 마음이 물씬 솟아오른다.

감사하고 싶어서… 그리고 생각해내어… 떠올리는 감사의 마음이 아니다.

자연적으로 내 마음 깊은 곳에서 흘러나와 나의 마음을 적시고… 쏟아져 나오는 Thanks-giving이다. 와이프 얼굴을 슬쩍 살펴보니… 나와 동일한 감사 최면 단계에 있는 듯하다. ㅎㅎㅎ

이게 감사다. 정말 감사할 수밖에 없다.

25년 정도 전만 해도… 초등학교, 중학교 다니던 자식들이 이제는 어느덧 어른들이 다 되어 버젓한 가장 노릇을 하고 자식까지 두고… 간만에 같이 모여 형제자매끼리의 즐거운 시간을 가지고 있으니… 그 모습을 보고 있는 우리들의 마음은 실로 감사, 감사, 감사 그 자체였다는 말이다.

험한 세상에 반듯하게 커 주었으니 감사하고, 어려운 시기에 다들 좋은 직장들을 가지고 있으니 감사하고, 혼잡하고 기괴한 세상 논리들이 들끓는 이 세상에 반듯한 배우자들과 결혼하였으니 감사하고, 이쁘고 건강한 자식까지 낳아 주었으니 감사하고, 가족과 가족이 반목하는 이 시대에 이렇게 형제자매가 기쁘고 모일 수 있으니 그것도 감사….

모두가 감사 대목들뿐이다. 나는 매일 몇 시간씩 기도하지는 않았으나… 기도할 때면… 처음부터 지금까지… 나의 세 자녀들을 위한 기도는 절대 빠트린 적이나… 멈춘 적이 없다.

 우리야… 이제 철로 위에 올라가 있어서… 느리거나 빠르거나… 선로를 따라 인생 여정의 종착점을 향해 나아가면 되는 여정이지만… 자식들은 아직도 험한 세상길에서… 확실히 선로 위까지 정착해야 하는 기로에 있다고 보기에… 나는 그들을 위해 기도를 쉬어 본 적은 없다.

 감사가 딴 게 아니다. 그저 돌아보면 모든 게 감사대목이다. 인생 여정 그 자체가 감사 아닌가?
 내가 이 세상에 태어난 것도 감사다. 내가 하나님께 선택받아 세상에서의 여정에 참여하고 있는 것도 감사다.

 나그네길 인생…. 우리가 본향으로 돌아가기 전까지 이 세상에서 겪고 보고 듣고 느끼는… 그 모든 것이 사실은 감사대목들이다. 그러나 사람들은 좋은 일… 좋은 결과만을 세어 보며… 감사의 아이템으로 count를 하고 있다.

 우리가 본향으로 돌아갔을 때… 이 세상에서의 슬펐던 일… 억울했던 일… 힘들었던 일… 그것들은 아무런 의미가 없게 되고, 오직 기쁘고 행복했던 일들만이 우리의 감사의 기억이 되는 것은 절대 아니다.

 내가 배우로서 무대에 섰을 때 나의 배역이 무엇이든 나는 그것에 충실할 필요가 있다…. 주인공이든 조연이든 착한 배역이건 악당이든… 내가 할 일은 충실히 성실히 내게 맡겨진 배역을 감당해내는 것이다.

그리고 무대의 막이 내려졌을 때… 나는 내가 맡았던 배역의 좋고 나쁨과는 전혀 상관없이 본연의 나로 돌아가게 된다. 연출자는 맡겨진 배역에 대한 나의 성실한 '연기'만을 논할 것이다.

그러므로 나는 맡겨진 나의 배역에 충실할 필요가 있다. 그리고 그 배역이 무엇이든… 그 배역을 성실히 감당하고… 나아가서는… 그 배역을 즐기는… 진정한 베테랑 연기자가 되어야 한다.

당연한다. 초보 연기자가 자신의 배역을 쉽게 즐기진 못한다. 그러나… 인생을 살다 보면… 인생의 의미를 알게 되고… 그 다음에는 자신의 연기를 즐길 수 있게 된다.

배역이 좋고 나쁘고 멋지고 초라한 건… 찰나간의 배역일 뿐이다.
공연이 끝나고 우리 모두는 쫑파티에서… 다같이 샴페인을 터트리며… 자신의 배역에 관해 웃으며 즐겁게 이야기를 나눌 수 있을 것이다.

어제는 Thanksgiving Day였다. 내가 받은 한해 동안의 하나님께로부터 받은 모든 감사대목들을 카운트하여… 또 한번 종합적으로 감사하는 날이다.

감사가 충만하다. 감사합니다. 땡큐!

기뻐하자!!!

아주 오래전… 연말이 가까운 어느 날… 어느 마을의 촌장이 장을 보기 위해 장터에 나갔다. 마음씨 곱고 마을 사람들로부터 존경을 받아온 이 촌장은 장터에 가서 장을 본 다음 근처 주막집에서 설렁탕 한 그릇을 먹고 있었다.

그런데 옆에서 음식을 먹으며 대화를 나누는 사람들의 이야기가 심상치 않게 들려왔다. 그것은 그 마을에서 방앗간을 하는 칠득이네가 장사가 잘 안 되어 결국 방앗간을 닫게 되었다는 소식이었다. 더 슬픈 소식은 칠득이네 세 딸이 날짜까지 잡아 놓은 결혼을 지참금이 없어 차일 피일 미루고 있다는 소식이었다.

마음씨 고운 그 촌장은 그들의 딱한 처지를 외면하지 못하고 어떻게 하면 그들을 도울 수 있을까 하고 생각한 끝에 묘안을 하나 생각해냈다.

며칠 후 남들이 다 자는 밤에 촌장은 칠득이네 집을 몰래 찾아갔다. 모두가 잠든 것을 확인한 촌장은 준비해 간 지참금을 칠득이네 집 안으로 넣어 주려 했지만 밤중이라 창문까지 닫아져 있어서 곤란해하고 있었다.

그러다가 위쪽을 쳐다보니 굴뚝이 보였고 연기가 안 나는 것을 보아 불을 끄고 다 자는 것으로 보였기에 그 돈 지갑을 굴뚝을 통해 안으로 던져

넣었다.

그런데 그것이 공교롭게도 말리기 위해 벽난로 안에 걸어 놓은 양말 속으로 들어갔다고 한다. 다음 날 아침 양말을 신으려다 양말 속에 들어 있는 돈을 발견한 세 딸은 너무나 기뻤다. 누군지 알지 못하지만 은총을 베푼 그 사람에게 진정한 감사를 드렸다고 한다.

이 소식이 마을에 전해지자… 선물을 받고 싶어 하는 아이들은 뜻밖의 선물을 기다리는 마음으로 연말 즈음 밤에 잠들기 전에 양말을 걸어 놓게 되었다고 한다.

사실 이 이야기는 실화로, 중세기 소아시아의 미라라는 도시를 관할하던 니콜라스 주교의 이야기다. 그가 사업의 실패로 몰락한 귀족(칠득이)과 결혼지참금이 없어 결혼을 못하고 있는 그의 세 딸에 대한 사연을 듣고 돈지갑을 굴뚝 안으로 던진 것이 성탄절 전날 밤에 양말을 걸어 놓고 산타클로스의 선물을 기다리는 풍습으로 변하게 된 것이다.

당연히 산타클로스는 그 주교(성 니콜라스)의 이름에서 유래한 것이고. 12월 6일에 선물을 나눠주었던 이 성 니콜라스의 이야기는 이후 그의 뜻을 기려 예수님의 탄생을 기념하는 12월 25일을 겸하여 성 니콜라스의 축일로 삼게 되었다고 한다.

그런데 산타가 왜 뚱뚱한 모습일까에는 여러 설이 있다. 전래에 의하면 초창기 산테클라스라 불렀던 네덜란드인들은 산타를 마르고 키가 크며 기품 있는 사람으로 그렸다.

그러나 1800년도 미국의 작가 워싱턴 어빙이 산타를 뚱뚱하고 파이프 담배를 피우며 헐렁한 바지를 입고 있는 사람으로 표현하고 신학자 클레먼트 무어가 역시 비슷하게 뚱뚱하고 난쟁이 요정같이 산타를 표현한 것이 널리 퍼지게 되어 지금의 산타 클로스 모습이 된 것이다.

그런데 우리가 산타를 보면 흰 수염에 빨간 옷을 입고 나오는 것을 본다. 왜 하필이면 빨간 옷이고 흰 수염인가? 여기에는 상술의 대가인 코카콜라의 기막힌 전략(?)이 있었던 것으로 전해진다.

1931년도에 코카콜라에서 빨간 옷을 입고 풍성한 수염이 달린 산타를 사용한 광고가 히트를 치면서 산타클로스의 대표적인 모습이 되었다고 한다.

들리는 말에 의하면 빨간색은 코카콜라의 로고 색을 의미하고 하얀 수염은 콜라의 풍성한 거품을 연상시킨다고 하는데… 어디까지가 사실인지는… 아직 내가 산타를 만나서 확인을 해 보지 못해서 결론은 내릴 수가 없다.

마치 밸런타인 데이의 이면에는 초콜릿 회사들의 사업적인 전략이 숨어 있듯… 산타클로스 역시 상업적 목적에 의해 변형된 모습이라는 사실에 조금은 맥이 빠지기도 한다. 그러나 어쨌든… 산타클로스와 크리스마스는 우리의 마음을 동심과 초심으로(조금은) 다가가게 만들어 준다.

내가 어렸을 때… 초등학교 시절…. 아직 교회가 무엇인지 전혀 모르던 그때…. 12월 25일이 되면 동네 친구들과 우르르 모여 인근 교회로 향했다.

왜냐하면 까짓 거 딱 한 시간만 큰맘 먹고 자리에 조신하게 앉아 눈 감고 참아 주면… ㅎㅎㅎ 목사님의 설교 시간이 끝나고… 큼직한 선물이 나오고 떡국이 나오고 신나는 연극과 노래가 나오기 때문이었다.

거리에서 흘러나오는 크리스마스 캐롤은… 〈크리스마스〉 = 〈뭔가 기쁜 날〉…이라는 방정식을 만들어내고야 말았다. 이유도 모른 채 친구들과 흰 눈을 맞으며 캐롤을 부르며 교회를 찾아가고 더불어 기뻐했던 날이 바로 성탄절 날이다.

　빈들에 피어 있는 꽃들도 하나님의 시각에선 홀로 찬양이 될 수 있듯이… 그때 철 모르고 이유도 모르고 마냥 기뻐하던 그 모습 속에서 하나님의 우리를 향한 깊으신 사랑을 이제는 느낄 수가 있다. 크리스마스를 맞이하여 믿음이 없는 세상 사람들에게 주님의 사랑을 설교해 봐야 억지로 고개는 끄덕일 수 있지만 마음을 움직이기란 여간 어려운 것이 아닐 것이다.

　그러나 산타클로스의 선행과 불우이웃을 향한 자선과 가진 것을 나누고자 하는 적선과 내 마음을 열고자 하는 화평의 방향은 하나님이 원하시는 방향과 일치를 한다.

　이해를 못 하고 믿음은 없지만… 하나님은 적어도 일 년에 한 번쯤은 온 인류들에게 다 같이 생각해 볼 수 있는 시간을 만들어 놓으신 것 같다.

　생전 교회 출입 안 하던 어린 초등생들도 교회로 불러 모으시고, 꽁꽁 틀어막아 놓았던 지갑을 구세군 냄비 앞에서 수전노 할배가 여는 날이 크리스마스 날이다.

　매일 돌 부처같이 무뚝뚝하던 남편이 웬일로 마음이 변해서 고생한 아내 손을 잡고 간만에 외식도 하고 멋쩍게나마 눈 길도 걸어 보며 사랑을 확인하는 날도 크리스마스다.

　큰맘 먹고 원수 진 친구에게 카드를 슬쩍 보내 보는 날도 크리스마스다.

　탕자가 돌아오고 원수가 악수를 하고 돈지갑이 열리고 꿀벙어리가 한마디 하고… 무언가에 감사하고 행복을 느껴 보는 날이 바로 크리스마스다. 우리가 기뻐하는 이유와 세상 사람들이 기뻐하는 이유가 다를 수는 있지만… 기쁨 그 자체는 하나님에게서 오는 것이다.

모든 인류가 가지는 공통분모 중 하나가 기쁨이다. 적어도 어떤 이유든 어떤 목적이든… 함께 기쁨을 느끼고 나누는 이 크리스마스는 하나님이 직접 섭리를 통해 만드신 날이다.

그러므로 Let's Rejoice!

내친김에 헨델의 메시아 중 기뻐하라(Rejoice Greatly O Daughter of Zion)를 들어 보면서… 우리도 기뻐하자!

수퍼리얼 Wild Fire…
그 위험했던 순간들을 넘어서!

오래 전 내가 한국에서 대전에 살 때다. 아마도 초등학교 5-6학년 정도 되었을 것으로 기억하는데 밤에 자다가 갑자기 잠에서 깼다.

어릴 땐 웬만한 인기척이나 소음에도 잠에서 깨는 일은 초등생에겐 드물다.

그런데 내 스스로 깬 것이다. 그때의 느낌을 나는 아직도 기억한다. 꿈인지 생시인지… 묘한 무서운 느낌이 엄습했다. 깨고 났는데… 무언가 이상했다.

지진이 나기 전 동물들이 저주파를 먼저 느끼고 이리저리 설친다고 하는데, 어릴수록 가청 범위가 넓어서였던지… 무언가 묵직한 소리를 들었던 느낌이었다.

마치 영화의 극적인 장면에서 들리는 아주 극저음의 웅웅~ 하는 소리 같은… 후다닥 방문을 열고 밖으로 나가 보니… 어머니와 아버지 그리고 (부엌 일을 도와주시던) 아주머니가 마당 한가운데 서서 한 방향을 바라보고 있었다. 그것이 대전 중앙시장 대화재 사건이었다.

나는 불길이 그렇게 하늘 높이 올라갈 수 있는 줄은 상상조차 하지 못했다.

칠흑같이 어두운 한밤중에 시뻘건 불길이 솟아오르고… 내가 그렇게 상상을 한 것인지는 모르지만… 정말로 무겁고 깊은 소리가 땅바닥으로부터 느껴지던 밤이었다. 그 중앙시장과 우리 집과는 불과 30분 거리도 안 되었던 것으로 기억된다.

그 뒤로는 나는 화재를 영화 장면을 통해 본 적은 있었어도 내 눈으로 직접 본 적은 없었다.

적어도 어젯밤까진.

어제 점심 무렵…. 흘러가듯 들었던 뉴스에서 우리 집에서 10마일 정도 북쪽에 위치한 볼더 지역에서 Wild Fire가 발생했다는 소식을 들었다.

또 산불이구나 생각했다. 그리고 조금 후에 Marshall Wildfire라는 또 다른 불길이 볼더와 내가 사는 브룸필드 중간 지역에 있는 수퍼리얼(Superior)에서 발생했다는 소식을 들었다.

오후 늦게쯤… 회사일을 조금 일찍 끝내고… 찌부둥한 몸을 풀 겸 동네를 한 바퀴 돌려고 바깥으로 나갔다. 그런데… 하늘 한쪽이 뿌연 연기로 가득 차 있다.

그리고 강풍이 불어왔다.

바람이 이렇게 불면 불이 크게 번질 텐데… 생각하며 동네를 한 바퀴 돌고 왔더니… 일 갔다 온 Chrissy(우리 딸)가… 지금 수퍼리얼 지역에 불이 났는데… Freeway 오면서 혼났다고 하면서… 그 불길이 지금 위험하게 우리 쪽으로 번지고 있다고 했다.

Wild Fire 하면 〈산불〉만 생각했기에… 아니 숲도 없는 주택가에 무슨 불이 날까…. 생각하며 TV를 켰다. 오… 장난이 아니다.

집들이 타들어 가는 장면을 보여 주고… Costco에서 쇼핑하다 긴급피신 방송에 뛰쳐나온 어떤 사람이 직캠한 장면을 보니… 마치 전쟁터 같았다. 연막탄을 터트린 것같이 뿌연 거리에 이리저리 사람들이 차를 타고 도피하는 모습이 보였다.

폰을 통해 화재 Map을 보니… Superior을 중심으로 루이스빌과 라피아트까지 번져 나가고 있다. 수퍼리얼과 루이스빌은… 내가 살고 있는 브름필드와 바로 인접해 있는 타운이다.

뉴스를 보니 Peak 바람 속도가 110마일이라고 한다. 세상에…. 40마일만 되도 지붕이 들썩들썩하는데… 110마일이라고? 그리고 바람의 방향이 동남쪽 즉… 브름필드를 향하고 있다.

루이스빌과 브룸필드 사이에는 큰 하이웨이인 287 도로가 있고 I-36 고속도로가 있다.
　이것만 넘으면… 내가 즐겨 트레일하는 엄청나게 넓은 Open Space가 나온다. 오픈 스페이스라는 말은… 그 안의 모든 것이 다 Consumable 즉 불에 그냥 탈 수밖에 없는 야생 풀들과 나무들이라는 말이다.

　그 시각… 축구장 만한 넓이의 스페이스가 딱 5초만에 다 타 들어 가는 장면을 TV에서 보여 주었다. 이론대로 따지자면… 강풍이 계속 남동쪽으로 불어온다면… 이 상태라면 10여분 안으로 우리 동네로 불길이 날아올 수도 있다는 말이다.

　갑자기 다가오는 그 무서운 느낌이… 있다. 옛날… 대전의 중앙시장 화재의 기억이다.
　마침 퇴근하고 들어온 와이프랑 저녁을 먹는 둥 마는 둥 TV 속보에 귀를 기울였다.

　속으로는 기도하며 이곳저곳 아는 사람들과 챗을 하기 시작했다. TV의 앵커가 현재 수치를 얘기한다. 580채 주택이 전소되었고 만 명 넘게 사람들이 피신하고 있다고.

　목사님과 연락이 되었는데… 교회 성도 몇 집이 지금 교회로 피신해 있다는 것이다. 한 분은 자기 집이 타들어 가는 것을 보고 피신하였다고 한다.

수퍼리얼 쪽엔 우리 교우들이 꽤 많이 산다. 그리고 조사를 해 보니… 내가 다니는 회사도 화마의 정중앙에 위치해 있기에… 아마도 타지 않았을까 생각이 들었다.

그런데 갑자기… 바람의 방향이 틀어졌다. 남동쪽으로 향하던 바람이 남서쪽으로 향했다.
이것과 더불어 조금 줄어든 바람의 속도… 그리고 가운데 위치한 큰 도로(287) 와 Freeway 때문인지… 불길은 그 앞에서 멈춘 상태가 되었다.

이제 문제는 남서쪽으로 향하는 불길이다. 왜냐하면 남서쪽으로 계속 남하하면… 우리 교회가 위치해 있고… 많은 교인들이 사는 웨스트민스터와 알바다가 나오기 때문이다. 아니나 다를까… 그지역에 Pre-Evac 경고가 떴다고 한다.

몇몇 교인들은 이미 짐을 싸 놓고 상황을 보고 있었다. 이리가도 문제고 저리가도 문제다.
여기저기에서 안부를 묻는 메시지가 들어오기 시작했다. 캔시스에서… LA에서 친구가… 한국에서 가족들이, 플로리다에 Vacation 가 있는 큰아들이 괜찮냐며 연락이 왔다.

덴버 다운타운 사는 둘째가… 얼마전에 산 큰 트럭을 다 비워 뒀으니까… 만일 긴급 시 즉시 부르라고 연락이 왔다… ㅎㅎㅎ 미 해병대 수색대에 있었는데… 본능이 작동하는 모양이다.

걱정할 필요가 없다고 말하고… 속으로는 기도를 하며 TV에 다시 귀와 눈을 기울였다.

잘 시간인데… 자야 하느냐… 계속 모니터해야 하느냐 결정을 해야만 했다.

바람이 줄어들고… 방향이 이젠 북쪽으로 향하고… 가운데에 있는 큰 도로와 프리웨이가 큰 장벽이 되어 막아 주는 탓에… 더 이상 불길이 우리 쪽으로 번질 것 같지는 않다는 결론을 내리고… '이제 안심하고 자자….'라고 명령(?)을 내리고 잠자리에 들었다.

그렇지만 나는 1-2시간 더 폰을 통해 상황을 모니터링 해야만 했다. 잠에서 깨어 보니… 새벽 5시다. 느낌도 분위기도… 아무런 이상한 소리도 안 들린다.

상황을 살펴보니… 더 이상 피해지역이 불어나지 않은 것 같다. Pre-evacuation 지역도 없어졌다.

잘 아는 집사님으로부터 연락이 왔다. 전소된 줄 알았던 수퍼리얼에 있는 집이 말짱하다는 기쁜 소식이다. 그러나 건너편에 있던 지인들 집들은 전소되었다는… 소식도 전한다.

우리는 다행히 불운을 모면했지만… 실지로 집을 잃은 사람들의 심정은 우리는 헤아릴 수 없을 것이다. 그중에는 내가 잘 아는 교인들도 몇 명 있다. 그들을 위로해야 한다.

2021년도가 마지막 하루 남은 오늘이다.

하나님은 한쪽 문을 먼저 열어 놓기 전엔 다른 쪽 문을 안 닫으시는 분이시다.

2021년도 마지막에 당한 이 위기와 환란(?)을 2022년도에는 하나님께서 곱절로 더 좋은 것으로 갚아 주실 것을 믿는다.

비록 지금은 가슴이 아프고… 앞으로 해결해야 할 복구절차와 시간들이 많이 남아 있지만… 이번 사태를 통해 우리 모두가 조금은 더 절실하게 하나님의 손길과 그의 긍휼을 구하고 그의 임재하심을 느끼는 시간이 되었으면 좋겠다.

그래서 오늘 자정에 있을… 송구영신 예배는 많은 성도들이 모여 함께 기도하고 함께 회개하고 함께 손을 잡고 함께 위로하고 함께 새해의 소망을 가져 보는 귀한 시간이 되기를 기대해 본다.

그리고 2022년… 호랑이 해에는 용맹한 호랭이가 이놈의 코로나 바이러스인지 뭔지를 콱 물어 죽여서 우리 모두가 기쁘게 모이기를 힘쓰는 호랑이 해가 되기를 간절히 소원해 보는 바이다.

Happy New Year!!!

마음속의 헬리코박터

작년 여름… 독립기념일 연휴를 이용하여 California 몇 군데를 10일 정도 여행하기로 작정하고 세밀한 계획을 짰었다. 그래서 LA에 있는 친구 집에서도 이삼 일 정도 머물면서 부부끼리 골프도 치고, 도착하는 첫날은 우리가 좋아하는 유명한 횟집에서 맛있는 음식도 먹으려고 친구가 예약까지 다 해 놓은 상태였다.

그런데 출발하기 3-4일 전부터 이상하게 배가 더부룩하게 느껴지며 소화가 안 되고 속도 쓰리고 트림도 나고 몸살기에 어지럽기도 하고 영 불편하기 시작했다.

하루 정도를 소식하며 나름대로 증세 완화를 위해 노력을 했는데… 갈수록 더 악화되는 것을 느꼈다. 예전에 엇비슷한 증세가 있었다. 그런데 그 증세가 꼭 독감(Flu) 증세였다.

일단 어지럽고 열이 나고… 배도 좀 아픈 것 같고… 그래서 타이레놀이나 에드빌 같은 주로 Flu에 먹는 약을 먹었었다. 그러다가… 결국 그 원인이 독감이 아니라 Stomach Flu라는 것을 알게 되었다.

Flu라는 말이 공통적으로 들어가서 그런진 몰라도, 어떤 사람들은 한국말로 〈위 감기〉라고 부르기도 한다는데, 정확한 명칭은 〈바이러스성 장염〉이다. 그래서 그때부턴 이런 증상이 일년에 한두 번 있을 때마다 타이레놀/에드빌이 아닌 펩토비스몰 같은 위장 장애에 먹는 약을 먹었더니⋯ 하루가 지나면 말끔히 낫게 되는 경험을 하게 되었다.

그래서 이번에도 Stomach flu라고 생각하고 위장약을 먹었는데도 진전이 없었다.
음식을 일부러 조금 먹고⋯ 짜고 매운 것을 안 먹는데도 변화가 없었다. 시험 삼아 (패턴을 알기 위해)⋯ 자극적인 음식도 먹어 보고 많이도 먹어 보았는데⋯ 배 아픈 것하고는 아무런 상관이 없는 듯했다.

그래서 생각을 해 보았는데⋯ 이것이 음식물 과다 섭취와 관계가 없고⋯ 맵고 짜고 한 음식의 자극하고도 관계가 전혀 없는 것이라면⋯ 혹시 근본적으로 위궤양⋯ 혹은 위암 가능성도 있지 않을까 하는 불안한 생각이 갑자기 들기 시작했다.

캘리포니아 친구에게 연락을 하여⋯ 사정 얘기를 하고 California 여행 일정을 일단 취소해 버렸다. 그리고 전혀 회복의 진전이 없길래 Doctor's Office에 진료 예약을 하고(마침 그날 잠깐 비는 시간이 있다길래⋯ ㅎㅎㅎ) 의사를 찾아갔다.

이것저것 보고⋯ 물어보고 배도 만져 보고 하더니만⋯ 한가지 검사를 더 하자고 했다.

같은 건물 옆에 있는 Lab에 갔더니⋯ 풍선 같은 기구를 주더니만 힘껏 불어 보란다.

일단 그 튜브를 통해 숨을 내쉬게 하여 공기를 모아 검사하는 요소호기 검사(UBT)를 통해 첫 검사를 한 다음, 이번에는 약물을 주더니만 이걸 먹고 20분 후에 다시 한번 더 불어 보란다.

얼마 후⋯ 검사 결과가 나왔다. 병명(?)은 〈헬리코박터균〉 감염이라고 했다.

헬리코박터⋯ 머시기라 그라?? 헬리코박터균 감염증은 위점막과 점액 사이에 기생하는 나선 모양의 헬리코박터 파일로리라는 세균에 의한 감염 질환을 말한다고 한다.

위장 문제가 전혀 없었던 내가 의아해하니까⋯ 의사가 웃으며⋯ 거의 모든 사람들이 이 세균을 가지고 있다며 2주간 처방해 주는 항생제 2가지를 먹고 확인 검사를 다시 하자고 했다.

집에 돌아와 〈헬리코박터〉를 구글링 해 보니⋯ 특히 한국 사람들은 80% 이상이 이 세균과 동거를 하고 있다는 통계가 보였다. 우리 한국사람들은 찌개나 국 등 음식물을 여럿이 각자의 수저로 퍼 먹는 음식 문화가 있기에⋯ 거의 대부분 성인들이 이 세균을 보유하고 있을 가능성이 크다는 것이다. 다만⋯ 개인적 체질과 면역 레벨에 따라⋯ 치료를 필요로 하는 증세가 나타나는 사람도 있고 평생 증세가 없이 사는 사람들도 있다고 한다.

애기를 듣고 나니⋯ 마음이 조금 놓이면서⋯ 또 꼼지락꼼지락⋯ 여행에 대한 갈증이 되살아난다. ㅎㅎㅎ 그래서 결국 콜로라도 인근 산 쪽으로 1주일 여행을 기어코 갔다 왔다는 얘기다.

2주간 약을 먹고 나니⋯ 거짓말같이 그 증세가 감쪽같이 없어졌다. 확인검사를 해 보니⋯. 음성이다. 증세가 사라지고 나니⋯ 에고, 이렇게 간단히 치료가 가능한 것이라면 차라리 그냥 캘리포니아를 갔다 올 걸⋯ 하는 후회와 욕심이 가득 찬 마음이 생겨나는 것을 느꼈다.
그래서 옛말에도⋯ 화장실 들어갈 때와 나올 때가 다르다⋯ 고 하는 것인지 모른다.

요즘은 안 그러지만, 얼마 전까지만 해도 과식이 나쁘다는 것도 알고, 몇 번 나쁜 후유증을 경험했는데도 음식을 보면 주체할 수(?) 없는 그⋯ 불타오르는 욕망 때문에⋯ 고생한 적이 한두 번이 아니다.

예전에 동부에서 조카들이 와서⋯ 스시 부페에 가고 싶다고 해서 가족들과 함께 간 적이 있었다.
나 포함 5명이 갔었는데, 하도 스시 킬러라는 별명을 가진 조카들이기에, 정말 말 그대로 태평양에 가득 담고도 남을 거대한 양의 스시를 주문했다.

지금 생각해 보니… 그때 스시 부페에서 스시맨들이 힐끗힐끗 우리를 쳐다보았던 것이… '아니… 이자들이 먹방 촬영을 하나… 10명이 먹어도 다 못 먹을 양을 주문하다니….' 하면서 쳐다본 것이 분명하다.

그런데 같이 간 사람들 중 두 놈의 조카놈 시키들이 그날따라 배가 안 좋다며 평상시 양의 절반도 안 먹었다. 정도껏 남아야 그냥 나오지…. 이건 여전히 콜로라도 강을 채우고 남을 정도로 남았다.

그래서 비상수단을 써서… 마침 가지고 간 쇼핑백에 냅킨을 깔고 교대로 망을 보며 남은 스시와 롤을 다 집어넣어 가지고 집에 왔다. (그것 가지고 며칠을 먹었다는 얘기다… ㅎㅎㅎ)
더 먹고 싶어하고 더 가지고 싶어하는 우리 인간들.

〈다다익선〉이라는 말이 있다. 영어로는 〈The More, The Better〉 즉, 많으면 많을수록 좋다… 는 말이다.

개에게 먹이를 주면… 어느 정도 배가 부르면 절대로 더 이상 과식을 하지 않는다.
사자도 먹이를 먹고 배가 부르면 옆으로 지나가는 토끼를 그저 바라만 본다고 한다.
그러나 인간은 항시 "더" 먹을 공간을 배 속에 남겨 두는 모양이다.

한술 더 떠… 그렇게 더 먹고 난 다음에도… 술 들어갈 "배"는 아직 남

았다고들 한다. ㅎㅎㅎ

참 위대한(위가 큰) 우리들이다. 음식만 그런 것이 아니다. 물질도 그렇다.

어려울 땐… 내가 조그마한 집 한 채만 있으면 더 이상 바랄 게 없다고 한다.
그러다가 집이 생기면… 더 큰 집을 원한다.

내가 아는 어떤 분은 70이 넘어서도 강건한 체력을 자랑하며 오버타임까지 하면서 부들부들 떨며 돈을 모아, 한국으로 돌아 갔다고 한다.

그런 다음 은퇴 생활을 즐기기 전에 종합검진을 했는데 말기 암 진단을 받아… 가지고 간 돈 다 쓰고 결국은 다시 치료를 위해 (미국에 메디케어 보험이 있기에) 미국에 있는 아들집으로(좋아하겠는가? ㅎㅎㅎ) 돌아왔다고 한다. 적당히 벌고 적당한 시기에 만족해야 한다.

먹는 것도 물질도 명예도… 적당한 것이… 아니 오히려 약간 모자라는 듯한 것이 낫다.
모자랄 땐… 내가 나를 볼 수 있게 된다. 풍족하게 되면 내가 남의 것만 보게 된다.

남의 것만 보면… 만족이 있을 수 없다… 왜냐하면 언제나 걷는 사람 위엔 뛰는 사람, 뛰는 사람 위엔 나는 사람이 있기 마련이기 때문이다.

가난해지자는 말도 아니고, 부자가 되지 말자는 말도 아니다. 성경은 가난이나 부함 자체를 악하거나 선한 것으로 구별하지 않는다. 하나님은 가난을 통해서든 부함을 통해서든 우리를 거룩하게 하시고 우리를 복 주실 수 있는 분이시다.

우리는 모든 것이 풍족하게 되면… 걱정거리가 줄어들게 됨으로 훨씬 더 Quality Life에 Focus할 수 있다고 생각한다. 그러나 오히려 사람은 대개 잘 나가고 형통하고 풍족할 때에 경거망동하고 과욕을 부리다가 넘어지기 십상이다.

오히려 어려울 때, 역경의 때, 병들었을 때, 가난할 때, 큰 시험이 우리 앞에 놓여 있을 때, 우리는 훨씬 더 겸손해지고, 우리의 믿음은 더욱 굳세어지고, 우리 자신을 더욱 더 깊게 돌아볼 수 있는 기회가 된다는 것을 알았으면 한다.

컴퓨터에 각종 잡동사니 프로그램을 잔뜩 풍성하게 깔게 되면… 겉모습은 강력하고 최고사양의 PC로 보일지 모르지만 얼마 안 가 속도는 버벅거리고 기능은 비정상적 작동을 할 수가 있다.

그러나 꼭 필요한 프로그램만 깔고 수시로 PC 상태를 점검한다면… 그 PC는 건강한 상태로 무병장수(?)할 수 있을 것이다. 인생도 마찬가지가 아닐까 생각해 본다.

아무리 맛있는 음식이 내 눈 앞에 놓여 있어, 내가 원하는 대로 다 먹을 수 있어도 〈헬리코박터〉 때문에 먹을 수가 없다면, 풍성한 물질을 얻고도 끊임없이 솟아나는 〈욕심〉이 아직도 남아 있는 한, 진정한 마음의 행복을 소유할 수 없는 것과 마찬가지일 것이다.

헬리코박터 같은 〈욕심〉을… 항생제 같은 〈하나님의 말씀〉으로… 먼저 없애 버려야 한다.
물질이 풍요로운 게 행복이 아니라 마음이 풍요로운 게 진정한 행복임을 생각해 보아야 한다.

스트레스 해소 비법 2가지

인간과 동물의 차이점은 무엇인가? 당연히 여러 대답이 있을 수 있겠으나 '동물은 본능적으로 살고 인간은 이성적으로 산다…'라고 대답하면 거의 정답에 가까울 것이다.

그래서 인간답지 않게 사는 사람을 우리는 흔히 '개같은 놈'이라고 한다. 더 나아가서는 '개보다 못한 놈'이라고 하기도 하고 한 걸음 더 나아가서는 '개보다 더한 놈'이라고도 한다.

그러니까 인간은 인간다워야지… 개와 같거나… 개보다 못하거나… 개보다 더하면… 문제가 된다는 얘기다.

문제는 '인간답다'는 것이 도대체 무엇이냐는 것이다. 나는 우리가 다 알고 있는… 이성적, 합리적, 논리적, 계획적 등등의 요소들을 진부하게 얘기하고 싶지는 않다. 개인적으로 다음 두 가지는 우리 인간만이 소유할 수 있는 특성이 아닐까 생각하여 본다.

첫째로 '입장 바꿔 생각하기'다. 미국의 경제학자이자 사회이론가인 제러미 리프킨(Jeremy Rifkin)은 《공감의 시대》라는 저서에서 '공감하는 인간(Homo Empathicus)'에 대해 얘기를 한다.

유독 인간만이 입장 바꿔 생각하기, 즉 '관점 전환'의 능력을 소유하고 있다는 것이다.

멧돼지가 마을 농장에 내려와 허기진 배를 채우려 밭에 심어 놓은 배추와 무우와 고구마와 감자를 아작 내기 전에… '아, 잠깐… 이 농장 주인 입장도 내가 생각해 봐야 되지 않을까?'라며 멈칫하는 경우는 거의 없다…. 아니, 아예 없다.

영리한 개가 집안 카펫에서 실례를 안 하고 끙끙대며 밖으로 나가서 대소변을 보는 것은 그들이 인간의 입장을 생각하고 이해했기 때문이 아니라… 그런 실수를 방지할 목적으로 영문도 모른 채 훈련을 받았기 때문이거나, 아니면 몇 번 그래 보니 주인이 화가 나서 매질을 하였던 기억이 생생하기에… 안 맞으려고 혹은 본능화가 된 탓에… 그러는 것에 불과하다. 세상의 어느 개가 주인의 입장을 곰곰이 생각하면서 이런저런 일을 하겠는가.

두 번째는 '상상하기'이다. 고릴라가 아무리 힘이 세고 동물들 중에서 두뇌가 영리한 축에 낀다 하여도 인간을 정복하고 그들을 지배하는 '상상'을 하지는 않는다. 아니, 할 수가 없다.

젊은 사자가 늙은 사자 밑에 있으면서 '너랑 단 둘이 있을 때 너를 절벽

밑으로 밀어 떨어뜨리고 이 무리를 이끄는 새로운 왕이 되는' 상상을 하며 혼자 큭큭 웃는 일은 없다.

장성하다 보니 몸 안에 입력된 본능에 의해 적절한 타이밍에 그저 본능적으로 경쟁자를 누르고 우두머리가 되는 과정을 밟을 뿐이다.

우두머리가 되는 꿈을 꾸며… 저 넓은 초원을 갈색 갈기를 휘날리며… 큰 소리로 표효하며… 늠름하게 뛰어다니는… 그런 '상상'으로 빙그레 웃는 사자님들은… 없다.

이 두 가지는 오직 인간만이 가진… 인간만이 누릴 수 있는 특성이다. 그런데… 이와 더불어… 이 두 가지 특성들은 우리 인간들의 놀라운 '스트레스' 해결책이 되고 있다.

하나님이 주신 이 두 가지 기적의 〈능력〉이 없었다면 우리 인간은 무척이나 메마르고 스트레스 만땅인 인생을 살아가야 할지도 모른다.
한번 생각하여 보자.

일단 하나님은 우리를 로봇으로 만들지 않으셨다. 만일 하나님이 이 세상 모든 것에… 인간들이 따라야 할 Instruction을 우리들의 본능속에 Firmware같이 Burn-in 시켜 놓으셨다면(마치 양심같이)… 우리는 절대 〈스트레스〉가 없을 것이다.

그냥 생각할 필요도 없이 머뭇거릴 필요도 없이 그냥 지시대로만 하면 된다. 말하자면 결국 동물의 차원과 같게 되는 셈이다.

사실 하나님의 입장(?)에서는 그게 stress-free일 수도 있다…. ㅎㅎㅎ 그런데도 모든 걸 감수하시고 우리를 로봇이 아닌… 어디로 튈지 모르는 자유의지를 가진 인간으로 창조하신 것인데… 그 이유는 이 글의 의도와는 관계가 없는 것이므로… ㅎㅎㅎ 건너 뛰기로 한다.

어쨌든… 우리는 인생을 살아가면서 이런 저런 스트레스를 겪게 된다. 빈부노소 관계없이 우리는 스트레스를 받게 된다. 그중에서도 가장 큰 스트레스는 역시 Inter Personal 스트레스이다.

만일 인간이 먹고 사는 스트레스만 받는다면… 그것은 쉽게 해결할 수 있다. 번 만큼 먹고, 먹고 싶은 만큼 벌면 된다. 그런데… 모든 액션과 액션 사이에는… 이놈의 인간이 끼게 된다. 그게 스트레스의 주 원인이 된다.

그래서 인간과의 Relationship Management를 잘하는 사람은 스트레스를 훨씬 더 효과적으로 관리할 수 있게 된다. 특히… 남이 아닌 '나'를 잘 관리할 수 있는 사람.

옛말에… '때린 놈은 다릴 못 뻗고 자도 맞은 놈은 다릴 뻗고 잔다….'라는 말이 있다. 나도 많이 경험한 일이지만… 사람과의 갈등이 있을 때… 간단한 〈관점 전환〉을 통해 마음이 평안해진 적이 꽤 있다.

'아니… 저 친구… 나를 못 본 체하고 지나가네? 나를 업신 여기는 거야? 나에게 뭔 불만이 있나?' 이런 생각을 하기 시작하면 내가 나를 갈등의 올무에 묶고 만다. '아… 그래 저 친구 얼마 전 회사에서 Layoff 당했으니 지금 딴 사람이 머릿속에 들어오겠나? 나라도 그럴 거야.'

이렇게 그 사람의 입장에 서서(put myself in his shoes) 보면 그의 행동이 이해가 된다. 그의 행동이 이해되면 나의 불필요한 스트레스는 해소되게 되어 있다.

이유 없는 무덤이 없듯이 모든 사람들의 모든 행동엔 다 이유가 있을 것이다. 내가 상대방의 입장으로 들어가 그 이유를 이해하려고 해 본다면 결과는 달라질 수도 있을 것이다. 또한 그것이야말로 나를 위한 나의 스트레스를 줄이는 오직 인간만이 소유한 능력이기도 하다.

나는 상상을 많이 하는 편이다. 상상 속에서 나는 떼돈도 벌어 보고… 큰 회사도 성공적으로 운영해 보고… 수천 명이 앉아있는 카네기홀에서 오페라도 멋있게 불러 보고… 멋진 영화도 만들어 보고… 수퍼맨처럼 우크라이나에서 사람들도 구출하는 상상을 해 본다.

돈 한 푼 안 들이고… 세상 여기저기를 다 돌아다니고… 이것저것 불가능했던 일을 척척 해낸다. 참 기막히신 하나님이시다.

세상 모든 것 어느 것 하나 마음대로 잘 안 되게 만들어 놓으시고 약간 미

345

안하셨는지… 우리에게 상상의 능력을 주셔서 가끔 가끔 상상의 나래를 통해 스스로 만족케 하시고… 스트레스를 풀어 주신다. 이 상상의 능력이 없었다면 우리는 얼마나 메마르고 황량하고 거친 인생을 살고 있을까? ㅎㅎㅎ

찌질이 못난 시골 총각이… 이 상상을 통해 서울의 이쁜 아가씨와 결혼도 하고… 취업길이 막힌 취준생이 상상을 통해 외국 명문대를 졸업하고 귀국한 후 대기업의 팀장을 맡아 활약하고… 기회와 능력이 안 되어 시골 어촌에서 몇 명의 교인들과 눈물로 기도하는 젊은 목사가 상상을 통해 세계 이곳저곳을 다니며 명설교를 하고 수많은 결신자를 낳게 하는 능력의 종이 되는 꿈도 꾸어 보고.

이 모든 것이 공짜로… 언제든지… 어디서든지 가능하다…. ㅎㅎㅎ

생각해 보라…. 만일 우리가 일체 상상을 할 수 없다면… 우리의 삶은… 〈무희망〉 그 자체일 것이다. 귀중한 물도 공기도 공짜다.

〈입장 바꿔 생각하기〉와 〈상상하기〉도 공짜다. 귀중한 물과 공기는 누구에게도 Available하지만 그것을 거절하면 가질 수 없다.

입장 바꾸기와 상상도 우리 인간들에겐 Available하다. 그것을 적절히 유용하게 사용한다면… 우리의 삶은 조금 더 Less-Stressful하고 More-Hopeful하지 않을까 생각하여 본다.

그런 의미에서 오늘도 나는 상상의 나래를 활짝 펴 볼 것이다.

화이팅!

MAMA!

미국에 사는 한국인이라면 1992년 LA폭동을 기억할 것이다.

바로 그날 나는 토랜스라고 하는 LA 한인타운에서 남쪽으로 약 30마일 떨어진 지역에 있는 그 당시 출석하던 교회의 성도님 댁에서 구역예배를 보고 있었다.

예배도 끝나고 저녁도 먹고 여럿이 대화를 나누고 있는데 목사님께서 전화를 받으셨다.

잠시 후 심각한 어조로 "박 집사… 일단 밖으로 나가지 말고 내일 아침에 나오든지 해요."라며 전화를 끊고 난 뒤 지금 LA 한인타운 인근에 폭도들이 지나가는 차에 돌을 집어던지고 상점 문을 깨고 약탈을 하고 있다고 말했다.

그것이 LA 폭동의 시작이었다. 세리토스에 있는 집으로 무사히 그리고 황급히 돌아와서 Radio Korea를 틀어 놓으니 〈생중계〉가 진행중이었다. 웨스턴과 6가에 있는 XX상점에 지금 폭도들이 몰리고 있다는 연락이 왔습니다. 해병대원들은 지금 그쪽으로 모여 주시기 바랍니다.

아… 지금 세리토스 그레이스 선물센타 쪽으로 폭도들이 모이고 있다는 제보가 들어왔습니다.

자경단들은 혹시 그쪽으로 모일 수 있는지요.

그 라디오 생방을 들으며 밤을 샜다. 그게 1992년 LA 폭동의 기억이다.

내가 알기로는 그 당시 LA 한인타운은 거의 초토화가 되었고 한인상점 150여 곳이 약탈당했다고 한다. 그런데 그런 와중에도 유독 한 한인상점은 그 폭동 속에서도 멀쩡했다.

그 이유는 그 상점 앞에는 한인이 아닌 흑인들이 직접 나서서 교대로 보초를 서면서 그 상점을 지켰기 때문이라고 전해진다. 흑인들의 이러한 행동에는 당연한 이유가 있다.

바로 그 상점 주인 때문이다.

동네 흑인들에게 MAMA라고 불리어졌던 그 여주인은 1970년도 초에 미국으로 이민을 와서 갖은 궂은 일을 다 거친 뒤, LA에서도 대표적인 흑인 거주지역인 South Central에서 15년간 그 가게(환전소 겸 식료품점)를 운영해 왔다고 한다.

특이하다면 다른 한인들은 비지니스는 흑인 동네에서 하지만 자기가 사는 곳은 안전하고 고급 지역인데 반해 이 MAMA는 아예 식구들과 함께 거주하는 곳도 바로 상점 인근이었다고 한다.

어쨌든 이 정도면 그냥 누구나 이민 초기생이라면 대부분 겪었고 거쳤던 평범한 그림이다.

그런데 마마라고 불리어지는 그 가게 주인 홍씨 아주머니는 일단 흑인들에게 너무나 친절했다.

피곤과 과로에 찌들려도 일단 손님이 들어오면 밝은 표정과 어조로 그들을 맞이했다.

우리 한국인들은 내가 피곤하면 누가 들어오든 그 표정이 역력하다.
그렇기 때문에 가끔 미국인들은 우리의 이런 (의도치 않은) 표정 때문에… 혹시 나에 대한 거부반응인가 오해하기도 한다.

홍씨 아주머니는 어린 나이에 엄마가 된 흑인 여성이 기저귀와 우유 살 돈이 없어서 망설일 때 물건들을 가방에 챙겨 주며 "나중에 돈 생기면 줘." 하며 귓속말로 속삭였다 한다.

맥주 캔을 훔쳐 달아나는 흑인 아이에게 "괜찮으니까 천천히 가라…. 넘어지겠다."라고 소리친 것이 흑인 이웃들에게 퍼져 버린 것은 누군가가 그 배려해 주는 마음에 감동하여 퍼트린 것일 것이다.

그 밖에도 생계보조비로 받은 수표를 내밀며 술을 사고 난 나머지 돈은 현금으로 돌라는 한 흑인 남성에게서 그의 부인의 전화번호를 기어이 받아내어, 그 부인이 직접 와서 그 현금을 받아가게 한 일화도 있다.

바쁜 세상에 그 돈 딴 데 안 쓰게 하려고 부인에게 전화까지 걸어서 남의 가정까지도 생각해 주는 MAMA의 이런 따뜻한 사랑은 어느덧 그 동네 모든 이웃들에게 알려진 것이다.

내가 개인적으로 들은 비슷한 다른 분들의 미담도 있다.

롱비치에서 리카스토어를 운영하던 어떤 지인은 매달 마지막 일요일 오후 3시에 코리언 바비큐 파티를 이웃을 위해 연다. 가족, 친지를 다 동원하여 큼직하게 자리를 잡고 불고기, 갈비, 상추쌈 그리고 햄버거, 핫도그를 비롯한 각종 음식을 준비하여 마음대로 와서 먹으라고 잔치를 벌렸다. 그날은 온 동네 흑인들(거의 대부분)의 잔칫날이다.

이러니 관계가 안 좋을 리가 없다. 강도사건은 아예 없다. 좀도둑도 전혀 없다.
이 얼마나 현명한 생각인가?

한 달에 한 번 잔치를 하면… 글쎄… $1,000-2,000 정도 쓸 수 있다. 그 천, 이천 불이 솔직히 만 불 이상의 효과를 내는 것이다. 누이 좋고 매부 좋고.

LA 잉글우드 약간 북쪽에서 예전에 생선튀김(그 당시 상당히 유행하였음) 장사를 하시던 분을 내가 안다. 그곳 역시 완전 흑인촌이다.

이분 역시 아줌마다…. (역시 한국 아줌마는 파워가 있다) 가게에 들어와 돈은 없고 진열해 놓은 튀김이 먹고 싶어 흑인 아이 하나가 몰래 하나

집어 나가는 것을 이 아줌마가 막았다.
　그리고는 그것을 제자리에 갖다 놓고 다시 자기에게 오라고 했다.

　아이가 순순히 말을 듣고 오자 이번에는 다음과 같이 자기에게 말하라고 했다.
　"배가 고프니까 이거 하나만 먹으면 안 될까요?" 아이가 따라서 말했다.

　그러자 아줌마가 직접 가서 그 튀김을 가지고 와서 그 아이에게 주면서 다음과 같이 말했다고 한다. "이건 내가 너에게 주는 거야. 공짜는 아니야. 대신 너도 불쌍한 사람 있으면 그 사람을 도와줘." 그 말이 엄마를 통해 이웃들에게 퍼진 모양이다.

　그런데 이상한 것은 있었다. 주로 저녁 밤 장사인 그 가게는 Delivery가 주 수입원이기도 했다.
　밤에 주문하는 사람들이 많았던 모양이다.

　그런데 가게 북쪽 그곳은 일종의 갱들이 많이 거주하는 곳인데, 하필이면 그 북쪽에서 밤 주문이 많이 들어온다는 것이다.

　주문이 오면 누가 그곳까지 배달을 해야 하는데… 몇 안 되는 종업원들이 배달 가기를 꺼린다.
　목숨이 아까운 거다. ㅎㅎ 결국 주인인 아줌마가 가게 되는 날이 대부분이라고 한다.

그런데 사고도 없고 집적거리는 사람도 없다. 하나님의 은총인가 보다… 감사하며 지냈다고 한다.

나중에 우연히 배달을 간 건물이(아마도) 갱들의 소굴이었던 모양인데 그곳에서 리더격으로 보이는 흑인 청년이 반갑게(?) 악수까지 청하며 맞이하더라는 것이다.

그래서 의아해하고 있는데… 아까 말한 그 미담(?)이 어느 사이에 퍼져서 그 갱 리더도 알고 있더라는 것이다. 그래서 아마도 지시(?)를 내려… 모모 생선튀김 가게 주인 건드리지 말라… 는 명령을 내린 것 같다는… 게 그 아줌마의 훗날 얘기였다.

흑인들은 내가 알기로는 매우 단순하다. 나는 학교, 직장 등을 통해 많은 흑인 친구들이 있다.
요즘 흑인들의 나쁜 행동에 대해 얘기들을 많이 한다.

바로잡자…. 흑인의 행동이 나쁜 게 아니라… 나쁜 흑인들의 행동이 나쁜 것이다. 나쁜 한국인의 행동이 나쁘듯이. 나쁜 백인의 행동이 나쁘듯이. 나쁜 인종이 어디 있는가?

다시 MAMA로 돌아가 본다.
1999년 즉 LA 폭동 7년 후… 그 MAMA는 안타깝게도 타지에서 원정 온 무장강도 2명에게 살해당하고 만다. 그 당시 52세였던 MAMA의 장례식은 흑인 이웃들의 강력한 요구로 〈지역사회장〉으로 세인트 브리지드

성당에서 치러진다.

이 이벤트는 LA Times는 물론 뉴욕타임즈지에도 보도가 되었다고 한다.
그 장례식 주간에는 마마의 상점 앞에 추모의 꽃다발과 촛불, 성경책, 편지들이 수북이 쌓여 있었다고 전해진다.

물어보자. 베벌리 힐즈에 사시는 거대한 비지니스 체인을 경영하는 초갑부 한국인 여러분들…
팔로스 버데스에 사시는 흑인 지역에서 엄청난 수입을 내시고 자녀들과 안락하게 수백 수천만불 저택에 사시는 한국인 동포님들…

당신들이 만일 죽으면… 혹시 흑인들이… 아니 백인들이라도… 당신의 장례식에 참석하여… MAMA라고 눈물을 흘릴 사람이 있으신지.

조금만 선한 마음을 쓰면… 조금만 나누어 가지면… 조금만 손해를 보면… 상대를 움직일 수 있다.

나쁜 인종이 어디 있는가. 다 선입견이다. 다 이기적인 시각에서 만들어 낸 Stereotype이다.

난 돌쇠 같은 흑인 친구들이 좋다. 바늘 구멍도 안 들어 갈듯 재고 따지고 쳐다보는 백인들보다…. 그저 한 가지 만족하면 "That's alright, dude." 하는 흑인들에게 더 정이 간다.

옷 가게 하던 친지로부터 들은 얘기다. 백인들은 옷이 조금이라도 마음에 안 들면 당장 와서 싸우는 일이 있더라도 환불을 해 간다. 흑인들은 옷이 안 맞아서 우스개소리로 배꼽이 드러나 보여도… 자랑스레(?) 그 옷을 입고 다닌다는 얘기를 들었다.

요즘 흑인들에 대한 여러가지 얘기들이 많이 돈다. George Floyd 사건 이후 폭동이 일어났다.
그런데 흑인들이 (대부분) 또 다시 폭동을 일으키고 물건을 약탈한다.
흑인 너희들… 너희들이 그러니까… 싸다, 싸!

이건 잘못된 논리이다. 일본이 한국인의 〈한〉을 아직도 잘 모르듯이… 우리나 백인들이 흑인들의 그 〈한〉을 알겠는가? 나쁜 행동은 나쁜 사람이 하는 것이다. 흑인이기에 나쁜 행동하는 게 아니다. MAMA처럼 한번 먼저 마음을 열고 베풀고 보여 주면 어떨까 생각한다.
It works!

MAMA의 장례식을 보라. 흑인 지도자들이 모여서 눈물을 흘리고 감사의 기도를 했다.
큰 정책이 큰 자금이 큰 제스처가 사람을 변화시키는 유일항 방법은 아니다.

작은 방법도 있다. 그걸 한번 해 보자는 얘기다. MAMA처럼.

모든 것엔 다 때가 있는 법

Wok에다 올리브유를 넉넉하게 두르고 강불로 기름을 달군 다음 강냉이 알을 Wok에다 집어넣고 몇 번 저어 준 다음 유리 뚜껑을 닫고 관찰을 하고 있노라면… 얼마 안 되었는데도 한 놈이 튀기 시작한다. Pop! Pop! 잠시 후 여기 저기서 강냉이 알이 튀기 시작한다. 시간이 지나 가는데 그제서야 Pop 하고 튀는 놈도 있고 이제 끝났나 보다 하고 뚜껑을 열려고 하는데 아주 마지막 단계에서 Pop 하고 그제서야 튀어 오르는 놈도 있다.

볶자마자 튀는 알만 Pop Corn이라고 부르지 않는다. 적당한 시간에 다다다닥 튀는 알만 Pop Corn이 아니다. 끝내려고 뚜껑을 여는데 튀는 알도 Pop Corn이고 뚜껑을 열고 다 끄집어 려는데 마지막 Pop 하며 튀어 오르는 그 한 알도 Pop Corn이다.

똑같은 Wok에 똑같은 기름에 똑같은 온도에 똑같이 저어 주어도 어떤 알은 일찍 튀고 어떤 알은 적당할 때 튀고 어떤 알은 늦게 튀고 어떤 알은 끝났다고 생각할 때 튄다.

그래서 전도서 3장 1절을 보니 "모든 강냉이 알은 튀는 때가 있다."라고 쓰여 있다. ㅎㅎㅎ 괜히 진짜 그런 말씀이 있나 하고 찾아보실 분들이 있을까 봐 정확히 얘기하자면 "무엇이나 다 정한 때가 있다."가 정확한 말씀이다. 날 때가 있으면 죽을 때가 있고 심을 때가 있으면 뽑을 때가 있다. 죽일 때가 있으면 살릴 때가 있고 허물 때가 있으면 세울 때가 있다. 울 때가 있으면 웃을 때가 있고 애곡할 때가 있으면 춤출 때가 있다. 세상만사 인간사에는 다 때가 있다는 말씀이다. 초등학교 때 이미 세계 천재라고 소리 듣던 사람도 있고 모범생으로 정도를 밟아 차근차근 성공한 사람도 있고 간신히 어찌저찌 그럭저럭 성공반열에 오른 사람도 있고 희망과 기대라곤 1도 없던 사람이 말년에 갑자기 성공하는 사람도 있다.

다 사람이고 다 인생이고 다 정상이다. 어떤 사람은 첫 끝발은 개끝발이라며 처음에 반짝하는 것을 무시한다. 어떤 사람은 될성부른 나무는 떡잎부터 알아본다며 처음을 강조한다.

어떤 사람은 가만히 있으면 중간은 간다며 남들의 평균 때가 가장 좋다고 한다. 다들 하나님인 모양이다. 니 때와 내 때가 왜 같아야 하는지. 내 때가 니 때가 다르면 왜 이상하게 여기는지.

하나님이 팝콘 튀는 때를 다 다르게 만들어 놓으신 이유가 있듯이 하나님은 우리의 인생의를 다 다르게 만들어 놓으셨다. 우리가 다 같이 30살에 결혼을 해야 한다면 식장 구하는 일도 문제겠지만 여러 면으로 참 볼 만할 것이다.

우리가 다 같이 80살에 죽는다면 장의사들이 열받을 것도 문제겠지만 이건 집단고려장도 아니고 무엇이라고 해야 할 것인가? 하나님이 교통정리를 이미 해 놓으신 거다.

그러니 남들이 다 하니까 나도 빨리 해치우려고 하지들 말고 느긋하게 나의 때를 기다리면 된다. 남들 다 가지는 집 한 채 못 샀다고 일찍부터 부부싸움 하지 말고 때가 되어 가지면 된다는 마음을 갖는 것이 건강에도 좋다.

30살에 애를 가지나 50살에 애를 가지나…. 장단점이야 있겠지만 애들은 커서 각자 제 갈 길을 가게 되어 있다. 어릴 적 꿈을 접고 판사나 의사가 된 사람은 어릴 적 꿈을 그리워하기도 한다.

부모 말씀 안 듣고 딴따라 된 사람은 공대나 가서 엔지니어나 될 것이라고 후회하기도 한다. 그러나 기껏 한 찰나밖에 안되는 인생사에 그것이 생사를 가르는 갈림길인 것만은 아니다.

이래도 인생 길이 있고 저래도 인생 길은 있다. 뜻이 있는 곳에 길이 있는 게 아니라 길이 있는 곳에 뜻이 있더라는 말이 더욱 공감이 된다.

우리는 너무나 주위를 의식하고 그런 올무에 매여 우리의 인생을 속박하고 있다. 우리 인생은 사실 자유로워야 하는 게 맞다. 아담과 이브도 자유롭게 살다가 그 놈의 능금 사건 때문에 지가 지 코를 꿰고 그렇게 살지 않아도 되는 삶을 그렇게 살았다.

나는 왜 이렇게 되는 일이 없지. 도대체 언제가 되어야 좀 형편이 나아질 건가. 그걸 알면 하나님의 영업비밀이 알려지는 셈이다.

한국과 중국 그리고 일본에 자생한다는 〈모죽〉이라는 대나무가 있다. 이 대나무는 심고 나서 정성껏 물을 주고 돌보아도 5년이 지났는데도 5센티에 불과한 싹만 보인다고 한다. 아마 나 같았으면 '이 나무 죽었구나.' 하고… 포기했을 것이다.

그런데 5년 정도가 되면 주성장기인 봄철 4월에 갑자기 하루에 7-80센티씩 쑥쑥 자라기 시작해서 약 3개월 만에 거의 30메타가 넘는 대나무로 자라나서 주위를 거대한 대나무 숲으로 만든다고 한다.

그러면 5년 동안 이놈은 도대체 무엇을 하고 있었던 것인가? 모죽은 거의 5년 동안 땅 속으로 뿌리를 깊게 드리우고 땅 주위로 넓게 뿌리를 퍼뜨려 어떤 경우에는 주위 3-4킬로에 걸쳐 뿌리가 퍼져 있다고도 한다.

그러다가… 뿌리를 확실히 세운 다음에 드디어 때가 되니까 하루에 80센티씩 쑥쑥 자라는 것이다.

세상 모든 것은 다 때가 있다. 대나무도 그런데 하물며 하나님이 창조하신 인간에게 그 '때'가 없겠는가. 내 친구가 집 산다고, 내 동료가 승진한다고 나도 그때 동시에 집 사고 승진해야 하는 법은 없다. 그들은 그들대로 나는 나대로 타임라인이 있다.

나의 웃을 때와 그들이 웃을 때는 다르다. 그들이 웃을 때 내가 울 수도 있고 그들이 울 때 내가 웃을 때도 있다. 하나님이 주시는 길이라면 그곳에 뜻이 있을 것이다.

내 길을 찾는다고 괜히 허무맹랑한 뜻을 가지고 전투하듯 덤벼들지 말고 하나님이 주시는 길을 가다 보면 그곳에 나의 길이 있음을 알게 될 것이다. 그리고 모든 것엔 때와 시기가 있음을 인정한다면 우리의 인생에 좀 더 여유가 생기지 않을까… 생각하여 본다.

좋아요, 스티브

ⓒ Steve Lee, 2025

초판 1쇄 발행 2025년 11월 27일

지은이	Steve Lee
펴낸이	이기봉
편집	좋은땅 편집팀
펴낸곳	도서출판 좋은땅
주소	서울특별시 마포구 양화로12길 26 지월드빌딩 (서교동 395-7)
전화	02)374-8616~7
팩스	02)374-8614
이메일	gworldbook@naver.com
홈페이지	www.g-world.co.kr

ISBN 979-11-388-4996-8 (03810)

- 가격은 뒤표지에 있습니다.
- 이 책은 저작권법에 의하여 보호를 받는 저작물이므로 무단 전재와 복제를 금합니다.
- 파본은 구입하신 서점에서 교환해 드립니다.